Frank Huss

Die kleinen Ticks der großen Herrscher

Frank Huss

Die kleinen Ticks der großen Herrscher

Die Geschichte in Geschichten der anderen Art

K&S
WIEN · MUENCHEN · ZUERICH

ISBN 3-218-00735-6

Lektorat: Nicole Geiger
Typografische Gestaltung, Satz: typic®/wolf, Wien
Druck und Bindung: GGP Media GmbH, Pößneck

Inhalt

Vorwort

Der berühmte Ausspruch „Ein wenig irr sind wir doch alle!“ trifft auf viele Menschen zu. Vor allem passt er auf jene, denen durch Macht die Möglichkeit zum „irr sein“ gegeben wurde und vielleicht auch heute noch so gegeben wird: den Staatsmännern der Vergangenheit und Gegenwart.

Denn exzentrisch sein kann nur, wer die Mittel des Geldes und/oder der Macht in Händen hält, wobei häufig das eine mit dem anderen untrennbar verbunden ist.

Davon handelt dieses Buch.

Es soll ein unterhaltsames Leseerlebnis sein, das den Leser in meist kurzen Beiträgen sehr interessante und teilweise unglaubliche Dinge über große und kleine Herrscher von einst und jetzt erfahren lässt.

Natürlich kann es vorkommen, dass der eine oder andere Fürst in mehreren Kapiteln erwähnt wird. Allgemein kann dazu bemerkt werden: Den wenigsten Persönlichkeiten in diesem Buch ist mit nur einer Nennung Genüge getan. Denn wenn einer seine Eigenheiten hatte, dann war er sehr selten nur in einem Punkt ungewöhnlich, wie ich im Zuge meiner Recherchen sehr schnell festgestellt habe. Wer beispielsweise an der Syphilis litt, lebte für gewöhnlich ein spezifisches Sexualleben aus, wurde wegen der Krankheit in den meisten Fällen verrückt, hatte sicher auch sonst noch ganz bestimmte Ticks und starb dann mit hoher Wahrscheinlichkeit eines ungewöhnlichen Todes.

In diesem Büchlein sind nun – und das macht es so unverwechselbar – nicht nur die ohnehin oft zitierten „Großen“ der Geschichte dargestellt, sondern es wird auch von den unzähligen Prinzen und Prinzessinnen erzählt, die in der Geschichtsschreibung meist nur am Rande erwähnt werden.

In diesem Sinne viel Spaß beim Lesen!

Ihr
Frank Huss

Liebe, Lust und Leid

Mätressen, Geliebte und Prostituierte

Ob Papst oder König, der Liebe konnte sich auch in der Vergangenheit keiner entziehen. Vor allem die fleischlichen Genüsse wurden von den meisten Königen und Kaisern mit Hingabe ausgelebt. Kaum einer, der keine Mätresse hatte und nicht zumindest ein uneheliches Kind aufweisen konnte. Nur in den seltensten Fällen vertrug sich das heimliche Liebesleben mit einer Ehefrau, die sich mit den Mätressen des Ehemannes arrangierte. Manchmal gelang es den Geliebten auch, dem bereits verheirateten Herrscher ein Eheversprechen abzuringen, worauf dieser heimlich ein zweites Mal heiratete – teilweise sogar mit Erlaubnis der Kirche. Andere wiederum waren bereit, für die Liebe ihres Lebens den Thron zu opfern – oder in manchen Fällen sogar das Leben.

Papst Johannes XII. (regierte 955–964)

Unzählige Frauen – unzählige Kinder

Von all den Kirchenfürsten, die bis heute den Stuhl Petri innegehabt haben, gehört Johannes XII. ohne Zweifel zu den ruchlosesten. Die Liste seiner Schandtaten ist lang und reicht von Unzucht über Inzucht bis Mord.

Er hatte unzählige Geliebte und mit diesen auch viele Kinder, wie ein Zeitgenosse berichtet: *Was wir sagen, ist dem Volke kein Geheimnis. Wir berufen uns auf die Witwe Rainers (ein päpstlicher Dienstmann, Anm. d. Verf.), welche der Papst, von blinder Leidenschaft entbrannt, über viele Städte gesetzt und mit goldenen Kreuzen und Kelchen aus dem unantastbaren Schatz des heiligen Petrus beschenkt hat. Wir berufen uns auf Stephana (seine frühere Geliebte, Anm. d. Verf.), die bei der Abtreibung einer von ihm empfangenen Leibesfrucht kürzlich das Leben verloren hat. Und wenn alles schweigen sollte, so wird doch der Lateranpalast, einst die Wohnung heiliger Männer, jetzt Tummelplatz unzüchtiger Weiber, nicht stille sein.*[1]

Dieser Zeitzeuge lässt sich noch über zwei weitere Geliebte

des Papstes aus und fährt mit seinem gnadenlosen Bericht fort: *Die Frauen aller Völker, außer den Römerinnen, scheuen sich, zum Gebet zur Schwelle der heiligen Apostel zu kommen, da sie vernommen haben, daß hier noch vor wenigen Tagen Ehefrauen, Witwen und Jungfrauen Gewalt angetan wurde. Wir berufen uns auf die Kirchen der heiligen Apostel, welche das Regenwasser nicht etwa tropfenweise, sondern durch das ganze Dach, den Platzregen sogar auf die geheiligten Altäre einlassen! Wie ängstigt uns das Gebälk, wenn wir dort um Gottes Beistand flehen! Der Tod herrscht in den Dächern; er behindert uns, die wir viel zu bitten haben, und zwingt uns endlich auf die Weiber selbst, nicht nur auf die durch viel Nachhilfe binsenschlanken, sondern auch auf die von ganz alltäglicher Gestalt, denn für den Papst macht es keinen Unterschied, ob eine ihren Fuß auf das schwarze Pflaster setzt oder sich von stattlichen Rossen ziehen läßt.*[2]

Sein weltlicher Gegenspieler, Kaiser Otto der Große, sandte ihm anlässlich einer Synode in der Peterskirche, der Johannes XII. aus guten Gründen fernblieb, folgenden sehr direkten Brief: *Wisset also, dass Ihr nicht von wenigen, sondern von allen Geistlichen wie Weltlichen angeklagt seid des Mordes, des Meineides, des Kirchenfrevels, der Unzucht mit Verwandten und mit zwei Schwestern.*[3]

Kaiser Heinrich III. (1017–1056)

Ließ einen anderen für seine Ehre kämpfen

1043 sagte ein gewisser Ritter Rüdiger der Gemahlin Heinrichs III., Gunhild von Dänemark, Ehebruch nach, was Heinrich natürlich nicht auf sich sitzen lassen konnte. Seine Ehre musste verteidigt werden. Der Kaiser focht jedoch nicht selbst, sondern schickte einen dänischen Ritter aus dem Gefolge seiner Frau ins Rennen. Dem gelang es tatsächlich, die Kniekehlen des Ritters Rüdiger zu durchtrennen, der eigentlich an Größe und Geschicklichkeit weit überlegen gewesen wäre. So war die Ehre Heinrichs III. und seiner Kaiserin wiederhergestellt.

Papst Alexander VI. (1431–1503)

Verheiratete Frau bekam von ihm vier Kinder

Der spätere Papst Alexander VI., der mit bürgerlichem Namen Rodrigo Borgia hieß, wurde bereits mit 25 Jahren Kardinal und mit 26 päpstlicher Vizekanzler. Dieser Kardinal Borgia war ein ungewöhnlich gut aussehender, witziger und temperamentvoller Kirchenfürst, dem die Damenwelt Roms zu Füßen lag. Papst Pius II. musste ihm 1460 einen Verweis erteilen, weil er „in aller Ausgelassenheit getanzt"[4] hatte. Noch im selben Jahr wurden sein erster Sohn, Pedro Luis, und eine Tochter geboren. In diesem Punkt konnte Pius II. ihn jedoch nicht maßregeln, denn dieser hatte selbst einige uneheliche Kinder. Aber es kam noch schlimmer: Als Borgia Pius II. 1464 nach Ancona begleitete, zog er sich eine Geschlechtskrankheit zu – vermutlich die Syphilis – weil er die Nacht dort nicht alleine verbracht hatte.

Um das Jahr 1466 herum begegnete er der Frau, mit der er seine längste Beziehung haben sollte. Sie hieß Vanozza de'Catanei, war damals eine 24 Jahre junge, verheiratete Frau und schenkte ihm in den folgenden Jahren insgesamt vier Kinder (Giovanni, Cesare, Lucrezia und Giofre).

1492 wurde er zum Papst gewählt. Weitere Liebschaften, wie die mit der für ihre Schönheit berühmten Giulia Farnese, die ihm 1492 eine Tochter gebar, pflegte er bis zu seinem Tode weiter.

Neben seiner großen Nachkommenschaft wurde „der Sünder" Alexander VI. auch immer wieder mit einer Reihe von Giftmorden in Verbindung gebracht. Alexander beschaffte sich durch den Verkauf von Kirchenämtern wie dem Kardinalshut viel Geld. Trotzdem plagten ihn ständig Geldnöte, weil es immer nur eine bestimmte Anzahl an Ämtern gab und die erst 20-jährigen Kardinäle, an die er die Posten verschachtert hatte, meist noch ein langes Leben vor sich hatten. Zwar konnte es nie historisch bewiesen werden, doch bis heute wird vermutet, dass er einfach einige von diesen Kardinälen – genauso wie seinen Sohn Cesare Borgia – durch Gift ermorden ließ, um deren Posten abermals verkaufen zu können. Alexander selbst starb 1503 eines natürlichen Todes. Die Malaria raffte ihn dahin.

König Heinrich II. von Frankreich (1519–1559) und Diane von Poitiers

Harmonische Dreisamkeit

Heinrich war der zweite Sohn König Franz' I. von Frankreich. Sein älterer Bruder Franz war der „Dauphin", also der offizielle französische Thronfolger. Am 28. Oktober 1533 wurde der 14-jährige Heinrich mit der gleichaltrigen Katharina von Medici verheiratet, die in die Ehe – sozusagen als Mitgift von den bereits verstorbenen Eltern – die Syphilis mitbrachte, an der sie schon seit ihrer Geburt litt. Als Franz 1536 starb, wurde Heinrich der neue offizielle Thronfolger, sehr zum Missfallen seines Vaters, der ihn nicht sonderlich mochte und seinen ersten gleichnamigen Sohn bei weitem bevorzugt hatte.

1536, also im Todesjahr seines Bruders, lernte der seit drei Jahren verheiratete Heinrich seine große Liebe kennen. Der 17-Jährige, zu diesem Zeitpunkt noch Herzog von Orléans, verliebte sich in Diane von Poitiers. Sie war bereits 37 Jahre alt und eine verheiratete Frau, die als nicht besonders schön galt, sich aber durch tägliche Kaltwasserkuren einen jugendlichen Teint erhalten hatte. Diane war von vornehmer Abstammung und blieb ihrem wesentlich älteren Mann, Louis de Brézé, bis zu dessen Tode treu. Gleich nach dem Ableben des Ehemannes wurde sie aber schon von Heinrich, der die um 20 Jahre ältere Diane über alles liebte, an den Hof geholt. Er überschüttete sie, wo er nur konnte, mit Titeln und Juwelen. Im Unterschied zu seinem Vater Franz I., der viele Mätressen hatte, schenkte Heinrich II. sein Herz ausschließlich Diane. Seine Liebe zu ihr war so tief, dass er, selbst wenn er nur eine Weile von ihr getrennt sein musste, kindische Liebesbriefe an sie schrieb. Nach kurzer Zeit waren Dianes Einfluss und Stellung bei Hofe so groß, dass es Königin Katharina nicht wagte, sie beseitigen zu lassen. Als sie eingesehen hatte, dass sie ihre Rivalin nicht durch Mord ausschalten konnte, entschied sie sich, eine gänzlich andere Strategie anzuwenden: Sie arrangierte sich mit ihrer Gegnerin und freundete sich mit der Zeit sogar mit ihr an. Diane wurde zur Vertrauten der Königin, betreute sie bei ihren Geburten und pflegte sie, wenn sie krank war.

So lebten die drei glücklich in einer eheähnlichen Gemeinschaft zusammen. Das Glück fand erst sein Ende, als Heinrich II. an einer Verletzung starb, die er sich bei einem Turnier zugezogen hatte.

König Karl IX. von Frankreich (1550–1574) und Marie Touchet

Eine Frau fürs Herz – eine Frau für die Politik

Karl IX., der 1560 die Nachfolge seines Bruders Franz II. als König von Frankreich antrat, war einer der ungewöhnlichsten Herrscher des ohnehin sehr exzentrischen Hauses Valois. Karl war mit der österreichischen Erzherzogin Elisabeth verheiratet. Zwar hatte er eine Tochter mit ihr, doch er liebte sie nie.

Denn Karl kannte in seinem ganzen Leben nur eine große Liebe, Marie Touchet, die er in einem entlegenen Teil seines Pariser Palastes verborgen hielt. In diese versteckten Appartements kehrte er jeden Abend wie ein berufstätiger Ehemann von der Arbeit heim. Wie ein gewöhnliches Ehepaar lebten sie dann dort zusammen. Sie stickte oder kümmerte sich um das Kind, während er ihr vorlas oder seinen Lieblingshund streichelte. Marie Touchet schenkte ihm einen unehelichen Sohn, den „Grafen von Auvergne", von dem ein Nachfahre bei der Krönung Napoleons I. die Messe las.

Karl IX. starb am Pfingsttag, des Jahres 1574, auf recht unrühmliche Weise. Er war zu Beginn dieses Jahres an einem mysteriösen Leiden erkrankt, bei dem er sehr viel Blut schwitzte. Im Endstadium der Krankheit mussten mehrmals täglich seine Bettlaken gewechselt werden. Man vermutet deswegen, dass er vergiftet worden war.

König Ludwig XIV., der Sonnenkönig, von Frankreich (1638–1715) und die Montespan

Die Lieblingsmätresse des Sonnenkönigs

Im Sommer 1667 verliebte sich der große Sonnenkönig in die junge Marquise von Montespan. Was er an ihr schätzte, war vermutlich ihre überirdische Schönheit, die gepaart mit erstaunlichen intellektuellen Fähigkeiten eine äußerst liebenswerte Mischung ergab. Bei aller Liebe wollte er aber anfänglich nicht auf seine beiden anderen Mätressen verzichten. Die eine, Madame de La Vallière, war in jenem Sommer vom König hochschwanger und schenkte im darauf folgenden Herbst einem Jungen das Leben. Bald darauf entledigte er sich jedoch seiner früheren Geliebten und war nur noch für seine neue Mätresse da. Die Montespan war blond, bildhübsch und hatte eine gute, wenn auch üppige Figur und entsprach damit ganz dem damaligen Schönheitsideal. Ein Höfling beschrieb sie folgendermaßen: *Der Einfluß der Herzogin von La Vallière hatte stark abgenommen und die Marquise von Montespan stand hoch in der Gunst. (...) Sie hatte blondes Haar, große himmelblaue Augen, eine elegante Adlernase, einen kleinen roten Mund mit sehr schönen Zähnen – mit einem Wort, ein vollkommenes Gesicht. Was den Körper anging, so war sie mittelgroß und wohlproportioniert, doch als er sie zum ersten Mal sah, war sie bereits etwas rundlich geworden. Ihr größter Charme war ihre charakteristische Anmut, ihr Witz, ihre Art zu scherzen, die der La Vallière solche Freude machte, daß sie den Gedanken, von ihr getrennt zu sein, nicht ertragen konnte, und dem König gegenüber schwärmte sie ständig von ihr (...) das weckte in ihm die Neugierde, sie näher kennenzulernen.*[5]

Die Montespan war übrigens die beste Freundin der La Vallière und gehörte zu jenen Damen, die sich ständig bei ihr aufhielten, was aus diesem Brief auch hervorgeht. Ludwig XIV. lernte seine neue Mätresse folglich über seine frühere kennen. Die Montespan wusste, wie man durch Kleidung und Auftreten alle anderen Damen des Hofes in den Schatten stellte, und genoss ihre Favoritinnenstellung in vollen Zügen. Sie aß, trank, spielte und liebte im großen Stil. Der König überhäufte sie mit Geschenken, die in kostbaren Juwelen, Kleidern und Möbeln bestanden. Täglich nach der Messe, von 13 bis 14 Uhr, besuchte er seine neue Liebe. Danach ging er auf die Jagd und am Abend zeigte er sich wieder an ihrer Seite. In rascher Folge schenkte sie dem König sieben Kinder, die er mit der Zeit alle legitimierte, was bedeutet, dass sie den Namen „Bourbon" tragen durften und offiziell zur königlichen Familie gehörten.

Trotz aller Liebe gab sich der König im Laufe der Zeit aber immer wieder neuen – wenn auch kurzen – Affären hin, was die rasend eifersüchtige Montespan fast in den Wahnsinn trieb. Sie machte ihm ständig Eifersuchtsszenen und grollte ihm, der König hasste es. Er ließ sie deswegen sogar eine Zeit lang links liegen. Es folgte die große Aussöhnung und die beiden waren wieder ein Herz und eine Seele. Ab 1679 begann der Stern der Montespan jedoch langsam endgültig zu sinken. Sie konnte den König auf Dauer einfach nicht mehr an sich binden, seine Abenteuer wurden häufiger. Deswegen versuchte sie die Liebe Ludwigs durch Okkultismus wiederzugewinnen.

Der Sonnenkönig hatte tatsächlich panische Angst davor und untersagte seiner Geliebten sogar, in seiner Kutsche mitzufahren, weil er fürchtete, ihr starkes Parfüm könnte ihn vergiften. König Ludwig setzte daraufhin eine polizeiliche Kommission ein, welche die angeblichen Mordkomplotte gegen ihn, an denen die Montespan ebenfalls beteiligt gewesen sein soll, zu untersuchen hatte. Obwohl alles darauf hindeutete, dass die Montespan wirklich schuldig war, wurden diese Affäre und auch die anderen Ergebnisse der Untersuchungskommission geheim gehalten und der König behandelte sie wieder wie früher. Das Liebesband war aber für immer durchtrennt.

Erst im März des Jahres 1691 verlor die Langzeitgeliebte endgültig ihre Favoritinnenstellung und fiel in Ungnade. Sie musste in Versailles ihre Gemächer neben dem König räumen. Sie zog sogar freiwillig ganz aus dem Schloss aus, obwohl der König nicht von ihr verlangt hatte, sich vom Hof fern zu halten. Doch sie zog es vor, bis zu ihrem Tod in ihrer Wohnung im Kloster Saint-Joseph zu leben. Die neue Favoritin des Sonnenkönigs war die Madame de Maintenon, die er später sogar heimlich ehelichte. Die Ironie dabei ist, dass die Maintenon zum Gefolge der Montespan gehört hatte, wo sie für die Erziehung ihrer Kinder zuständig gewesen war. Ludwig XIV. hatte also abermals seine neue Geliebte über eine frühere kennen gelernt.

Ludwig von Frankreich, le Grand-Dauphin (1661–1711), und das Fräulein Choin

Heimliche zweite Ehe

Wie sein Vater Ludwig XIV. hatte auch dessen einziger, gleichnamiger Sohn nur zwei Leidenschaften: die Jagd und die Liebe. Nach dem frühen Tod seiner Gemahlin, einer Prinzessin von Bayern, lebte er mit einer neuen Frau zusammen, worüber die Madame de Maintenon, die Geliebte seines Vaters, berichtete: *Der Dauphin war bei seinem Tode 50 Jahre alt. Wie sein Vater liebte er es, Unmengen zu essen, was ihm 1701 einen Schlaganfall eingetragen hatte. Seit 1690 war er Witwer und lebte mit einem Fräulein Choin zusammen, mit der er möglicherweise auch verheiratet war. Damit enden jedoch alle Ähnlichkeiten zwischen ihm und seinem Vater. Die Schweigsamkeit des dicklichen Dauphins war eine Folge intellektueller Trägheit, und die hinderte ihn auch an verantwortungsvoller Arbeit, ein Zustand, den Ludwig – unbewußt – unterstützte. So wundert es nicht, wenn der Sohn den alles beherrschenden Vater, wo er konnte, mied.*[6]

Kurfürst Johann Georg IV. von Sachsen (1668–1694)
Doppelehe

Johann Georg IV., den sein jüngerer Bruder Friedrich August einmal mit den Worten beschrieb: „Er war von natur und glietmaßen schwag, von gemiette zornig und melanquollich; sehr großes belieben, Wissenschaften zu lernen in welchen er sehr reuchirte"[7], heiratete am 17. April 1692 die verwitwete Markgräfin Eleonore Erdmuthe Luise von Sachsen-Eisenach. Diese Ehe war sehr unglücklich. Die Liebe des Kurfürsten gehörte Sibylle Magdalena von Neitschütz, die er ebenfalls heimlich heiratete, so vermuten es zumindest einige Historiker. Das Glück währte jedoch nicht lange, weil Johann Georg mit nur 26 Jahren an den Pocken starb.

König August II., der Starke, von Sachsen-Polen (1670–1733) und die Gräfin Cosel
Lieblingsmätresse endete in Festungshaft

Friedrich August I. von Sachsen war in ganz Europa für seine Liebe zur Damenwelt berühmt und berüchtigt. Nicht ohne Grund werden ihm 365 uneheliche Kinder nachgesagt. Ob es eine türkische Sklavin namens Fatima oder eine Hofdame seiner Frau Christine Eberhardine von Brandenburg-Bayreuth war, er stellte jeder Frau nach.

Im Winter 1704/05 brannte das Palais des Grafen von Hoym nieder, das dem kurfürstlichen Schloss zu Dresden gegenüber lag. Friedrich August sah zu und entdeckte dabei die Hausherrin, die ihre Dienstboten für die Löscharbeiten organisierte. Sofort verliebte sich der Kurfürst-König in die bildhübsche, knapp 24-jährige Gräfin von Hoym. Durch Boten ließ er die Auserwählte noch in derselben Nacht von seiner gerade entflammten Liebe zu ihr verständigen. Trotz ihrer anfänglichen Weigerung war es bald um sie geschehen. Die schöne Anna Constantia von Brockdorf, wie sie ledig hieß, wurde schnell zum absoluten Mittelpunkt des Dresdner Hofes. Doch bevor sie sich August dem Starken hingab, verlangte sie erst einmal eine jährliche Apanage von 100 000 Talern, die Stellung einer

„Ehefrau zur linken Hand" und die Erhebung zur „Gräfin von Cosel". Außerdem forderte sie noch die Legitimierung aller aus der Verbindung entstehenden Kinder, was ihr August auch bereitwillig schriftlich zuerkannte, so sehr liebte er diese zehn Jahre jüngere Frau.

Im Jahre 1709, beim Besuch des dänischen Königs Friedrichs IV., machte die Gräfin in ganz Europa Furore, als sie bei einem Wagenrennen nach antikem Vorbild, bei dem nur Frauen mitmachen durften, teilnahm, selbst einen Wagen lenkte und sogar gewann.

„Die Cosel", wie sie hinter vorgehaltener Hand genannt wurde, schenkte August dem Starken insgesamt fünf Kinder. Der einzige überlebende Sohn Friedrich August brachte es sogar zum General der Kavallerie. Als sie sich jedoch mittels Intrigen und mit diversen anderen boshaften Machtspielen in die Politik einmischte und August dem Starken noch dazu ständig drohte, intime Geheimnisse politischer Natur an die Öffentlichkeit zu tragen, platzte diesem der Kragen. 1712 ließ er sie auf die Festung Stolpen bringen, wo sie bis an ihr Lebensende schmachten musste. Als August der Starke 1733 starb, ließ sie sein Sohn und Nachfolger, Friedrich August II., sie weiterhin in Festungshaft, gewährte ihr aber Hafterleichterung. Die schöne Gräfin Cosel – einst Mittelpunkt des höfischen Lebens in Dresden – starb schließlich erst am 31. März 1765, noch immer interniert.

Herzog Eberhard IV. Ludwig von Württemberg (1676–1733)

Trennte sich nur widerwillig von zweiter Ehefrau

Eberhard Ludwig war seit dem 6. Mai 1697 mit Johanna Elisabeth von Baden-Durlach vermählt. Glücklich war er jedoch nie in dieser Ehe, zu unterschiedlich waren beide vom Charakter her. Der am 14. Dezember 1698 zur Welt gekommene Erbprinz Friedrich Ludwig blieb das einzige Kind des Paares.

Im Unterschied zu vielen seiner Standesgenossen hatte Eberhard Ludwig nur eine Geliebte. Hierbei handelte es sich um die schöne Gräfin Christina Wilhelmina von Grävenitz, mit der er über viele Jahre hinweg eine Liaison pflegte. 1707 gelang es ihr, dem Herzog ein Eheversprechen abzuringen, das ihn zwang, eine Doppelehe zu führen. Erst als Herzogin Johanna

Elisabeth beim Kaiser in dieser Angelegenheit vorstellig wurde, erklärte Eberhard Ludwig widerwillig seine „Ehe zur linken Hand“ für ungültig. Trotzdem trennte er sich erst im Jahre 1731 endgültig von seiner Langzeitgeliebten.

Clemens August von Bayern, Kurfürst und Erzbischof von Köln (1700–1761)

Ein Kind mit einer Harfenistin

Der Wittelsbacher Clemens August war nicht nur Erzbischof, sondern er war vor allem auch ein barocker Fürst – und zwar durch und durch. Dazu gehörte neben der höfischen Repräsentation, die aus Jagden, Bällen und riesigen Schlossbauten bestand, auch das „Halten“ von Mätressen. Auch diesem sehr weltlichen Laster entzog sich der Kurfürst-Erzbischof nicht.

Insgesamt spielten sechs Frauen im Leben des barocken Erzbischofs eine wichtige Rolle. Diese sechs Mätressen waren ausschließlich adelige Damen. Fürstin Sophie von Nassau-Siegen lernte Clemens August kennen, als sie 19 war. Maria Aloysia von Notthaft war zur Zeit des Verhältnisses etwa 35 Jahre alt. Sie fiel jedoch schnell wieder in Ungnade, weil sie lediglich Macht und Einfluss vom Kurfürsten wollte. Dann gefiel ihm eine Weile Luise von Brandt, die Tochter des preußischen Staatsministers von Kameke. Sie war ein sehr leichtfertiges, arrogantes und egozentrisches junges Frauenzimmer, das aber trotz allem den Kurfürsten und Erzbischof irgendwie faszinierte. Ferner war er in die Gräfin Maria Anna von Seinesheim verliebt, die Witwe eines hohen bayrischen Beamten, die angeblich die erste Frau war, für die sich Clemens August wirklich interessierte. Die nächste Frau im Leben des Kurfürsten war Gräfin Aloysia von Plettenbert, die Schwiegertochter eines seiner ehemaligen Premiers. Schließlich gab es noch Johanna Christina Freifrau von Schade, welche die Gunst des Erzbischofs unter anderem dafür nutzte, den jüdischen Financier Joseph Süß Oppenheimer nach Köln zu bringen und den geistlichen Staat für seine Geldgeschäfte zu öffnen. Dafür belohnte Oppenheimer sie reich mit Juwelen und Geld.

Die wichtigste Frau Clemens Augusts aber war bürgerlich. Sie war eine Harfenistin, hieß Mechthild Brion und schenkte ihm sein einziges Kind, seine Tochter Anna Maria, die Mitte der 1730er Jahre auf die Welt kam. Diese heiratete später den unehelichen Sohn seines Bruders (Kaiser Karl VII. Albrecht) und wurde bei der Hochzeit zur „Gräfin von Löwenfeldt" erhoben.

König Friedrich II., der Große, von Preußen (1712–1786) und die Gräfin Orczelska

Die erste große Liebe – eine bleibende Erinnerung

Als der spätere Friedrich der Große im Januar 1728 als preußischer Kronprinz am sächsischen Hof bei August dem Starken in Dresden weilte, verliebte er sich unsterblich in dessen uneheliche Tochter und Geliebte. Sie hieß Anna Catherina, Gräfin von Orczelska, und entstammte der Liebschaft Augusts mit der französischen Tänzerin Henriette Renard. Zeitgenossen beschrieben sie als schöner, „als man Venus und die Grazien darstellt"[8]. Die Schwester Friedrichs des Großen, Wilhelmine, berichtete in ihren Memoiren: *Mein Bruder hatte sich leidenschaftlich in die Gräfin Orzelksa verliebt, die zugleich die natürliche Tochter und die Mätresse des Königs war (...) Die Aufmerksamkeiten, welche ihr mein Bruder erwies, erfüllten ihn (August den Starken, Anm. d. Verf.) mit grausamer Eifersucht. Um diesem Zustand ein Ende zu machen, ließ er ihm die schöne Formera antragen unter der Bedingung, daß er der Orzelska entsagen würde. Mein Bruder versprach alles, um jene Schönheit besitzen zu dürfen, die seine erste Geliebte wurde.*[9]

Manche Historiker vermuten, dass Friedrich der Große sich bei dieser Gelegenheit eine gefährliche Geschlechtskrankheit zugezogen hatte, die ihn unfruchtbar machte. Deswegen, so glaubt man weiter, hegte er sein Leben lang eine große Abneigung gegenüber der Damenwelt. Besonders von Psychologen wird gemutmaßt, dass Friedrich II. sich ab seinem 22. Lebensjahr ausschließlich homosexuellen Liebschaften hingab, doch das ist wieder eine andere Geschichte.

König Friedrich Wilhelm II. von Preußen (1744–1797) und Wilhelmine Enke

Liebe auf Umwegen

Der „dicke Wilhelm", wie Friedrich Wilhelm II. von seinen Zeitgenossen genannt wurde, verliebte sich als 23-jähriger Kronprinz in die damals 16-jährige Wilhelmine Enke, die Tochter eines Potsdamer Musikers. Dieses Mädchen wurde die

Liebe seines Lebens. Er verheiratete sie zweimal mit einem seiner Kammerherrn, ihre fünf Kinder aber waren alle von ihm. Auf Druck des Rosenkreuzerordens musste er sich von ihr trennen. Dies hielten die beiden jedoch nicht lange aus und sie, die ihren „dicken Wilhelm" auch von Herzen liebte, kehrte wieder zu ihm zurück. 1794 erhob Friedrich Wilhelm II. sie zur Gräfin Lichtenau. Sie blieb bis zu seinem Lebensende an seiner Seite und war seine Vertraute, Ratgeberin und beste Freundin. Bis zu seinem Tode pflegte sie ihn aufopfernd.

Nebenbei war er nacheinander mit zwei weiteren Frauen – Hofdamen seiner Ehefrau – verheiratet. Die erste hieß Julie von Voß und die andere Sophie Gräfin Dönhoff. Diese zur „linken Hand" geschlossenen Ehen wurden von der Kirche gedeckt, die als Exempel die von Martin Luther abgesegnete Doppelehe des Landgrafen von Hessen anführte.

König Ludwig I. von Bayern (1786–1868) und Lola Montez

Geliebte spaltet Königreich

König Ludwig I. schätzte seine Frau, Therese von Sachsen-Hildburghausen zwar sehr, doch dies hinderte ihn nicht daran, ständig amourösen Abenteuern nachzugehen. Seine Liebschaften waren unzählig, ja, man könnte sogar sagen, Ludwig I. war ständig verliebt. Berühmt war und ist seine „Schönheitsgalerie" auf Schloss Nymphenburg, in der er nicht weniger als 37 Porträts der schönsten Frauen seines Landes ansammelte.

Doch zurück zu seinen Liebesabenteuern. Mit 35 Jahren verliebte er sich unsterblich in die damals 18-jährige Marchesa Marianna Florenzi, die er in seiner Kronprinzenzeit 1820 während des Karnevals in Rom kennen gelernt hatte. In den zehn Jahren, in welchen die Leidenschaft der beiden füreinander loderte, schrieb Ludwig ihr nicht weniger als 1000 glühende Liebesbriefe.

Erst viel später aber trat jene Frau in sein Leben, die fast zu seinem Verhängnis werden sollte: Lola Montez. Ludwig hatte bereits die sechzig überschritten und fiel in eine tiefe Depression, deren Ursprung er selbst im „Unverliebtsein" sah. Doch schon bald wurde er kuriert. Das Heilmittel hieß „Señora Maria de los Dolores Poris y Montez", wie sie sich selbst nannte, und verzauberte den alternden König auf Anhieb.

Lola Montez war die Tochter eines irischen Leutnants und trat in vielen europäischen Städten als Tänzerin auf. Bei den Kritikern war sie nicht beliebt, doch die Männerwelt lag ihr zu Füßen. Im Oktober 1846 trat sie erstmals in der Münchner Hofoper auf und Ludwig war sofort begeistert von ihr. Er ließ sie für seine Schönheitsgalerie malen und sie gestand ihm daraufhin, er sei ihre erste große Liebe. Ludwig schwebte auf allen Wolken. Er richtete ihr unverzüglich ein Haus ein, beschaffte ihr livrierte Diener und schenkte ihr einen Wagen mit Krone. Doch damit nicht genug: Er stellte ihr auch eine großzügige Leibrente aus und bedachte Lola in seinem Testament. Als er sie schließlich in Bayern einbürgern lassen wollte und noch weitere Unsummen für sie ausgegeben hatte, begann es in Bayern zu gären. Das bayrische Volk hatte langsam genug. Als Ludwig die Montez zur „Gräfin Landsfeld" erhob und sie sich immer mehr in die Politik einzumischen begann, war das Maß voll. „Die Hur muss raus!", hieß es in allen Teilen der Monarchie. Ein Aufstand brodelte. Der Ministerpräsident trat zurück und der König ließ die Universität sperren. Doch das bayrische Volk siegte. Am 11. Februar 1848 musste Lola Montez München verlassen. Damit war das Volk aber noch nicht besänftigt. Am 4. März stürmten seine Untertanen das Zeughaus und zwangen Ludwig zu seiner berühmten Märzproklamation, in der er Pressefreiheit, Einschränkung der Zensur und Verbesserung der Rechtsprechung gewähren musste. Schließlich dankte er am 20. März zugunsten seines Sohnes Maximilian II. Joseph ab. Er selbst schrieb darüber: „Regieren konnte ich nicht mehr und einen Unterschreiber abgeben wollte ich nicht!"[10]

Kaiser Franz Joseph I. von Österreich (1830–1916) und Anna Nahowski

Kaiser zahlte Geliebte aus

Der nach außen hin oft so bieder und tugendhaft wirkende Kaiser Franz Joseph hatte neben seiner geliebten Ehefrau Sisi zahlreiche Affären, die nach seinem Tod erst nach und nach bekannt wurden.

1875 lernte der 45-jährige Kaiser im Schlosspark von Schönbrunn Anna Nahowski kennen. Die 15-Jährige war damals bereits eine geschiedene und wieder verheiratete Frau. Doch das störte den Kaiser nicht, er verliebte sich unsterblich in sie. Heimlich besuchte er sie in ihrem Haus nahe Schönbrunn, allerdings nur dann, wenn ihr (zweiter) Mann, ein eifersüchtiger Bahnangestellter, im Dienst war. Das Verhältnis dauerte ganze 14 Jahre und wurde erst im Schicksalsjahr 1889 vom Kaiser durch eine einmalige Abfindung von 200 000 Gulden (ca. 140 000 Euro) beendet.

Diese Beziehung Franz Josephs blieb angeblich, wie viele seiner anderen Affären auch, nicht ohne Folgen. Es wird spekuliert, dass Anna Nahowskis Tochter Helene, die später Alban Berg heiratete, das uneheliche Kind Franz Josephs gewesen sei.

König Eduard VII. von England (1841–1910)

Der „Prince of Wales" vor Gericht

Schon als Kronprinz war der spätere König Eduard VII. von England in zwei skandalträchtige Affären verwickelt. Während seiner Studentenzeit in Cambridge, hieß es, der 20-jährige Thronerbe hätte in „angetrunkenem Zustand eine fremde Dame umarmt"[11], was auch immer das nun genau bedeuten mag. Wäre er nicht der Prinz von Wales gewesen, hätte man vermutlich „bedrängt" oder noch Schlimmeres geschrieben. Fast kam es auch zu einer Gerichtsverhandlung. Die Dame wurde jedoch finanziell abgefunden und somit ein noch größerer Skandal verhindert.

Jedoch stand der Thronerbe kurze Zeit später als Zeuge wegen einer Falschspieleraffäre vor Gericht, was der damaligen Yellow Press natürlich ausreichend Nahrung bot und sie für den entgangenen Leckerbissen mit der Dame entschädigte.

Erzherzog Johann Nepomuk Salvator (1852–verschollen 1890) und Milli Stubel

Habsburgs Rebell

Sonderlich beliebt war Erzherzog Johann Salvator in seiner großen erlauchten Familie nie. Wegen seiner berechtigten Kritik an den Zuständen in der k. und k. Armee war er Kaiser Franz Joseph und vor allem seinem Onkel, Erzherzog Albrecht, stets ein Dorn im Auge. Gemeinsam mit dem Kronprinzen Rudolf arbeitete er oft Reformpläne aus, die jedoch von den „älteren" Erzherzögen gewissenhaft ignoriert und nicht selten auch belächelt wurden. Seine ständigen politischen und militärischen Verbesserungsvorschläge führten 1887 dazu, dass er aus der Armee entlassen wurde und ihm verboten wurde, sich politisch zu betätigen.

Johann lebte mit einer Balletttänzerin der Wiener Hofoper namens Milli Stubel zusammen. Der Erzherzog war fasziniert von dieser Frau und schrieb über sie: *Mit ihren feurigen Augen entflammte sie alle Herzen. Ihr schlanker Wuchs, das üppige, schwarze Haar, die Schönheit ihrer Formen, edel wie eine griechische Statue, gemeisselt von künstlerischer Hand – das Alles gibt ein Bild von vollendeter Schönheit. Und wie graziös ist sie in ihren Bewegungen! Gleich einer vornehmen Dame, einer Aristokratin von feinster Bildung.*[12]

Am 8. Oktober 1889, einige Monate nach dem tragischen Selbstmord seines Freundes, des Kronprinzen Rudolf, bat er den Kaiser in einem langen und ausführlichen Brief um den ehrenvollen Austritt aus dem Hause Habsburg, was dieser ihm auch gewährte. Damit verzichtete Johann auf eine jährliche Apanage von 80000 Gulden (ca. 50000 Euro), sein Offiziersgehalt von 15000 Gulden und andere Repräsentationsgebühren. Zudem verlor er den Orden vom Goldenen Vlies, alle anderen Orden und sämtliche Vorrechte eines Mitgliedes der kaiserlichen Familie. Ferner wurde ihm untersagt, jemals wieder österreichisch-ungarischen Boden zu betreten. Erzherzog Johann heiratete trotz allem seine Milli und nannte sich fortan Johann Orth, nach einem Schloss in Oberösterreich, das mittlerweile durch eine Fernsehserie berühmt geworden ist.

Sein weiterer Lebensweg ist abenteuerlich. Er ging nach Hamburg, erwarb dort ein Kapitänspatent und reiste mit einem selbst erworbenen Schiff nach La Plata. Von dort zog es ihn weiter nach Chile. Auf diesem Weg dürfte der ehemalige Erzherzog mit seiner Frau Milli wohl aus dem Leben geschieden sein. Das Schiff ist vermutlich gesunken, denn man sah Johann Orth nie wieder. 1911 wurde er offiziell für tot erklärt.

Gerüchte, er sei gemeinsam mit dem Kronprinzen Rudolf in Umsturzpläne gegen Kaiser Franz Joseph verwickelt gewesen, die den Kronprinz zum Selbstmord trieben und Johann zwangen, das Erzhaus zu verlassen, konnten bis heute nicht bewiesen werden.

Kronprinz Erzherzog Rudolf (1858–1889) und Mary Vetsera

Das Drama von Mayerling

Die Tragödie vom Doppelselbstmord des österreichischen Thronfolgers, Erzherzog Rudolf, mit der blutjungen Baronesse Mary Vetsera ist in unzähligen Romanen, Sachbüchern und Filmen erzählt worden. Der Stoff eignet sich wie kein anderer für eine dramatische Story à la Hollywood. Kein Dichter könnte eine bessere Geschichte erfinden, als das Leben sie mit den tragischen Ereignissen 1889 auf Schloss Mayerling schrieb.

Kronprinz Rudolf war in seinen jungen Jahren vor seinem Selbstmord bereits ein schwer kranker Mann. Durch eine unruhige und exzessive Lebensweise hatte er seine Gesundheit dermaßen ruiniert, dass er vermutlich schon bald gestorben wäre, hätte er sich nicht getötet. Zu seinen zahlreichen Leiden gehörten die Geschlechtskrankheiten Syphilis und Gonorrhö, Gelenksrheumatismus und eine ansteckende Augenentzündung. Zusätzlich plagten ihn Phasen schwerer Depression, die er durch übermäßigen Alkoholgenuss zu überwinden suchte. Ab 1888 begleitete ständig ein Arzt den chronisch kranken Kronprinzen und Rudolf nahm etwa ab diesem Zeitpunkt gegen seine Schmerzen auch noch regelmäßig Morphium ein, was schließlich noch zu einer schweren Sucht führte. Zeitgenossen beschrieben ihn in seinen letzten Lebensjahren als nervös, hyperaktiv und unglücklich. Sein Vater, Kaiser Franz Joseph, schloss ihn von jeglicher Verantwortung aus und so sah der intelligente Rudolf nur die Möglichkeit, sich mit Frauengeschichten und Alkoholexzessen abzulenken.

Rudolf, der das große Reich der Habsburger erben sollte, wurde im Laufe des Jahres 1888 der erst 17-jährigen Mary Vetsera vorgestellt. Die beiden lernten einander auf der Pferderennbahn in der Wiener Freudenau kennen. Der Hauslehrer Marys berichtete, dass sie ab dem Frühjahr 1888 verändert gewesen sei und auffällig oft vom Kronprinzen geschwärmt habe. Kontakt nahm sie vermutlich über die Gräfin Larisch, eine Cousine Rudolfs, auf. Rudolf war damals sehr unglücklich mit der belgischen Prinzessin Stephanie verheiratet und suchte deswegen sein Glück in zahllosen Affären. Die Gräfin Larisch hasste Stephanie von Belgien über alle Maßen und brachte aus purer Bosheit ihren Cousin Rudolf immer wieder mit jungen Mädchen in Kontakt, mit denen er dann oft kurze Affären begann. Rudolf bevorzugte einen bestimmten Frauentyp: Seine Geliebten waren immer blass, mollig und dunkelhaarig. Seine Frau dagegen war blond und zart gebaut, also gar nicht sein Typ.

Gräfin Larisch fungierte in der folgenden Zeit als Liebesbotin. Etwa unter dem Vorwand, einkaufen gehen zu wollen, holte sie Mary bei ihren Eltern ab und brachte sie direkt in die Wiener Hofburg zu Rudolf. Die Eltern Marys (ihre Mutter hatte viele Jahre zuvor ebenfalls ein Verhältnis mit dem Kronprinzen gehabt), wussten lange nichts von dieser Affäre. Ob der Kronprinz Mary nun innigst liebte, kann nicht mit Sicherheit gesagt werden. Wohl aber, dass die schwärmerische, junge Vetsera ihn über alles vergötterte. Sagte sie deswegen auch spontan zu, als er sie fragte, ob sie mit ihm Selbstmord begehen wolle? Sie war übrigens nicht die Einzige, der er das vorschlug. In dieser Angelegenheit hatte er sich bereits mehrmals an seine Langzeitgeliebte, die Edelprostituierte Mizzi Caspar, gewandt, die sich jedoch schlicht weigerte, an dieser Wahnsinnstat teilzunehmen.

Das ganze Jahr 1888 über verlebten die beiden verliebte und unbeschwerte Momente, mit Ausnahme eines kurzen England-Aufenthaltes, den Mutter Helene Vetsera mit ihrer Tochter unternahm, wohl um sie auf andere Gedanken zu bringen. Rudolf schenkte Mary als Zeichen der Liebe ein Armband aus Eisen, in das die Buchstabenfolge „I.L.V.B.I.D.T.“ – In Liebe Vereint Bis In Den Tod – eingraviert war. Ein solches Armband gab der erfahrene Casanova Rudolf allerdings mehreren Frauen.

Was letztlich nun beide zu dem verhängnisvollen Selbstmord trieb und wie die genauen Umstände aussahen, wird auf alle Zeiten im Dunkeln bleiben. Zu gründlich wurden gleich nach dem tragischen Ereignis alle Beweismaterialien vernichtet. Es gibt über 20 verschiedene Theorien, warum sich der Kronprinz damals erschoss. So wird gemunkelt, dass Mary im 5. Monat schwanger gewesen und in Mayerling bei einem Abtreibungsversuch verblutet sei. Eine andere Theorie lautet, dass Rudolf vom französischen Geheimdienst ermordet wurde, wie auch die letzte österreichische Kaiserin Zita bis an ihr Lebensende immer wieder behauptete. Eine dritte besagt, dass

Rudolf in Ungarn einen Umsturz gegen seinen Vater Franz Joseph geplant habe, der jedoch aufflog, was ihn in den Selbstmord getrieben habe. Was der Wahrheit entspricht, wird man wohl nie erfahren. Tatsache ist lediglich, dass Rudolf am 30. Januar 1889 auf seinem Jagdschloss Mayerling Mary und dann sich selbst erschoss.

Die alte Prophezeiung, die Habsburger würden mit einem Rudolf an die Macht kommen und mit einem Rudolf untergehen, ging somit nicht in Erfüllung. Oder doch?

Erzherzog Franz Ferdinand (1863–1914) und die Gräfin Chotek

Zwischen Herz und Krone

1894, als der damalige Erzherzog Thronfolger Franz Ferdinand gerade seine Garnisonszeit in Prag verbrachte, lernte er auf einer Soirée die Gräfin Sophie Chotek von Chotkowa und Wognin kennen. Es muss Liebe auf den ersten Blick gewesen sein, denn die beiden fingen gleich darauf eine Beziehung miteinander an. In der ersten Zeit trafen sie sich heimlich und unauffällig an verschiedenen Orten. Das ging so lange gut, bis das Lungenleiden des Thronfolgers die Liebenden trennte. Franz Ferdinand musste wieder auf Kur in südliche Gefilde gehen. Während dieser Zeit aber schrieben sie einander die glühendsten Liebesbriefe und der Erzherzog soll täglich ungeduldig auf die Post gewartet haben.

Sophie Chotek war vier Jahre jünger als der Prinz und ihre Familie entstammte altem böhmischen Hochadel. Ihr Vater war Oberststabelmeister und gehörte so zum höchsten Hofadel des Kaisers. Sophie war hoch gewachsen und schlank und widersprach so dem damaligen Schönheitsideal kleiner und molliger Frauen. Durch ihren Vater wurde sie eine Hofdame der Erzherzogin Isabella, der Gemahlin Erzherzog Friedrichs, die damals in Pressburg residierte.

Franz Ferdinand reiste auffallend oft in die eben genannte Stadt, bis er eines Tages seine Uhr verlor und diese dann bei der jungen Gräfin Chotek gefunden wurde. Der Skandal war perfekt und die arme Sophie Chotek wurde sofort des erzherzoglichen Hauses verwiesen. Franz Ferdinand reagierte trotzig und brach jeden Kontakt zu seinen Verwandten ab. So wurde auch Kaiser Franz Joseph, der seinen Thronfolger Franz Ferdinand nie sehr mochte, auf die Sache aufmerksam gemacht. Er selbst war, was Frauen betraf, kein Kostverächter und empfahl seinem Erben, die Frau als „Betthaserl“ zu betrachten und auch so zu behandeln. Was bedeutete: Irgendwann musste Schluss sein.

Trotz ihrer vornehmen Familie galt die Gräfin in den Augen der Habsburger nicht als ebenbürtig. Das waren nur Prinzessinnen aus regierendem königlichen oder kaiserlichen Hause und davon war Sophie Chotek weit entfernt. Franz Ferdinand wollte freilich davon nichts wissen. Er liebte seine Sophie und war fest entschlossen, sie zu heiraten. Für den alten und biederen Kaiser gab es aber nur zwei Möglichkeiten: entweder Verzicht auf die Ehe oder Verzicht auf die Thronfolge. Gemäß dem Familiengesetz der Habsburger aus dem Jahre 1839, das Kaiser Ferdinand I. erlassen hatte, konnte es nur eine Ehe „zur linken Hand werden“, eine so genannte morganatische Ehe, und eine solche konnte nur das Familienoberhaupt, also der Kaiser, genehmigen. Franz Joseph weigerte sich aber strikt. Doch er war gezwungen, Folgendes zu bedenken: Wenn Franz Ferdinand von der Thronfolge ausgeschlossen werden würde, hieße der neue Thronerbe Otto, dessen jüngerer Brüder, ein Mann, der damals schon schwer von der Syphilis gezeichnet war und einen Skandal nach dem nächsten lieferte. Dass er einmal völlig nackt und betrunken nur mit dem Orden des Goldenen Vlieses und seinem Offizierssäbel geschmückt durchs Hotel Sacher rannte, zählte noch zu seinen harmloseren Eskapaden. Um Otto als Thronerben zu verhindern, ließ sich der alte Kaiser nach ewigem Hin und Her zu einer Gesetzeserweiterung überreden. Die Hausgesetze der Habsburger bekamen einen Zusatz. Dieser besagte, dass der Thronfolger eines Tages zwar Kaiser werde, seine etwaig geborenen Söhne aus dieser nicht standesgemäßen Verbindung jedoch niemals den österreichischen Kaiserthron besteigen könnten. Franz Joseph unterzeichnete am 12. Juni 1900 den entsprechenden Paragraphen. So waren alle zufrieden und die beiden konnten endlich am 1. Juli 1900 auf Schloss Reichstadt in Böhmen heiraten. Alle männlichen Mitglieder des Erzhauses, sogar Franz Ferdinands Brüder, blieben der Zeremonie demonstrativ fern.

Der Ehe entstammten mehrere Kinder. Später erhob der Kaiser Sophie von Chotek noch zur „Herzogin von Hohenberg". Das Ende der beiden ist jedem bekannt. Im Juni 1914 wurde das Thronfolger-Ehepaar in Sarajevo erschossen.

Erzherzog Leopold Ferdinand Salvator (1868–1935) und seine Geliebten

Adeliger Zuhälter?

Dieser ungewöhnliche Habsburger hätte am liebsten die standesgemäße Prinzessin, Elvira von Bourbon aus dem spanischen Zweig der Familie, geheiratet, was ihm jedoch nicht gestattet wurde.

Diese Erfahrung warf ihn nach eigenen Angaben aus der Bahn. Er fing ein Verhältnis mit der Prostituierten Wilhelmine Adamovics an und begann wegen seines exzessiven Schnapsgenusses an Delirium tremens zu leiden. Wegen der Alkoholsucht kam es immer wieder zu peinlichen Zwischenfällen für das Haus Habsburg. So schmuggelte der Erzherzog beispielsweise seine als Matrose verkleidete Geliebte während eines Manövers auf ein Schlachtschiff, auf dem der Erzherzog-Thronfolger Franz Ferdinand gerade das Kommando führte.

Am 14. Dezember 1902 beendete Leopold selbst die Schlammschlacht um seine Person und schickte von Genf aus folgendes Schreiben an Kaiser Franz Joseph: „Ich bitte Euer Majestät, meine Stellung und Rang als Erzherzog ablegen zu dürfen, und den Namen Leopold Wölfling anzunehmen."[13] Der Kaiser genehmigte das Gesuch und Leopold verlor, wie es üblich war, alle Titel, Orden und eine Menge Geld.

1903 heiratete er seine Langzeitgeliebte Wilhelmine Adamovics und lebte mit ihr eine Zeit lang in einer Vegetarierkolonie in Ascona (Schweiz). 1907 ließ er sich aber wieder scheiden und ehelichte kurz darauf Maria Magdalena Ritter, ebenfalls eine Prostituierte. 1912 trennte er sich allerdings auch von dieser Frau. Danach hielt er sich mit der Dirne Maria Schweickhardt im Münchner Zuhältermilieu auf.

Nach dem Ersten Weltkrieg kehrte er nach Wien zurück und betrieb erfolglos ein Gemischtwarengeschäft in Kaisermühlen. 1933 heiratete er ein drittes Mal, diesmal die 30 Jahre jüngere Klara Pawlowski, mit der er in Berlin lebte. Dort starb er 1935 in größter Armut.

König Eduard VIII. von England (1894–1972) und Wallis Simpson

Thronverzicht wegen einer Frau

Eduard, ältester Sohn und Erbe des englischen Königs Georg V., war schon während seiner Kronprinzenzeit, als „Prince of Wales“, der Schwarm vieler Frauen. „David“, wie er in seiner Familie genannt wurde, fühlte sich aber immer schon zu verheirateten Frauen hingezogen, besonders wenn sie den mütterlichen und beherrschenden Typ verkörperten. Wen wundert es, dass er sich 1931 leidenschaftlich in die Amerikanerin Wallis Simpson verliebte? Die bereits zum zweiten Mal verheiratete, kluge, gebildete und höchst selbstsicher auftretende Amerikanerin faszinierte den Thronerben derart, dass er sich 1936 nach dem Tod seines Vaters als nunmehriger König Eduard VIII. ernsthaft überlegte, wegen seiner Geliebten abzudanken. Für ein Oberhaupt der anglikanischen Kirche, denn das sind die englischen Könige bis heute, war und ist es undenkbar, dass der Thronfolger oder König eine geschiedene Frau heiratet. Ein ähnliches Problem hat bekanntlich auch der jetzige Thronfolger Charles mit Camilla Parker-Bowles. Schließlich entschied sich Eduard VIII. am 10. Dezember 1936, nach einer Regierungszeit von weniger als elf Monaten und nach schweren inneren Kämpfen, für seine große Liebe abzudanken. Bald darauf heiratete er Wallis Simpson in Frankreich, nahm den Titel eines „Herzogs von Windsor“ an und lebte die meiste Zeit mit seiner Frau in Amerika, wo er 1972 an Lungenkrebs starb.

Die Rosenkriege der Herrscher

Die überwiegende Mehrheit herrschaftlicher Ehen war arrangiert. Es ging bei diesen Heiratsverbindungen vor allem um Macht, Ländereien und Politik. Sehr selten wurde aus Liebe geheiratet, denn in den meisten Fällen wurden die zukünftigen Bräute und Bräutigame von den Eltern für ihre Kinder ausgesucht, in einem Alter, wo diese noch mit ihren Puppen spielten. Deswegen ist es eigentlich kaum verwunderlich, dass viele königlichen Ehepaare sich nicht verstanden. Oft lernten sie einander auch erst bei der Hochzeit kennen. Und da konnte es schon zu bösen Überraschungen kommen.

König August II., der Starke, von Sachsen-Polen (1670–1733) und Christiane Eberhardine von Brandenburg-Bayreuth (1671–1727)

Der geplatzte Traum von einer glücklichen Ehe

August der Starke, der als Inbegriff eines barocken Herrschers in punkto Frauen galt, war selbstverständlich alles andere als ein treu sorgender Familienvater.

1693 heiratete er noch als Prinz Friedrich August von Sachsen Christiane Eberhardine von Brandenburg-Bayreuth. 1694, nachdem er als Friedrich August I. Kurfürst geworden war, nahm er sich bereits seine erste offizielle Mätresse, die schöne Aurora von Königsmarck, die im August jenes Jahres nach Dresden gekommen war. Trotz ständiger Eskapaden Augusts des Starken, wie er wegen seiner enormen Körperkräfte genannt wurde, gebar ihm die Kurfürstin 1696 einen Sohn, den späteren Friedrich August II., der als August III. auch König von Polen wurde. Im Jahre 1697 setzte Friedrich August seine Wahl zum polnischen König durch. Damit war er gezwungen, zum katholischen Glauben überzutreten, was ihm jedoch keinerlei Gewissensbisse bereitete. Seine Frau dagegen war eine überzeugte Protestantin und weigerte sich, mit ihm den Glauben zu wechseln. Die Fahrt nach Polen und die Krönung fanden daher ohne sie statt, was letztlich zum endgültigen Bruch der beiden führte. August wies ihr Schloss Pretzsch und Schloss Hartenfels in Torgau zu und gestattete ihr nicht mehr – außer zu offiziellen Anlässen – bei Hofe zu erscheinen. Als sie daraufhin versuchte, den gemeinsamen Sohn protestantisch zu erziehen, und ihn 1710 auch noch konfirmieren ließ, zog sie sich den Zorn ihres Mannes zu. August sah die protestantische Erziehung nämlich gar nicht gern, da sein Sohn ihm als katholischer König von Polen nachfolgen sollte. Er entzog schließlich seiner Frau das Kind und nahm es nach Warschau mit.

Christiane Eberhardine, deren Traum vom Familienglück mit vielen Kindern sich nicht erfüllt hatte, starb letztlich wenig beachtet 1727.

König Friedrich II., der Große, von Preußen (1712–1786) und Elisabeth Christine von Braunschweig-Bevern (1715–1797)

„wenn ich mich verheirate, werde ich gewiss ein schlechter Ehemann sein"

Kronprinz Friedrich musste nach seinem missglückten Fluchtversuch ins Ausland, den er wegen seines schlechten Verhältnisses zu seinem Vater unternommen hatte, während seiner Festungshaft in Küstrin bei den dortigen Behörden in der Verwaltung arbeiten. Er war nur knapp der Todesstrafe entkommen, die sein Vater, König Friedrich Wilhelm I., schon unterschrieben hatte.

Der König erpresste Friedrich in Küstrin, indem er ihm versprach, ihn von seinem trüben Alltag zu erlösen, wenn er auf eine Heirat einginge. Diese Erpressung war in den Augen Friedrich Wilhelms I. notwendig, da der Kronprinz bisher jeden Versuch, ihn zu vermählen, wüst von sich geschoben hatte. Doch Friedrich wollte auch nicht ewig als kleiner Beamter in der öden Provinz Akten wälzen und so fügte er sich schließlich – wenn auch widerstrebend.

Die Prinzessin, die man für ihn ausgesucht hatte, war Elisabeth Christine von Braunschweig-Bevern, eine Nichte der gleichnamigen Kaiserin und Gemahlin Kaiser Karls VI. Friedrich Wilhelm I., der „Soldatenkönig", wollte mit dieser Wahl seine Kaisertreue zum Ausdruck bringen, während seine Gemahlin lieber eine Heirat mit dem protestantischen englischen Königshaus gesehen hätte. Wie Friedrich selbst zu dieser Ehe stand, stellte er in einem Brief an Minister Grumbkow unmissverständlich klar: *(...) und wenn ich mich verheirate, werde ich gewiss ein schlechter Ehemann sein, denn ich fühle in mir nicht genug Liebe zum weiblichen Geschlecht, um glauben zu können, ich würde sie in der Ehe in mich aufnehmen, und der bloße Gedanke an meine Frau ist mir eine so verhasste Sache, dass ich nicht ohne Abneigung daran denken kann (...) Was die Prinzessin von Bevern anlangt, so kann man darauf rechnen, dass sie, wenn man mich zwingt sie zu nehmen, sie verstoßen wird, sobald ich König geworden bin.*[14]

Trotzdem heirateten die beiden am 12. Juni 1733 auf Schloss Salzdahlum in Wolfenbüttel. Die Prinzessin wurde als blass, blauäugig und blond beschrieben und soll einen kleinen Mund gehabt haben. Allerdings verdarben ihre hässlichen, schwarzen Zähne die sonst recht ansehnliche Erscheinung. Wenig schmeichelhaft war jedoch, was Elisabeth Christines Schwägerin Charlotte bei Tisch ihrer Mutter und ihren Geschwistern erzählte, wie Wilhelmine von Bayreuth in ihren Memoiren berichtete: *(...) Ew. Majestät kennen alle ihre Vorzüge noch nicht. Ich wohnte eines Morgens ihrer Toilette bei und mir verging der Atem, denn sie roch ganz erbärmlich; sie muß zumindestens zehn oder zwölf Fisteln haben, anders läßt sich das nicht erklären. Ich bemerkte auch, daß sie schief gewachsen ist; ihr Rock ist an einer Seite auswattiert, und eine Hüfte sitzt höher als die andere (...)*[15]

Nach der Hochzeit wurde der Kronprinz, wie es mit seinem Vater vereinbart worden war, versetzt. Er wurde Oberst eines Regimentes in Ruppin, wo er sich nun wieder – von der Überwachung seines Vaters befreit – seinen Leidenschaften widmen konnte. Trotz seiner Heirat führte er sein altes Junggesellenleben fort, wie ein Freund schrieb: *Er las mit Wonne, am warmen Kaminfeuer sitzend, in einen schönen Pelz gehüllt, die ganzen stillen Nächte durch. Erst gegen Morgen legte er sich zu Bett und blieb bis zur Wachtparade liegen, die erst um 11 Uhr stattfand, damit Monsieur Zeit hat, bis tief in den Tag hinein zu schlafen (...)*[16]

Von seiner jungen Frau wollte er nichts wissen und war froh, dass sie im Berliner Kronprinzenpalais untergebracht worden war. Im Herbst 1736 bezog er jedoch mit seiner Gemahlin das bei Ruppin gelegene Schloss Rheinsberg. Friedrich machte aus seiner Abneigung gegen Elisabeth Christine, die er für dumm und einfältig hielt, keinen Hehl und ließ sie das auch spüren. Der intelligente Kronprinz war bekannt für seine geistreiche Ironie, seinen tödlichen Sarkasmus und seinen Zynismus, vor dem niemand sicher war. Und leider stotterte Christine Eberhardine leicht, was ein gefundenes Fressen für ihren Ehemann war. Nicht selten blamierte er seine geistig träge Gemahlin absichtlich in der Öffentlichkeit. Das Rheinsberger Leben gefiel ihm dennoch derartig gut, dass er sich für kurze Zeit sogar in seinem Eheleben wohl fühlte. Vertrauten gegenüber erzählte er, dass er seinen ehelichen Pflichten häufig nachkäme, und konstatierte zu diesem Punkt: „Sie hat einen wunderschönen Leib und ein zuckersüßes Vötzchen."[17]

Als er aber nach dem Tod seines Vaters am 31. Mai 1740 König wurde, tat er genau das, was er vor seiner Vermählung angekündigt hatte. Friedrich wies seiner Gattin das Schloss Schönhausen als Residenz zu, wo sie abseits des Hofes ihr Dasein fristen musste. Lediglich zu offiziellen Anlässen wie Staatsbesuchen, Hochzeiten, Geburts- oder Namenstagen durfte sie ihr „Gefängnis" verlassen und bei Hof erscheinen. In das Lieblingsschloss Friedrichs des Großen – Sanssouci bei Potsdam – hatte sie wie alle anderen Frauen auch keinen Zutritt, was sie oft bedauerte. Wenn sie in den Briefen ihrer Verwandten gefragt wurde, wie das berühmte Schloss denn nun aussehe, musste sie verlegen schreiben, dass sie es selbst noch nie gesehen habe, da der König dies nicht wünsche. An ihren Bruder schrieb sie einmal: „Nach der Beschreibung, die man mir von Sanssouci macht, muss es wundervoll sein. Wie glücklich sind die, welche dort wohnen dürfen!"[18] Als sie hörte, dass der König mit seiner Mutter, seiner Schwester und den Prinzen im Sommer 1747 einen Ausflug nach Charlottenburg, Oranienburg und Rheinsberg plante, sie aber nicht eingeladen worden war, schrieb sie demütig an ihren Mann, ob sie nicht mitkommen könne. Sie erhielt nie eine Antwort. Wegen der schlechten Behandlung, die ihr Ehemann ihr zukommen ließ, gab es bald niemanden mehr in ihrer Umgebung, der sie schätzte oder respektierte.

Die Ehe der beiden blieb verständlicherweise, und trotz der offensichtlichen Versuche in Rheinsberg, kinderlos. Mit der Zeit entfremdete sich das Königspaar immer mehr, nach über 30 „gemeinsamen" Jahren hatte sich Elisabeth Christine mit ihrer Einsamkeit längst abgefunden und widmete ihr Leben der Wohltätigkeit. Sie gründete Taubstummenheime und engagierte sich in der Armen- und Krankenpflege.

Das goldene Hochzeitsfest feierte das alternde Königspaar noch am 12. Juni 1783, allerdings ohne große Festlichkeiten, in aller Stille. Selbst in dieser Zeit, als der König die meisten Freunde, Vertrauten, Kriegskameraden und Geschwister verloren hatte und zunehmend vereinsamte, fanden die beiden nicht mehr zueinander.

Diese seltsame Ehe fand durch den Tod Friedrichs II. am 17. August 1786 ihr Ende. Elisabeth Christine bekam laut Testament zu ihren Bezügen 10 000 Taler und eine neue Residenz in Stettin sowie eine Wohnung im Berliner Stadtschloss. Damit war sie finanziell abgesichert. Elisabeth Christine überlebte ihren Mann um elf Jahre und starb letztlich am 13. Januar 1797.

Herzog Carl Eugen von Württemberg (1728–1793) und Elisabeth Friederike von Brandenburg-Bayreuth (1732–1780)

„Das schönste Kind Europas"

Elisabeth Friederike, die Lieblingsnichte Friedrichs des Großen, die aus der Ehe seiner Lieblingsschwester Wilhelmine mit dem Markgrafen Friedrich von Brandenburg-Bayreuth hervorgegangen war, heiratete im September 1748 Herzog Carl Eugen von Württemberg, den vermutlich verschwenderischsten und tyrannischsten Despoten der zweiten Hälfte des 18. Jahrhunderts.

Sie war damals gerade 16 Jahre alt, Carl Eugen 20. Er wuchs zeitweise am Hof Friedrichs des Großen auf, der ihn sehr schätzte und deswegen diese Heirat für ihn arrangierte. Friederike galt als überaus hübsches, junges Mädchen. Sogar der berühmte Philosoph Voltaire, der sie am Hof des großen Preußenkönigs kennen gelernt hatte, rühmte sie als „das schönste Kind Europas"[19].

Obwohl Carl Eugen und Elisabeth Friederike die Liebe zur höfischen Repräsentation und zur Oper verband, verlief die Ehe unglücklich. Carl Eugen betrog seine junge Frau pausenlos. Nach der Geburt des einzigen Kindes, Tochter Friederike, begann die junge Herzogin zu kränkeln. Carl Eugen stürzte sich nun noch mehr in endlose Abenteuer. Dabei mussten die Frauen, die der Herzog bereits beglückt hatte, an seinem Hof Schuhe aus blauem Atlas tragen, damit er ja nicht zweimal der gleichen Frau seine Gunst schenkte. Friederike fühlte sich verständlicherweise unwohl in Ludwigsburg und Stuttgart. Die gemeinsame Italienreise des Paares im Jahre 1753 vermochte nicht, die bereits fortgeschrittene Entfremdung der Eheleute aufzuhalten. Im Herbst 1756 verließ Friederike schlussendlich Württemberg und kehrte nach Bayreuth zurück. 1759 schloss der Herzog mit der getrennt lebenden Gattin ein Abkommen, das ihr ein jährliches Einkommen sicherte, aber gleichzeitig auch ihr Leben als „Herzogin von Württemberg" stark einschränkte. Zum letzten Mal trat sie in das Blickfeld der Öffentlichkeit, als Carl Eugen, der sich um den Fortbestand seiner Dynastie sorgte, 1765/66 eine Aussöhnung zwischen ihm und Elisabeth Friederike herbeiführen wollte, um vielleicht doch noch den ersehnten Erbprinzen zu bekommen. Die Versöhnung gelang jedoch nicht und so verbrachte Elisabeth Friederike ihre letzten 13 Lebensjahre verbittert und kränkelnd in Bayreuth. Carl Eugen aber blieb weiterhin der glanzvolle Mittelpunkt seines verschwenderischen Hofes.

König Georg IV. von England (1762–1830) und Karoline von Braunschweig-Wolfenbüttel (1768–1821)

„Mein Vater war ein Held, mich hat man mit einer Null verheiratet"

Karoline, Tochter des berühmten preußischen Feldherrn Karl II. von Braunschweig-Wolfenbüttel, erreichte am 4. April 1795 als zukünftige Frau des englischen Thronerben London und wurde dort von einer jubelnden Menge stürmisch empfangen. Bald darauf traf sie im St. James-Palast, dem damaligen königlichen Domizil, zum ersten Mal ihren zukünftigen Gemahl Georg, „Prince of Wales" und ältester Sohn König Georgs III. von England.

Sie wusste damals jedoch noch nicht, dass Kronprinz Georg bereits verheiratet war. Er hatte am 15. Dezember 1785 die sechs Jahre ältere katholische Witwe Mary Fitzherbert geheiratet. Als Trauzeugen hatten Marys Bruder und einer ihrer Onkel fungiert. Die Zeremonie hatte heimlich in Marys Wohnung stattgefunden, weil es laut einem Erlass Georgs III. jedem Mitglied der königlichen Familie verboten war, unter seinem Stand zu heiraten. Nach neun Jahren harmonischer Ehe verliebte sich der Prinz jedoch neu und ließ seiner Mary ausrichten, dass er sie künftig nicht mehr sehen wolle. Seine neue Angebetete hieß Lady Jersey. Für diese Frau vergaß er seine Ehefrau ganz schnell. Lady Jersey war auch noch aktuell, als Prinzessin Karoline in England eintraf.

Als Karoline nun ihrem künftigen Ehemann zum ersten Mal vorgestellt wurde, reagierte dieser erwartungsgemäß distanziert. Der Thronerbe gab ihr einen flüchtigen Kuss auf die Wange, drehte sich demonstrativ um und verlangte lauthals nach einem Glas Brandy, trank es aus und stürmte davon. Wie sich die arme Karoline in jenem Moment fühlte, kann man nur ahnen. Es sei an dieser Stelle angemerkt, dass der spätere Georg IV. ein echter Widerling war, äußerst skrupellos, völlig charakterlos und ohne Gewissen.

Drei Tage später wurden die beiden getraut. Die Hochzeit glich einer Trauerfeier, so gedrückt war die Stimmung. Nur Georg III. versuchte ab und an mit seiner Schwiegertochter zu plaudern. Während der Hochzeitsnacht war der Prinz wie gewöhnlich so betrunken, dass er einschlief, wo er hingefallen war. Trotzdem wurde die Prinzessin bald darauf schwanger und schenkte 1796 dem einzigen Kind des Thronfolgerpaares, Tochter Charlotte, das Leben.

Die Ehe der beiden blieb jedoch eine einzige Katastrophe und mündete schließlich in einen Prozess, den Georg wegen des angeblich so skandalösen Benehmens seiner Gattin anstrengte. 1820, als Georg III. verstorben war und Georg nun, als Georg IV., der neue Herr Englands wurde, leitete er diesen Prozess in die Wege. Georg weigerte sich nämlich strikt, die ungeliebte Gemahlin zur Königin krönen zu lassen, und garantierte ihr stattdessen 50 000 Pfund als Jahreseinkommen zu, wenn sie auf den Titel verzichten und England für immer verlassen würde. Doch das lehnte die stolze Karoline ab. Um sie dennoch loszuwerden, kam Georg IV. auf die obskure Idee, einen Strafantrag im Oberhaus einzubringen, in dem er Karoline des Ehebruchs bezichtigte.

Was hatte es damit auf sich? Kurz vor der Krönung ihres Mannes befand sich Karoline auf einer Reise durch Europa. In Genua wurde ihr der ehemalige Offizier Bartolomeo Pergami als Dolmetscher zugeteilt, mit dem sie angeblich ein Verhältnis gehabt haben soll. Die genauen Einzelheiten und Verwicklungen dieser Angelegenheit wären Stoff für ein ganzes Buch, sie sollen hier jedoch nur kurz skizziert sein. Diese angebliche Affäre nahm eine von Georg eingesetzte Kommission zum Anlass, Karoline Ehebruch vorzuwerfen. Das Verfahren gegen die 52-jährige Königin begann am 17. August 1820 in ihrer persönlichen Anwesenheit. Zwar wurde festgestellt, dass Pergami nach dem Russlandfeldzug nicht mehr in der Lage gewesen war, den Geschlechtsakt zu vollziehen, und Karoline schwor zudem „vor Gott“[20], dass sie unschuldig sei. Trotzdem befanden die auf den König eingeschworenen Lords sie für schuldig, wie nicht anders zu erwarten gewesen war. Da die Abstimmung sehr knapp ausging (108 zu 99 Stimmen), wurde darauf verzichtet, die Causa dem Unterhaus vorzulegen, wo eine endgültige Entscheidung hätte gefällt werden müssen, was Georg in Rage versetzte. Karoline konnte sich folglich frei bewegen und hielt Salons in ihrem Wohnhaus ab. Zur Krönung ihres Mannes am 19. Juli 1821 wurde sie dennoch nicht zugelassen. Karoline war zu diesem Zeitpunkt bereits eine schwer kranke Frau. Am 7. August starb sie, vermutlich an Unterleibskrebs.

Berühmt ist ihr legendärer Ausspruch: „Mein Vater war ein Held, mich hat man mit einer Null verheiratet.“[21]

Philipp von Sachsen-Coburg (1844–1921) und Louise von Belgien (1858–1924)

Kaiser Franz Joseph zwang Philipp von Sachsen-Coburg zu einem Duell

Obwohl Franz Joseph I. ein erklärter Gegner des Duells war – zumindest nach außen hin – verstand er im Fall Philipps von Sachsen-Coburg, des Schwagers seiner Schwiegertochter Stephanie von Belgien, keinen Spaß.

Als nämlich dessen Frau, Prinzessin Louise von Belgien, ein Verhältnis mit einem Oberleutnant Géza von Matacic einging, sah Philipp keinen Grund, hier einzugreifen. Franz Joseph aber dachte da anders. Er zwang Prinz Philipp von Coburg, seine Ehre wiederherzustellen. Dieser war dadurch auf allerhöchsten Befehl hin gezwungen, den Geliebten seiner Frau zu fordern.

Das Duell fand auch tatsächlich statt. Bei einem zweimaligen Kugelwechsel wurde kein Treffer erzielt und so mussten die Kontrahenten mit Säbeln weiterkämpfen. Als dem Prinzen Philipp aber die Daumensehnen infolge eines Hiebes durchtrennt wurden und er daraufhin kampfunfähig war, fand das Duell sein Ende.

Der Ehre des Prinzen war somit Genüge getan und auch der Kaiser war glücklich. Selbstverständlich fand dieses Ereignis als großer Skandal 1895 seinen Niederschlag in der Weltpresse.

Kronprinzessin Luise von Sachsen (1870–1947) und Kronprinz Friedrich August von Sachsen (1865–1932)

Die Flucht der Kronprinzessin Luise

Der sächsische Kronprinz Friedrich August, Sohn König Georgs I., heiratete 1891 die österreichische Erzherzogin Luise aus der toskanischen Linie der Habsburger, die ihm insgesamt sechs Kinder schenkte. Luise passte jedoch trotz der reichen Kinderschar nicht zu ihrem Mann und auch nicht zum sächsischen Hof. Dauernd gab es irgendwelche Skandälchen, die sie verursacht hatte. Sei es, weil sie auf offener Straße wahllos mit Passanten sprach, weil sie stets selbst einkaufen ging oder weil sie gerne Walzer tanzte, man war von ihr entsetzt. Auch das Radfahren schätzte sie zum großen Ärgernis des Hofes sehr, es wurde ihr schließlich auch verboten.

Am 9. Dezember 1902 provozierte Kronprinzessin Luise den größten dynastischen Skandal der damaligen Zeit. An diesem Tag brannte, sie im 6. Monat schwanger, mit dem entlassenen Sprachlehrer ihrer Kinder, dem Belgier André Giron, durch. Der Hof und die Öffentlichkeit waren schockiert.

Die Ehe zwischen dem Kronprinzen Friedrich August und Luise wurde letztlich am 11. Januar 1903 wegen ihres Ehebruchs geschieden. Nach der Scheidung musste sie ihre Titel ablegen und wurde formal zur „Gräfin Montignoso“ abgestuft.

Später sorgte sie nochmals für Schlagzeilen, als sie den Komponisten Enrico Toselli heiratete.

Ausgefallene Praktiken und ungewöhnliche Liebschaften

Ob ein Bordell als kleines, unterhaltsames Geschenk oder vielleicht die verbotene Liebe zur eigenen Schwester, in adeligen Familien findet man alles. Darunter auch verschiedene obskure Liebespraktiken, die einem doch noch den so sehnlich erwünschten Nachfolger bescheren sollten. Vielleicht ein kleiner Cocktail zur Anregung oder ein paar eindeutige Bilder im Schlafzimmer? Wenn es darum ging, einen männlichen Erben zu zeugen, wurde so mancher König höchst erfinderisch. Doch auch ansonsten waren der sexuellen Fantasie des Adels keine Grenzen gesetzt und meist auch keine Schranken.

Kaiser Caligula (12–41)

„Geliebte" Schwester

Der römische Kaiser Gaius Caesar Germanicus, den seine Soldaten „Caligula" (Stiefelchen) nannten, war begeistert vom alten Ägypten. Die Kultur und die Lebensweise der großen Pharaonen waren für ihn das Idealbild schlechthin. Und so wie die Pharaonen zu ihren Geschwistern sexuelle Beziehungen unterhielten, um ihr göttliches Blut rein zu halten, pflegte auch Caligula mit all seinen Schwestern sexuelle Beziehungen, wie der Historiker Suetonius berichtete. Als sich seine Schwester Drusilla heimlich während einer Krankheit Caligulas verheiratete, zwang er sie, nachdem er es doch erfahren hatte, sich von ihrem Gatten wieder zu trennen. In der folgenden Zeit behandelte er sie in aller Öffentlichkeit wie seine legitime Gattin.

Neben vielen homosexuellen Liebschaften und unzähligen Affären mit Frauen von Rang heiratete er insgesamt viermal.

Kaiser Nero (37–68)

Zwang Senator zur Selbstbefriedigung

Der römische Kaiser Nero galt – als er noch jung war – allgemein als sehr aktiv und ungestüm. Mit gleich gesinnten Saufkumpanen aus dem hohen römischen Adel wanderte er nächtens verkleidet von Kneipe zu Kneipe und von Bordell zu Bordell. Dabei machte er sich oft einen Spaß daraus, Läden zu plündern und Frauen zu belästigen. Zeitgenossen berichten, dass er sich in schamloser Weise mit allen Menschen vergnügte, und zwar ohne Unterschied des Geschlechts oder Standes. Als sich eines Nachts ein Senator gegen den vermummten Nero, der ihn belästigte, lautstark und schlagfertig verteidigte, zwang Nero den armen Senator vor seinen Augen und denen seiner Clique zur Selbstbefriedigung.

Kaiser Domitian (51–96)
Ringkämpfe im Bett

Domitian führte ein derart ausschweifendes Liebesleben, dass der römische Historiker Sueton sogar von regelrechten Ringkämpfen im Bett sprach.

Darüber hinaus verführte er auch noch Flavia Iulia, die Tochter seines Bruders, des Kaisers Titus. Sie wurde von ihm schwanger und starb an der Abtreibung, zu der Domitian selbst sie gezwungen haben soll.

Kaiser Karl I., der Große, König der Franken (747–814)
Großer Kaiser – viele Kinder

Auch der „große" Frankenkönig und erste Kaiser des „Heiligen Römischen Reiches Deutscher Nation" besaß menschliche Regungen und Neigungen. Er heiratete nacheinander vier Frauen und nahm sich dazu noch fünf Konkubinen. Als ein vor Kraft strotzender Herrscher war er in seinem Sexualleben ebenso maßlos wie als Krieger. Seinem Privatharem entsprossen den Schätzungen nach 18 Kinder, darunter acht legitime.

Kaiser Maximilian I. (1459–1519)
Letzter Ritter hinterließ zahlreiche Knappen

Maximilian I., der berühmte „Letzte Ritter", war neben seinen unbestrittenen Verdiensten als Kaiser den körperlichen Freuden nicht abgeneigt. In einem Brief an seinen Bruder Karl V. spricht Ferdinand I. von mehreren unehelichen Kindern, die ihr gemeinsamer Großvater gezeugt haben soll. Belegt sind drei Mädchen und drei Knaben. Zwei davon, nämlich Georg und Cornelius, sind von ihm legitimiert worden. Sie stammten beide von derselben Mutter, vermutlich einer Salzburgerin. Es war ihnen sogar gestattet, Jura zu studieren und später in diplomatische Dienste zu treten.

Andere Quellen sprechen von zehn unehelichen Nachkommen Kaiser Maximilians und manche sogar von 70. Wie viele es genau waren, lässt sich nicht mehr feststellen.

Kronprinz Juan von Kastilien-Aragon (1478–1497)
Zuviel Sex mit Ehefrau kostete ihn das Leben

Im April 1497 heiratete Kronprinz Juan, der einzige Sohn der beiden „Katholischen Könige" Isabella und Ferdinand von Kastilien-Aragon, die österreichische Erzherzogin Margarete, die Tochter Kaiser Maximilians I. aus dem Hause Habsburg.

Don Juan, der von Geburt an kränkelte und unter mehreren chronischen Krankheiten litt, war von seiner jungen Frau so begeistert, dass er sich gleich nach der Trauung intensiv seinen ehelichen Pflichten widmete. Und dies so heftig, dass er bald darauf verstarb. Bereits am 6. Oktober 1497 hauchte er sein Leben aus, nach nur sechs gemeinsam verbrachten Monaten. Es wurde damals gemunkelt, dass sein wildes Sexualleben daran schuld gewesen sei.

Königin Johanna, die Wahnsinnige, von Kastilien (1479–1555)
Unbändige Lust auf die Hochzeitsnacht

Die Ehefrau des Habsburgers Philipp des Schönen soll einen dermaßen ausgeprägten Sexualtrieb verspürt haben, dass ihre Hochzeit sogar um vier Tage vorverlegt werden musste, weil sie die Hochzeitsnacht nicht mehr erwarten konnte.

Wollte Philipp ihr gegenüber etwas durchsetzen, drohte er einfach mit Liebesentzug, wodurch er sie jedesmal zum Einlenken bringen konnte.

Kaiser Karl V. (1500–1558)
War sein Sohn gleichzeitig sein Enkel?

Der Apfel fällt bekanntlich nicht weit vom Stamm, denn wie sein Großvater Maximilian I. hatte auch Karl V. unzählige Affären.

Mit der Tochter eines Teppichwirkers zeugte er ein Mädchen, die später berühmte Margarete von Österreich. Aus einem Techtelmechtel mit der Regensburger Bürgerstochter Barbara Blomberg stammte der sehr erfolgreiche Feldherr Don Juan d'Austria. Nebenher hatte Karl V. immer wieder zahlreiche außereheliche Beziehungen und Liebschaften, aus denen unzählige Kinder hervorgingen. Böse Zungen behaupteten sogar, der Thronerbe seines Sohnes Philipp II., der unglückliche Don Carlos, sei in Wirklichkeit aus einer Beziehung Karls V. mit seiner illegitimen Tochter Margarete hervorgegangen. Don Carlos soll angeblich zu seinem Großvater „Vater" und zu Philipp II. „Bruder" gesagt haben. Doch dieses Gerücht gehört vermutlich wohl eher ins Reich der Legenden.

Übrigens gab es über den so sittenstrengen Philipp II. von Spanien immer wieder Gerede, dass er ein inzestuöses Verhältnis mit seiner eigenen Schwester und seiner Tochter unterhalten hätte.

Kaiser Maximilian II. (1527–1576)
Fiel verkleidet über Frauen her

Bereits in seiner Jugend war Maximilian II. dafür berüchtigt, dass er sich in betrunkenem Zustand nach der Tafel gerne die erstbeste Dienerin schnappte. War sie nicht willig, soll er auch vor Gewalt nicht zurückgeschreckt haben. Tränen oder flehentliche Bitten ließen ihn angeblich völlig kalt.

Als er 1548 nach Italien reiste, um dort nach dem Rechten zu sehen, wurde er in jeder Stadt und in jedem Dorf, durch die sein Weg führte, fürstlich empfangen. Überall wurden prunkvolle Festivitäten für ihn veranstaltet und Maximilian überreichte im Gegenzug den Stadtvätern Ketten aus Gold oder Silber. Was die Bürgermeister einiger Städte aber wahrscheinlich kaum begeisterte, war Maximilians rüpelhafte Unart, mit seinen adeligen Freunden die Mädchen und Frauen jener Dörfer zusammenzutreiben, um anschließend hemmungslos über sie herzufallen. Nach diesen Untaten bekamen die Mädchen und Frauen lediglich ein Schweige- und Schmerzensgeld vom Kaiser. Die Nachricht verbreitete sich trotzdem bald in allen Teilen der Monarchie. In Tiroler Zeitungen konnte man sogar Folgendes lesen: *Den 17. Juni (1548, Anm. d. Verf.) zu Mittenwald haben Ihre Fürstliche Durchlaucht etliche Weiber gefangen, denselben verehrt im Beisein Peters von Mollart 1 Gulden und 8 Kreuzer. Den 18. Juni, wie die Fürstliche Durchlaucht oberhalb der langenwiesen auf Innsbruck zu hat reiten wollen, haben Ihre Fürstliche Durchlaucht etliche Weiber gefangen, denselben im Beisein des Herrn Adam Schmeckobitz verehrt 1 Guldern 30 Kreuzer.*[22]

Die Liste seiner Liebschaften und Ausschweifungen könnte man noch endlos fortsetzen. Erwähnt sei aber noch, dass auch fortschreitendes Alter ihn nicht daran hinderte, auch weiterhin Frauen zu bedrängen: Maximilian liebte es, nachts – durch ein Kostüm verkleidet und hinter einer Maske versteckt – durch die Straßen zu ziehen, um nach seiner alten Gepflogenheit auch weiterhin wahllos Frauen und Mädchen anzufallen, ganz wie es ihm passte.

König Heinrich III. von Frankreich (1551–1589)

Sex bis zur totalen Erschöpfung

Der französische König Heinrich III. aus dem Hause Valois litt seit seiner Geburt an Syphilis, die ihm seine Mutter vererbt hatte. Die Krankheit hinderte ihn aber nicht daran, seine sexuellen Ausschweifungen ins Unermessliche zu steigern, wobei er seine Gesundheit erheblich aufs Spiel setzte. Heinrich III., der Frauen genauso wie Männer begehrte, trieb es so ausschweifend, dass er sich nach einem einzigen Beischlaf tagelang nicht mehr aus dem Bett bewegen konnte.

Er umgab sich mit einer Gruppe junger Liebhaber, seinen „mignons", mit denen er gemeinsam wilde sexuelle Abenteuer auslebte. Heinrich und seine Freunde zählten zu den häufigsten Besuchern der Pariser Bordelle.

König Georg I. von England (1660–1727)

Unsittsamkeit vom Vater verordnet

Der spätere englische König war in seiner Jugend als Kurprinz Georg Ludwig von Hannover für seine amourösen Eskapaden weithin bekannt. Sein Vater unterstützte diese Neigung und befahl, als sein Sohn gerade erst einmal 15 Jahre alt geworden war: „Er darf schlafen, mit wem er will, vorausgesetzt, es erfährt niemand!"[23] Mit 16 Jahren zeugte der Jugendliche bereits sein erstes uneheliches Kind. Ebenfalls mit 16 unterhielt er seine erste offizielle Mätresse, Catarina von Busche, eine geborene Gräfin Meissenberg, deren Schwester die Geliebte seines Vaters war. Vater und Sohn veranstalteten oft mit ihren Gefährtinnen hemmungslose Orgien auf Schloss Linsburg, wie ein englischer Gesandter schockiert nach London berichtete.

König Karl II. von Spanien (1661–1700)

Sex vor den Gemälden der Ahnen

Karl II. von Spanien führte, im Unterschied zu seinem Vater Philipp IV., ein sehr ruhiges Sexualleben. Er zeigte von frühester Jugend an ein sehr geringes Interesse an Frauen. Karl litt vermutlich an „ejaculatio praecox", also dem vorzeitigen Samenerguss. Es könnte jedoch sogar sein, dass er überhaupt wenig entwickelte Geschlechtsteile besaß, was letztlich der Grund gewesen sein dürfte, warum die spanischen Habsburger mit ihm ausstarben. Sein Tod löste bekanntlich den Spanischen Erbfolgekrieg aus. Er hatte aber noch mit allen Mitteln versucht, einen Erben zu zeugen. So soll er mit seiner Frau sogar Geschlechtsverkehr im Panteón des Escorial-Palastes – also vor den Augen seiner Ahnen – gehabt haben, weil er hoffte, dass diese ihm Potenz geben könnten, um die Dynastie zu erhalten. Doch auch dieser Versuch schlug leider fehl.

Zar Peter I., der Große, von Russland (1672–1725)

Hängte Gemälde seines Lustknaben übers Bett

Von allen Herrschern der Geschichte dürfte Peter der Große einer der eigentümlichsten gewesen sein.

In seiner Jugend schlief er oft mit seinen Pagen, die er aus seinem ganzen Reich zusammensuchen ließ. Das Bildnis eines nackten jugendlichen Dieners hing sogar in seinem Schlafgemach über seinem Bett. Mit zunehmendem Alter änderte sich jedoch sein Geschmack. Er begann praktisch alle Frauen zu begehren, die ihm über den Weg liefen, darunter auch Dirnen. Keine durfte sich ihm widersetzen. Von seinen zahlreichen Liebschaften holte er sich aber die Syphilis. Bald traten die ersten Symptome dieser Krankheit auf, die ihn dann dem Verlauf entsprechend in mehreren Schüben heimsuchte. Im Alter wurde er sogar noch vom zweiten Stadium der Syphilis geplagt. Verstärkt durch seinen übermäßigen Alkoholgenuss veränderte sich zusätzlich die Leber, dazu kamem eine Niereninsuffizienz und eine schmerzvolle Harnwegsinfektion mit Steinbildung. Koliken und Delirium tremens beendeten 1725 seine Leiden.

Kaiser Joseph I. (1678–1711)

Amouren mit Kastratensänger

Dieser begabte und kunstsinnige Fürst, der bereits als Jugendlicher sehr von den Damen des Hofes begehrt wurde, machte schon als 15-Jähriger erste sexuelle Erfahrungen. Dementsprechend oft wurde er als Kronprinz von seinem Vater Leopold I. wegen seiner sexuellen Ausschweifungen ermahnt. Seine Ehe mit Amalie Wilhelmine von Braunschweig-Lüneburg sollte ihn bändigen, doch er begann gleich nach der Hochzeit, sie ständig zu betrügen. Seine Fraueneskapaden gingen so weit, dass seine politischen Gegner ihm vorwarfen, er würde während der Konferenzsitzungen Liebesbriefe an seine Mätressen schreiben – was er auch wirklich tat. Von seinen zahlreichen Geliebten sticht besonders die junge Gräfin Palffy hervor. Und von seinen sexuellen „Highlights" ist eine Orgie erwähnenswert, in der außer Joseph noch ein Kammerherr und der Kastratensänger Francesco Ballerini die Hauptrolle spielten.

Kaiser Joseph I. trug letztlich dazu bei, dass die Habsburger mit seinem Bruder Karl VI. 1740 im Mannesstamm ausstarben. Er zog sich bei seinen zahllosen Affären und Liebschaften die Syphilis zu und gab diese Krankheit auch an seine Frau weiter. Dies könnte einer der Gründe dafür gewesen sein, warum sie nach dem Tod ihres einzigen Sohnes keine weiteren männlichen Nachkommen bekommen konnten.

Kaiser Karl VI. (1685–1740)

Erotische Bilder im Schlafzimmer

Karl VI. hatte bekanntlich Probleme, einen lebensfähigen männlichen Erben zu zeugen, was letztlich dazu führte, dass die Dynastie der Habsburger mangels erbberechtigten Sohnes über Maria Theresia weitergeführt wurde. Bis es aber mit seinem Tod so weit sein sollte, ließ Karl wirklich gar nichts unversucht, doch noch einen Sohn zu bekommen. Seine Methoden reichten vom regelmäßigen Konsum diverser Weine und Liköre über Wallfahrten nach Mariazell bis zu Kuraufenthalten in Karlsbad. Karl sorgte sogar dafür, dass das gemeinsame Schlafzimmer mit erotischen Szenen ausgemalt wurde, um der Kaiserin und sich selbst sexuelle Stimulanz zu verschaffen.

Kaiser Franz I. Stephan (1708–1765)

Ein echter „Schwerenöter"

Leicht hatte es die ohnehin sehr eifersüchtige Kaiserin Maria Theresia nicht mit ihrem „Franzl", denn er galt als echter Schwerenöter. Seine unzähligen Liebschaften brachten Maria Theresia oft an den Rand des Nervenzusammenbruches. Mit der Zeit fand sie aber ihre eigene Methode, mit den Romanzen ihres Gemahls umzugehen. Der preußische Gesandte Graf Podewils berichtete darüber: *Es steht fest, daß die Kaiserin sehr eifersüchtig ist und alles auf der Welt tut, um zu verhindern, daß er irgend ein Verhältnis anknüpft (...) Dieser hat einen Hang zu Frauen. Er veranstaltet heimlich galante Soupers mit ihnen, aber die Eifersucht der Kaiserin nötigt ihn, sich darin zu beschränken. Sobald sie bemerkt, daß er irgend einer Frau den Hof macht, schmollt sie und macht ihm das Leben so unangenehm wie möglich (...) Sie hat überall um die Person des Kaisers ihre Spione.*[24]

König Ludwig XV., der Vielgeliebte, von Frankreich (1710–1774)

Bekam von seiner Mätresse ein Bordell geschenkt

König Ludwig XV., den man den „Vielgeliebten" nannte, ist bis heute berühmt für seine Frauengeschichten. Ludwig holte die schönsten Frauen des Landes an seinen Hof und die Anzahl seiner offiziellen und inoffiziellen Geliebten ist imposant. Jeder kennt seine unzähligen Liebschaften und Mätressen, von denen die Pompadour und die Dubarry zu den wohl bekanntesten gehören.

Ludwig XV. hatte sogar ein eigenes kleines Privatbordell, den sogenannten „Hirschpark", in das er sich nachts heimlich schlich und wo er sich bis in die Morgenstunden hinein vergnüglichen Orgien hingab. Er bekam diesen „Hirschpark" zur Zerstreuung von seiner Langzeitgeliebten Madame Pompadour geschenkt. Auch später noch, als sie an Anziehungskraft für ihn verloren hatte, führte sie ihm immer wieder schöne Frauen zu.

Kaiser Joseph II. (1741–1790)

Liebte leichte Mädchen

Im Unterschied zu seinem Vater, Kaiser Franz I. Stephan, bevorzugte Joseph II. vorwiegend Damen aus dem einfachen Volk. Nach dem Tod seiner ersten Frau, Isabella von Parma, die er über alles geliebt hatte, heiratete er gezwungenermaßen noch ein zweites Mal. Die Wahl fiel auf die bayrische Prinzessin Maria Josepha, eine besonders unansehnliche Frau, die er nicht schätzte und zu der er kaum Kontakt hatte.

Abgesehen von einigen wenigen adeligen Damen, mit denen er Liebschaften unterhielt, war er ein gern gesehener Gast in den zahlreichen Wiener Bordellen, die sich damals noch auf dem Spittelberg (im heutigen 7. Wiener Gemeindebezirk) befanden. Eine Inschrift an einem Lokal am Spittelberg erinnert noch heute daran, dass durch jenen Torbogen, über dem die Inschrift steht, einst einmal Joseph II. hinausgeworfen worden war. Es wird vermutet, dass er an einer Geschlechtskrankheit litt, die er sich wahrscheinlich durch den Umgang mit Wiener Straßendirnen zugezogen haben dürfte. Diesen Liebschaften sollen auch einige uneheliche Kinder entsprungen sein, zumindest behaupteten einige, ihr Vater sei Joseph II. gewesen.

König Christian VII. von Dänemark (1749–1808)

Lustknaben, Dirnen und Mätressen

Der dänische König Christian VII. war in seiner Jugend, gleich nach seiner Thronbesteigung im Jahre 1766, einer der häufigsten Kunden der Kopenhagener Bordelle. Nach jedem dieser Besuche randalierten er und seine Saufkumpanen in den Straßen der Hauptstadt und suchten gemeinsam weitere verruchte Kneipen auf. Seine langjährige Mätresse, die als „Mannweib“ und „grenzenlos vulgär“ bezeichnete Anna Caterina Benthaken, führte ihm oft auch willige Lustknaben zu.

Nicht selten endeten die königlichen Feste, bei denen Christian und die Benthaken im Mittelpunkt standen, in wahren Orgien.

Napoleon I. – Kaiser der Franzosen (1769–1821)

Liebschaft mit seiner eigenen Schwester?

Dem Korsen auf dem Kaiserthron wurden und werden sexuelle Beziehungen zu seinen Geschwistern nachgesagt. So soll er eine Affäre mit seinem Bruder Joseph und ferner noch eine Liebschaft mit seiner Schwester Pauline gehabt haben. Sie soll eine zügellose *Amoureuse* gewesen sein, die leidenschaftlich in ihren Bruder verliebt war und stets mit Eifersucht auf dessen Frauen reagierte.

Kaiser Pedro I. von Brasilien (1798–1834)

Früh übt sich ...

Kaiser Pedro I., der als Pedro IV. auch König von Portugal war, hatte vor allem eine große Leidenschaft: die Frauen. Ab seinem zwölften Lebensjahr beglückte er eine ganze Reihe von weißen käuflichen Frauen. Besonders gerne holte er sich auch schwarze Sklavinnen ins Bett.

Neben seiner unstillbaren Liebesgier hatte Pedro jedoch auch positive Charakterzüge. Zwar lernfaul, war er höchst intelligent und musikalisch sehr begabt. Don Pedro spielte nicht weniger als vier Instrumente, komponierte und leitete gerne selbst sein Hoforchester.

Kaiser Franz Joseph I. von Österreich (1830–1916)

Halb Ischl mit dem Kaiser verwandt

Von Kaiser Franz Joseph ist bekannt, dass er allein in Bad Ischl im Laufe seines langen Lebens nicht weniger als 18 uneheliche Kinder gezeugt hat. Diese Kinder standen – in Ischler Tracht gekleidet – regelmäßig zu den Geburtstagen des Kaisers, die er jedes Jahr im August in Bad Ischl feierte, in Reih und Glied aufgestellt auf einem Podium und überreichten ihm Geschenke von der Stadt. Noch heute behaupten viele Ischler, Nachfahren dieser Kinderschar Franz Josephs zu sein.

Schah Mohammed Reza Pahlevi II. von Iran (1919–1980)

Der Schah und sein Model

Seine erste Frau, eine Tochter des ägyptischen Königs Fuad I., brachte zwar gute politische Aussichten für den Iran, jedoch nicht den ersehnten Thronfolger. Schah Reza heiratete daraufhin zum zweiten Mal. Seine Wahl fiel auf die berühmte Soraya Esfandiary Bakhtiari, ein lebhaftes und hübsches Mädchen. Aber auch sie konnte der Dynastie der Pahlevis keinen männlichen Erben schenken. Schließlich ehelichte Reza 1959 eine junge Architekturstudentin aus niederem persischen

Adel namens Farah Diba, den Liebling der Yellow Press. Ihr gelang das Unmögliche. Innerhalb von nur einem Jahr gebar sie den ersehnten Thronfolger, der die Namen seines Vaters erhielt.

Sehr zum Ärger seiner jungen Frau hatte der Schah aber immer wieder Affären. Zu allem Übel legte er bei seinen Seitensprüngen auch wenig Wert auf Diskretion. In St. Moritz verbrachte er die Tage auf der Skipiste und die Nächte im „Hotel Survetta", wo die berühmte Madame Claude ihn von Paris aus mit atemberaubenden Schönheiten versorgte. Besonders das Mannequin Ange hatte es ihm angetan. Sie stand lange Zeit in der Gunst des Schahs.

Im Januar 1979 mussten der Schah und seine dritte Frau Farah Diba aus dem Iran fliehen. Nur ein Jahr später, am 27. Juli 1980, starb er im ägyptischen Exil an Krebs.

Gleichgeschlechtliche Amouren

Auch zum eigenen Geschlecht fühlte sich so mancher König und so manche Prinzessin hingezogen und konnte damit mehr oder minder gut umgehen. Einige waren kaum fähig, sich ihre homosexuellen Gefühle einzugestehen, andere wiederum legten weniger Diskretion an den Tag. Viele standen auch offen zu ihren Liebhabern oder Liebhaberinnen, die am Hofe viel Einfluss erlangen konnten. Und diese Liebschaften konnten dann Kopf und Kragen kosten.

Kaiser Titus (39–81)

Hatte eine Schar „extravaganter" Freunde

Titus Flavius Vespasianus, der Sohn des römischen Kaisers Vespasian aus der Dynastie der Flavier, wurde als kleiner und beleibter Mann beschrieben. Er konnte gut singen, sogar Harfe spielen, sprach Griechisch und schrieb darüber hinaus noch Gedichte. Titus war bekannt für seine Schar extravaganter Freunde, meist Homosexuelle und Eunuchen, mit denen er sich umgab und nächtelange Orgien feierte. Als er aber Kaiser wurde, soll er seine Liebesbeziehungen zu Männern und Lustknaben teilweise eingeschränkt haben.

Kaiser Commodus (161–192)

Trug gerne Frauenkleider

Der Sohn und Nachfolger des Kaisers Marcus Aurelius, mit Namen Marcus Aurelius Commodus Antoninus, soll einen Harem von 300 Frauen und 300 Knaben sein Eigen genannt haben. Er vergnügte sich dort so oft und gerne, dass er seine Staatspflichten völlig vernachlässigte. Darüber hinaus hatte er ein Faible für Frauenkleider und liebte es zwischen den Geschlechterrollen zu wechseln. Übrigens soll er auch zu öffentlichen Spielen in Frauenkleidung erschienen sein.

König Richard I. Löwenherz von England (1157–1199)

Beichtete in Todesangst seine Homosexualität

Richard Löwenherz ist ohne Zweifel eine der faszinierendsten Herrschergestalten des gesamten Mittelalters. Berühmt ist er durch die Führung des 3. Kreuzzuges und für seinen Mut, der ihm seinen Beinamen einbrachte. Richard Löwenherz genoss einen Ruf als gefürchteter Krieger.

Was aber die wenigsten wissen, ist, dass er eine bestimmte Neigung hatte, die man aufgrund der zahlreichen Legenden und Filme, die es über ihn gibt, nicht vermuten würde: Er war homosexuell. Als er im Winter 1190 in das Heilige Land aufbrach, überwinterte er auf Sizilien. Dort kam es am 19. Dezember zu einer unglaublichen Episode: In jener Nacht brach über Sizilien ein furchtbares Unwetter herein. Stürme fegten übers Land, Winde tobten und das Meer schlug so hohe Wellen, dass einige Galeeren Richards im Hafen untergingen. Der große englische König bekam in dieser Gewitternacht offenbar plötzlich Todesangst, anders lässt sich sein seltsames Verhalten nicht erklären. Barhäuptig und mit nacktem Oberkörper rannte Richard vor die Kirche von Messina, kniete nieder und ließ den gesamten Klerus der Stadt sowie alle seine Soldaten antreten. Dann bezichtigte er sich mit lauter Stimme all jener Sünden, deren er sich schuldig gemacht hatte. Zeitgenossen sprachen von „der Sünde der Leute von Sodom"[25], so nannte man damals Homosexualität. Nach der Erklärung verlangte Richard Löwenherz von den anwesenden Bischöfen Absolution und gelobte Besserung. Dann verließ er den Kirchplatz.

König Eduard II. von England (1284–1327)

Liebhaber kosteten ihn Thron und Leben

Eduard II. war das genaue Gegenteil seines Vaters, des starken Eduard I., der wegen seiner für damalige Verhältnisse gewaltigen Körpergröße von fast zwei Metern „The Longshanks" genannt wurde. „The Longshanks" war ein gefürchteter Krieger und galt als „beste Lanze der Welt".

Sein gleichnamiger vierter Sohn hingegen, der seinem Vater 1307 auf den Thron folgte, war schwach, unentschlossen und von rücksichtslosen Ratgebern abhängig. Zeitgenossen beschrieben Eduard II. zwar als hoch gewachsen und gut aussehend wie sein Vater, doch im Gegensatz zu diesem interessierte sich Eduard II. vorwiegend für schöne Kleider sowie schwere Trinkgelage und zog die Gesellschaft von Männern deutlich jener von Frauen vor. Verheiratet war er natürlich trotzdem, und zwar mit Prinzessin Isabella von Frankreich.

Im Jahre 1314 erreichten die Schotten, was ihnen unter Eduard „The Longshanks" nie gelungen war: die Loslösung von England durch einen glänzenden Sieg am 23. und 24. Juni bei Bannockburn über die Truppen Eduards II. Den Engländern schmeckte das wenig. Sein Geliebter, der Gascogner Piers Gaveston, sorgte durch seine Geld- und Titelsucht noch zusätzlich für die Unbeliebtheit des Königs. Gaveston machte sich über viele englische Adelige oft in aller Öffentlichkeit lustig und wurde vom Adel letztlich auch ermordet. Eduard II. nahm sich in der Folge einfach neue Liebhaber, die aber auch nur wie Gaveston darauf aus waren, Reichtümer anzuhäufen.

1326 reichte es schließlich dem englischen Volk. Das Parlament trat unter der Führung Königin Isabellas zusammen und erklärte den schwachen Eduard kurzerhand für regierungsunfähig. Anschließend warf man ihn in den Kerker von Berkeley Castle. Wenig später wurde er ermordet, indem man mit glühenden Zangen Stücke aus seinem Körper riss.

Die Nachfolge trat sein Sohn Eduard III. an, der damals noch ein Kind war. Für ihn regierte während seiner Unmündigkeit seine Mutter, Königin Isabella, mit ihrem Geliebten Roger Mortimer.

König Richard II. von England (1367–1400)
Königliche Liebhaber

Richard II., der Sohn des legendären „Schwarzen Prinzen" und Enkel Eduards III., kam bereits mit nur zehn Jahren – nach dem Krebstod seines Vaters – auf den englischen Thron. Er war ein ungewöhnlicher König wie viele andere aus der Dynastie der Plantagenet auch. Richard war ausgesprochen selbstbewusst, kultivierte das Hofleben nach französischem Vorbild und ließ sich als einer der ersten Herrscher porträtieren. Im Kampf trug er immer eine rot- oder gelbgoldene Rüstung, wodurch man ihn schon von weitem erkennen konnte, was seine Generäle und Lords verständlicherweise nicht gerne sahen. Er soll sehr arrogant gewesen sein, war groß gewachsen, blass, schlank und überempfindlich.

Sein sexuelles Interesse galt vor allem Männern. Von seinen Liebhabern zählen Robert de Vere und Simon Burley zu den berühmtesten. Sein Ende war wenig rühmlich. 1399 wurde er vom Parlament unter der Führung seines mächtigen Vetters,

Heinrich von Lancaster, entmachtet und auf Schloss Pontefract in der Grafschaft Yorkshire beseitigt. Er war der letzte König aus dem Hause der Plantagenet.

König Jakob I. von England (1566–1625)
Spazierte mit Lustknaben Arm in Arm durch London

Jakob I. von England war ein kleiner Mann mit schwachen Füßen, braunen Haaren, blauen Augen, der zur Fettleibigkeit neigte und ein wenig stotterte. Je älter er wurde, desto mehr zeigte sich bei diesem kunstsinnigen und umfassend gebildeten Monarchen sein Interesse fürs gleiche Geschlecht. Von seinen zahlreichen Liebschaften mit jungen, kraftstrotzenden Schotten sticht besonders jene zu einem gewissen Robert Carr hervor, mit dem er sogar Arm in Arm durch die Straßen Londons spazierte. Seine große Liebe aber war ein hübscher junger Mann namens George Villiers, den er zunächst zum „Grafen von Somerset" und schließlich zum „Herzog von Buckingham" ernannte.

Wie groß diese Liebe gewesen sein muss, wird klar, wenn man bedenkt, dass normalerweise nur Mitglieder der königlichen Familie zu Herzögen ernannt wurden. Egal ob Frau oder Mann, jeder war von Villiers' einnehmendem Wesen begeistert. Man hielt ihn für den „schönsten Mann der Welt"[26] und ein Zeitgenosse berichtete über sein Äußeres: *Wer ihn ansah, erblickte das Gesicht eines Engels. (...) Er hatte den schönsten Körper, den je ein Mann in England gehabt hatte (...) Ich habe von mehreren bedeutenden Persönlichkeiten gehört, daß er nicht nur in physischer, sondern auch in moralischer Hinsicht einfach prachtvoll war.*[27] Das Gerücht, dass es zwischen George Villiers und dem König Liebe auf den ersten Blick gewesen sei, verwundert daher wenig.

König Ludwig XIII. von Frankreich (1601–1643)
Spuckte Frauen ins Dekolletee

Trotz seiner beiden spät geborenen Söhne ist bekannt, dass Ludwig XIII. wie sein Bruder Gaston so gar nichts mit dem weiblichen Geschlecht anfangen konnte und wollte. Er selbst sagte oft wörtlich, dass Frauen ins Dekolletee zu spucken und in den Bauch zu pissen die einzigen Dinge seien, die er mit Frauen gerne mache. Ludwig XIII. entwickelte mit zunehmendem Alter eine immer stärker werdende Abneigung gegen Frauen. Als er heiratete, musste man ihn zwingen, in das Bett seiner Gemahlin Anna von Österreich zu steigen. Nur widerwillig kam er seinen ehelichen Pflichten nach. Er schenkte seine Zuneigung lieber jungen, hübschen Männern.

Lange blieb seine Ehe kinderlos und erst mit 37 Jahren gab er dem Drängen ganz Frankreichs nach und zeugte den ersehnten Thronfolger, der später als „Sonnenkönig" in die Geschichte eingehen sollte.

Herzog Philipp I. von Orléans (1640–1701)

Ließ sich von seinen Liebhabern bei Hoffesten in den Hintern treten

Der einzige Bruder des allmächtigen Sonnenkönigs Ludwig XIV. wurde von klein auf von seiner Mutter und ihrem Minister und gleichzeitigen Geliebten, dem Kardinal Mazarin, ungefährlich gemacht. Der Prinz, der wesentlich hübscher und beliebter war als sein älterer Bruder, wurde systematisch verblödet. Zeit seines Lebens wurde er zum „maître de plaisir" des Hofes erzogen. Man ließ ihm eine schlechte Erziehung zukommen und sorgte früh dafür, dass er seine Interessen auf Dinge wie Festlichkeiten, Bauten, alle Arten von Vergnügungen und Ähnliches richtete. Philipp interessierte sich deswegen bis zu seinem Tod lediglich für seinen Schmuck, seine Bauprojekte, das Spiel und für seine Liebhaber, die ihn allesamt eine Stange Geld kosteten. Seinem Bruder dem Sonnenkönig aber war dies recht, so musste er wenigstens nicht fürchten, dass bestimmte Adelscliquen seinen Bruder benutzen würden, um ihn zu stürzen und Philipp auf den Thron zu setzen. Diese Angst war nicht ganz unbegründet, denn unter seinem Vater, Ludwig XIII., war es oft zu solchen Aufständen gekommen, die Ludwigs Bruder, Gaston von Orléans, angezettelt hatte. Ludwig XIV. unterstützte deswegen gerne die Vergnügungssucht seines jüngeren Bruders, machte ihn, wie es schon die gemeinsame Mutter getan hatte, zu einem „Clown" des Hofes und zwang ihn so zur Untätigkeit.

Der König übergab Philipp jedoch trotzdem im Laufe der Zeit mehrere militärische Kommandos, in denen er sich als äußerst geschickt erwies. Sofort war Ludwig XIV. auf den Erfolg seines Bruders Philipp eifersüchtig und stellte ihn kalt.

Später aber, im Pfälzischen Erbfolgekrieg, übertrug er Philipp jedoch noch einmal den militärischen Oberbefehl, was allerdings in einem Debakel für die französischen Truppen endete. Ludwig XIV. verzieh Philipp diesen Misserfolg lange nicht und behandelte ihn vor den Augen des gesamten Hofes absichtlich schlecht. Erst später, kurz vor dem Tod Philipps, besserte sich das Verhältnis der beiden Brüder. „Monsieur", wie Philipp bei Hof genannt wurde, suchte sein Heil in der Folge in einer übertriebenen Repräsentation.

Saint-Simon schrieb in seinen berühmten Memoiren Folgendes über die Erscheinung des erwachsenen Philipp: *Er war ein kleiner untersetzter Mann, der wie auf Stelzen ging, so hoch waren seine Schuhe, stets herausgeputzt wie eine Frau, über und über voller Ringe, Armbänder, Geschmeide, mit einer ganz nach vorn gebreiteten schwarzen und gepuderten Perücke und Schleifen überall, wo er sie anbringen konnte.*[28]

Seine zweite Frau, Liselotte von der Pfalz, berichtete der Prinzessin Caroline über ihr erstes Zusammentreffen mit dem Bruder des Sonnenkönigs: *Monsieur sah nicht abstoßend aus, aber er war sehr klein, hatte pechschwarze Haare, Augenbrauen und Augenlider, große braune Augen, ein gar lang und ziemlich schmal Gesicht, ein gar zu kleinen Mund und häßliche Zähne (...) Er hatte eher die Verhaltensweise einer Frau als die eines Mannes.*[29] Tatsächlich glichen die Zähne Monsieurs eher braunen Stummeln, was ihn beim Kauen stark einschränkte und wodurch er letztlich eine schwere Magen-Darmkrankheit bekam.

Die Zahl seiner Liebhaber ist unendlich. Sein Langzeitgeliebter, der Herzog von Lothringen, musste ihm ständig neue Lustknaben und Jünglinge für ihre gemeinsamen Orgien besorgen. Sein erster Liebhaber, der Comte de Guiche, erlaubte sich sogar während eines Pariser Faschingsballes, den als Zigeunerin verkleideten Philipp hin und her zu zerren und ihn beim Tanzen mit Fußtritten in den Hintern zu traktieren. Philipp zappelte vor Vergnügen und stöhnte nach jedem Fußtritt laut auf. Man könnte noch unzählige Anekdoten über die Eigenheiten dieses seltsamen Bruders des Sonnenkönigs erzählen, doch das würde den Rahmen dieses Buches bei weitem sprengen.

Prinz Eugen von Savoyen (1663–1736)
Seine Freunde nannten ihn „Madame Simone"

Der legendäre Bezwinger der Türken war ursprünglich für den geistlichen Stand bestimmt gewesen, wie Liselotte von der Pfalz berichtet: „Kenn ihn (Eugen, Anm. d. Verf.) gar wohl, habe ihn oft geplagt. Wie er noch ein Kind, da hat man gewollt, daß er geistlich werden sollte. War wie ein abbé gekleidet, ich habe ihn doch allezeit versichert, daß er es nicht bleiben würde, wie auch geschehen."[30]

Weniger bekannt ist aber, dass Prinz Eugen sich bereits seit jungen Jahren nur für Männer begeisterte. Wieder ist es Liselotte von der Pfalz, die an die Kurfürstin von Hannover schrieb, dass Eugen sich nicht mit Damen inkommodieren werde, sondern dass ein paar schöne Pagen mehr seine Sachen wären. Eugen nahm in seinen homosexuellen Beziehungen offenbar auch immer den weiblichen Part ein und seine gleichgesinnten Pariser Freunde nannten ihn entweder „Madame Simone" oder „Madame Cansiene", wie ebenfalls die geschwätzige Liselotte überlieferte. Eugen soll sich, laut ihr jedenfalls, oft als Frau verkleidet und sich der Rolle entsprechend auch verhalten haben.

Isabella von Parma, Gemahlin Kaiser Josephs II. (1741–1763)
Frau Josephs II. liebte dessen Schwester

Am 6. Oktober 1760 wurde Isabella von Parma, eine Prinzessin aus dem Hause Bourbon, mit dem österreichischen Erzherzog Joseph, dem späteren Kaiser Joseph II., in der Wiener Augustiner-Hofkirche vermählt.

Joseph liebte seine junge schöne Frau über alles und konnte gar nicht genug von ihr bekommen. Eine Hofdame berichtete, dass das Herz des jungen Prinzen „voll Glut und Begeisterung" für seine Frau war. Ob sie ihn auch derart begehrte, ist nicht bekannt. Tatsache ist aber, dass seine Gattin Isabella bald nach der Heirat eine gleichgeschlechtliche Beziehung mit der Schwester Josephs, der Erzherzogin Maria Christine, einging. Für Isabella muss es Liebe auf den ersten Blick gewesen sein. Maria Christine war ein Jahr jünger und wurde später mit Prinz Albert Kasimir von Sachsen-Teschen verheiratet. Damals war sie also noch ledig. Zahlreiche Zettelchen und Billette aus der Hand der beiden jungen Damen bezeugen deren Liebe. Darüber hinaus sind mehr als 200 Briefe erhalten. Alle sind voll von Liebesbezeugungen und Sätzen wie: „Ich werde Ihnen sagen, daß es mir gut geht und daß ich geschlafen habe, daß ich Sie rasend liebe und daß ich hoffe, Sie zu küssen und von Ihnen geküsst zu werden. (...) Adieu, ich küsse Sie und bete Sie an bis zu einem Grade, den ich nicht sagen kann (...)“[31] Oder: „Liebes Herz! Mein Trost! Liebenswürdige, anbetungswürdige, liebe, heilige Schwester! Allerliebster Esel! Ich sterbe aus lieb und umarme Dich zärtlichst.“[32]

Isabella starb sehr früh an den Pocken. Am Morgen des 27. November 1763, noch nicht 22-jährig, erlag sie der gefährlichen Infektionskrankheit. Sie war zweimal von Joseph schwanger gewesen. Das erste Kind war ein Mädchen mit Namen Maria Theresia gewesen und das zweite – eine Fehlgeburt – war auf Christine getauft worden, offenbar nach der geliebten Schwägerin.

Der Erzherzog und „Römische König“ Joseph konnte den Tod seiner Frau nur sehr schwer verwinden. Er fiel in eine so schwere Apathie, dass sich seine gesamte Umgebung Sorgen um ihn machte. Als gar nichts mehr zu helfen schien, kam ausgerechnet seine Schwester Maria Christine auf die dumme Idee, ihm zu erklären, dass Isabella gar nicht ihn, sondern in Wirklichkeit sie selbst geliebt habe und er somit nicht so trauern müsse. Was gut gemeint war, stürzte den armen Joseph verständlicherweise erst recht in eine tiefe Depression, von der er sich nur sehr langsam erholte.

Zeit seines Lebens hielt sich Joseph von jeder Liebe zu Frauen fern und bevorzugte Prostituierte, um seinen sexuellen Hunger zu stillen. Alles andere interessierte ihn nicht mehr.

König Ludwig II. von Bayern (1845–1886)

Ließ intime Fotos von seinen Lustknaben anfertigen

Die Historiker sind sich bis heute nicht darüber einig, ob Ludwig II. seine Homosexualität jemals wirklich ausgelebt hat. Dass er sich in seinen letzten Lebensjahren nur mit jungen Männern umgab und diese mit auf ausgedehnte Reisen nahm, gilt genauso wenig als endgültiger Beweis wie die Tatsache, dass er sein Leben lang unverheiratet blieb.

Die Beziehungen zu einem jungen Kavallerieoffizier namens

De Varicourt, jene zu seinem Kabinettschef von Ziegler oder einem anderen Kabinettschef mit Namen Baron Hirschberg sind zwar bekannt, nicht aber ob sie auch sexueller Natur waren. Gegen Ende seines Lebens war es besonders ein junger Schauspieler ungarischer Herkunft, Josef Kainz, der Ludwig faszinierte und mit dem er 1881 in die Schweiz reiste. Dort musste Kainz dem König nachts aus „Wilhelm Tell" von Schiller vorlesen.

Bekannt ist auch, dass der Bayernkönig mit dem ausdrücklichen Befehl „ohne Aufsehen" intime Fotos von jungen Männern in eindeutigen Posen anfertigen ließ. Es liegt deswegen die Vermutung nahe, dass Ludwigs Freundschaften zu Männern nicht nur platonischer Natur waren.

Traumhafte Schlösser, rauschende Bälle, kostbare Kleider

Feste muss man feiern, wie sie fallen

Im Feiern oder besser Inszenieren prunkvoller Festlichkeiten, die nicht selten tage- und wochenlang dauerten, Unmengen an Geldern verschlangen und eine Pracht entfalten konnten, die jenseits unserer Vorstellungskraft liegt, waren die Herrscher der Vergangenheit besonders gut, denn Festivitäten zu veranstalten, hieß gleichzeitig auch Macht zu zeigen. Durch großartige Bälle und beeindruckende Inszenierungen konnte man am besten demonstrieren, wer man war und was man konnte. Doch es gab auch den einen oder anderen Fürst, der unter „feiern“ etwas ganz anderes verstand und für den besonders die hohen kirchliche Festtage die ideale Gelegenheit darstellten, einmal so richtig die „Sau rauszulassen“.

Zar Peter I., der Große, von Russland (1672–1725)
Des Zaren „Zwergenhochzeit“
Gleich nach der Hochzeit seiner Nichte Anna mit Friedrich Wilhelm, dem Herzog von Kurland, wohnte Zar Peter I. mit seinem Hofstaat im Zuge dieser Hochzeitsfeierlichkeiten zur persönlichen Belustigung einer Hochzeit eines Kleinwüchsigenpärchens bei. Peter der Große, der für fehlgebildete und kleine Menschen viel übrig hatte, amüsierte sich kaiserlich. Zu der Hochzeit lud er noch 72 weitere Kleinwüchsige ein. Zeitgenossen berichteten: *Man kann sich leicht vorstellen, welches Vergnügen Peter I. und die übrige Gesellschaft an den drolligen Bocksprüngen, seltsamen Grimassen und lächerlich anmutenden Verrenkungen dieses zusammengewürfelten Haufens von Pygmäen fand, von denen die meisten eine solche Gestalt hatten, daß schon ihr Anblick zum Lachen reizte. Der eine von ihnen hatte einen mächtigen Buckel und sehr kurze Beine, ein zweiter fiel durch seinen ungeheuerlichen Bauch auf, ein dritter watschelte auf krummen Beinen wie ein Dachs daher. Es waren welche da, die hatten*

ein Schiefmaul und Langohren, dazu kleine Schweinsäuglein. Wieder andere hatten noch viel komischere Gesichter. Als die Vergnügungen zu Ende waren, brachte man die Jungvermählten in den Palast des Zaren und legte sie in seinem eigenen Zimmer zu Bett.[33]

Kurfürst Carl Philipp von Pfalz-Neuburg (1661–1742)
Ein Kurfürst tanzt im Rollstuhl

Der pfälzische Kurfürst Carl Philipp war bis ins hohe Alter ein leidenschaftlicher Tänzer. Als er kurz vor seinem Tod an den Hochzeitsfeierlichkeiten seiner Enkelin Elisabeth Maria Augusta mit Carl Theodor von Pfalz-Bayern teilnahm, ließ er es sich nicht nehmen, den Hochzeitsball am 17. Januar 1742 zu eröffnen. Zu dieser Zeit saß er allerdings schon im Rollstuhl, was ihn jedoch nicht an seinem Vorhaben hinderte.

Herzog Philipp II. von Orléans (1674–1723)
Feste der anderen Art

Herzog Philipp II. von Orléans, ein Neffe des Sonnenkönigs, der nach dem Tod Ludwigs XIV. die Regentschaft für den minderjährigen Ludwig XV. übernommen hatte, war ein ungewöhnlich zügelloser Mensch. Die Berichte, die es über seine Exzesse, Ausschweifungen und Skandale gibt, sind endlos und übertreffen sich in ihrem Inhalt durch immer unglaublichere Obszönitäten und Abscheulichkeiten. Während seiner Zeit als Regent stürzte er sich täglich nach seinen Regierungsgeschäften ins Pariser Nachtleben, entweder inkognito oder maskiert, und kam praktische jede Nacht sturzbetrunken mit einer anderen Frau nach Hause. Seine Abendgesellschaften, die er in seinem Wohnsitz, dem Palais Royal gab, begannen stets ruhig und gesittet, endeten aber zumeist in zügellosen Gelagen. Das Gerücht, dass er ein Verhältnis zu seiner eigenen Tochter Marie Louise Elisabeth gehabt haben soll, ist ein weiteres Indiz für seine Verdorbenheit.

Unter anderem war es sein größtes Vergnügen, die ärgsten Unanständigkeiten an den höchsten kirchlichen Festtagen zu begehen, wie der Zeitzeuge Saint-Simon berichtete. Hohe kirchliche Feiertage, am liebsten natürlich den Karfreitag, wählte er aus, um an diesen Tagen besonders maßlose Anstößigkeiten an den Tag zu legen. Er inszenierte dann die wildesten aller Orgien, bei denen er immer im Mittelpunkt stand.

Philipp von Orléans bewunderte jeden, der noch amoralischer war als er selbst. So schätzte er den Großprior von Vendôme sehr, weil dieser über 40 Jahre hindurch immer betrunken zu Bett gegangen war, immer in aller Öffentlichkeit mit seinen Mätressen aufgetreten war und auch sonst sich gerühmt hatte, unablässig gottlose Reden geführt zu haben.

Kaiser Karl VII. (1697–1745)

Feierte drei Wochen lang Hochzeit

Der spätere Kaiser Karl VII. war als prunkliebender Barockfürst ganz ein Kind seiner Zeit. Als er seine Vermählung mit der Habsburgerin Maria Amalia Josepha, der Tochter Kaiser Josephs I., feierte, veranstalte er festliche Inszenierungen, die selbst damals ihresgleichen suchten.

Am 17. Oktober 1722 traf das Kurprinzenpaar – Kaiser Karl VII. war damals noch Kurprinz Karl Albrecht von Bayern – in München ein, nachdem es zuvor in Wien an pompösen Hochzeitsfeierlichkeiten teilgenommen hatte. Durch einen riesigen Triumphbogen von 22 Metern Höhe und 20 Metern Breite fuhren sie in die bayrische Hauptstadt ein. Weitere Ehrenpforten befanden sich vor dem Münchner Rathaus und in der Kaufinger Straße. Die ganze Stadt stand im Zeichen dieses großen Ereignisses und überall wurde gefeiert, alle waren von der Festtagsstimmung mitgerissen.

Nach dem prächtigen Einzug fuhr das Brautpaar in die Liebfrauenkirche, um dort einem feierlichen Tedeum beizuwohnen. Anschließend ging es in die Residenz, wo im Kaisersaal ein prächtiges Festmahl eingenommen wurde. Am nächsten Tag gab es eine große Festoper und auch der darauf folgende Morgen verlief ähnlich. Am vierten Tag ging man auf eine Wildschweinjagd nahe dem Schloss Schleißheim und soupierte mit dem gesamten Hofstaat in dem prächtig illuminierten Schlösschen Lustheim. Am 22. Oktober 1722 feierte man den Geburtstag der Kurprinzessin wieder in München mit einer Oper und einem Turnier, natürlich wieder gefolgt von einem ausgiebigen Festessen. Am Abend lud das Kurprinzenpaar schließlich noch zu einem rauschenden Ball in die Münchner Residenz.

Am nächsten Tag fuhren die Eheleute erneut nach Schleißheim, wo Karl Albrechts Truppen eine Parade für ihn gaben.

Danach ging es zur Jagd nach Dachau, wo sich auch ein kurfürstliches Schloss befand. Am 26. Oktober gab es wieder ein Turnier und zwei Tage später folgte eine Hirschjagd. An diesem Abend begab man sich in das von 3000 lang brennenden Fackeln illuminierte Schloss Nymphenburg, wo nach einem abermaligen ausgiebigen Bankett ein weiterer traumhafter Ball veranstaltet wurde. Bis zum 4. November, dem offiziell letzten Tag der Vermählungsfeierlichkeiten, feierten Karl Albrecht und sein Hofstaat noch ausgiebig mit weiteren Jagden, Opernaufführungen, Bällen, Turnieren, und sonstigen luxuriösen Veranstaltungen die Hochzeit weiter.

Die Kosten für diese Festreihe waren enorm und betrugen beachtliche vier Millionen Gulden, eine Summe, die den gesamten damaligen Staatseinkünften Bayerns entsprach.

Fürst Nikolaus I., der Prachtliebende, von Eszterházy (1714–1790)

Ließ im Sommer Salz streuen, damit Maria Theresia Schlitten fahren konnte

Der „prachtliebende" Fürst aus dem Hause Eszterházy war in der gesamten Habsburgermonarchie für seine Verschwendungssucht und Prunkliebe berühmt. Anlässlich eines Besuches Kaiserin Maria Theresias vom 1. bis zum 3. September 1773 wollte er alles bisher Dagewesene noch übertreffen. Schauplatz war sein prachtvolles Schloss Eszterháza, das erst kurz zuvor zu großen Teilen fertig gestellt worden war. An dieser Stelle lässt man die Quellen am besten für sich selbst sprechen:

Nach festlichem Mahl, Besichtigung der Gärten, Aufführung der komischen Oper ‚L'infedeltà delusa' von Joseph Haydn fand ein Konzert im neuen chinesischen Lusthaus statt, das von unzähligen Lampions beleuchtet war, deren Licht von riesigen Spiegeln zurückgeworfen und vielfach verstärkt wurde. Am nächsten Tag folgte die Aufführung der Oper ‚Philemon und Baucis' im Marionettentheater und nach einem festlichen Souper das große Feuerwerk im Garten. Von der Königin persönlich entzündet, erschien erst das ungarische Landeswappen, von den Engeln mit geöffneten Flügeln gehalten. Darüber waren die Buchstaben ‚V(ivat)M(aria)T(heresia)' zu lesen. Es folgten Schlangen und Sternfiguren und schließlich wurde die vorher errichtete Dekora-

tion illuminiert. Im Dunklen entfaltete sich das dreifach gewölbte Portal eines turmgeschmückten Palais. Aus den Bogengängen stürzten Feuerströme gleich Wasserfällen. Inzwischen entbrannten von links und rechts Feuergebilde und inmitten eines ungeheuren Kriegsgetöses von Bomben, unterirdischen Mörsern und verschiedenen explodierenden Objekten nahm das Feuerwerk sein Ende.

Die Gäste begaben sich sodann auf einen ovalen Platz, der einer Arena glich und den ringsum gestutzte Laubarkaden umgaben. In der Mitte erhob sich eine mit Blumengirlanden geschmückte Tribüne. Die Arkaden wurden von einem zweifachen Kranz aus Lampions beleuchtet, der genau der Linie der Laubarchitektur folgte. Über jedem Bogen befanden sich von Lampionkränzen beleuchtete Gemälde, die allegorische Gestalten darstellten. Von diesen überraschten von der Rückseite her beleuchtete van Dyck-Schöpfun nachahmende Bilder mit der Wirkung einer neuen Kunstart. Über dem etwa achttausend Menschen fassenden Gelände leuchteten mehr als zwanzigtausend Lampions. Als die Gäste auf der Tribüne Platz genommen hatten, zogen an die tausend junge Bauern mit ihren Fahnen unter den Arkaden hervor, tanzten zum Takt ihrer eigenen Musikkapelle und ließen die Königin hochleben.[34]

Wie extrem der Fürst war, wird auch in jener Anekdote deutlich, die jetzt schnell erzählt sein soll: Nikolaus Eszterházy ließ – wieder zu Ehren Maria Theresias – einmal einen Teil seines Schlossparks mit Salz bestreuen, damit sie mitten im Sommer eine Schlittenfahrt unternehmen konnte.

Herzog Carl Eugen von Württemberg (1728–1793)

Der spätbarocke Verschwender

Kein Geringerer als der berühmte Frauenheld Casanova, der im 18. Jahrhundert an allen bedeutenden Fürstenhöfen zu finden war, besuchte auch Carl Eugen und bemerkte in seinen Lebenserinnerungen, dass der Hof des Herzogs von Württemberg der prachtvollste im damaligen Europa war. Galt vor ihm der Pariser Hof von Versailles als das Nonplusultra der prunkvollen Barockhöfe, als absolutes Vorbild für jeden europäischen Fürsten, so hatte nicht einmal dieser zu Carl Eugens Zeit noch eine Chance gegen seinen großen Hof. Und dies kam nicht von ungefähr.

Am 16. Februar 1762, zu seinem 34. Geburtstag, gab Carl Eugen, wie an seinen anderen Geburtstagen auch, ein gewaltiges, mehrtägiges Fest. Am sechsten Tag der Feierlichkeiten brach der Herzog gegen 18 Uhr mit seinem gesamten Hofstaat von Stuttgart, seiner Residenz, nach Ludwigsburg auf, wo das prächtige große Schloss der Württemberger Herzöge stand und auch heute noch steht. Die Inszenierung war bis ins Detail perfekt geplant. Ein Chronist berichtete:

Festin zu Ludwigsburg (...) im Schloß der württembergischen Herzöge, drei Wegstunden von Stuttgart (...) Der Herzog hat sich am 15. nach dem Ball nach Ludwigsburg begeben, dort die Nacht verbracht und den ganzen Tag persönlich seine Befehle erteilt.

Am 16. um 18 Uhr abends versammelte sich der ganze Hofstaat im Stuttgarter Schloß, damit alle Kutschen gemeinsam abfahren konnten, der gesamte Weg war gesäumt von Bauern mit brennenden Fackeln. Man kam durch eine eigens mit Sand bestreute Allee direkt am Festplatz an. Die Türen öffneten sich über einer Freitreppe und man sah den Herzog, der sich zusammen mit einigen Offizieren zeigte, um den Besuch der fremden Herrschaften in seiner Eremitage zu empfangen.

Der Eingang stellte Felsen dar, durch die man Wege gelegt hatte. Im Inneren war eine doppelte Freitreppe, groß genug um alle Gäste zu versammeln, die der Anblick wie Säulen bannte: auf einmal sah man das ganze Firmament voller Sterne wie in der schönsten Nacht. Sie verbreiteten gerade so viel Licht wie nötig war, um unter diesem schönen Gewölbe eine fruchtbare und ländliche kultivierte Erde zu entdecken. Weinreben, Obstgärten, Berge, Wasserfälle, Felsen, Bäche, Teiche, Strohhütten und Hirten beiderlei Geschlechts waren in den verschiedenen Plantagen. Und das Wunderliche an all dem war, daß all diese Herrlichkeiten auf einem Raum von 100 auf 60 Fuß Länge gesehen wurden.

Nachdem alle Augen diese Erscheinungen genossen hatten, zeigte der Herzog den Gästen die Wege, durch die man ins Innere der Eremitage gelangen und hinabsteigen konnte; man durchschritt zunächst einen Weinberg, in dem junge Mädchen von der interessantesten Gestalt und für ihre Beschäftigung sehr galant gekleidet, echte Trauben ernteten, die sie unaufdringlich den Passanten reichten (...) am 16. Februar hatten wir Fröste wie im Monat Oktober. Alle aßen Trauben, die man köstlich fand und trotzdem blieben noch etliche an den Reben zurück. Von dort stieg man kleine, von Laubengängen gesäumte, Fußwege hinab in Obstgärten, wo die natürlichen Früchte aller Jahreszeiten an den Bäumen hingen. Man überquerte sodann über kleine Stein- oder Holzbrücken lebhafte Bäche, die ihr Wasser aus klaren Wasserfällen erhielten, die man zwischen den Felsen zerrinnen sah; sie waren an manchen Stellen aufgewühlt und von Bäumen gefallene Blätter schwammen darin, um die Natur so exakt darzustellen, als ob ein Gewitter des Vortages diese Unordnung verursacht hätte.[35]

Danach wurden die Gäste in den *Jardin privé* des Herzogs geleitet, in dem sich eine erhöhte Galerie befand. Dort nahmen alle Platz und lauschten einer Sinfonie, die perfekt das Zwitschern aufwachender Vögel imitierte, und zwar so gut, dass die Anwesenden zwischen Realität und Illusion nicht unterscheiden konnten. In der Mitte des Hains auf einer Terrasse versammelten sich zu diesen süßen Klängen Schäfer und Schäferinnen, Arbeiter und Floristen zu Tänzen und warteten auf die Allegorie der Morgenröte, für die sie dann in ihrem Ballett innehielten.

In der Orangerie, der nächsten Station, zeigte sich dann ein Spektakel von noch viel größerem Glanz. In diesem Garten aus Orangenbäumen wurden 180 000 Glaslampen aufgestellt, die durch ihre Anordnung ein Bild ergaben. Der Herzog führte hier seinen Hofstaat zu einer dekorierten Tafel mit dreißig Gedecken, umgeben von Balustraden. Auf zwölf goldenen Stützpfeilern ruhte dem Anschein nach ein gewaltiger Girlandenkranz mit einem Spiegel in der Mitte, der von dreißig Kristalllüstern aus Venedig geziert wurde. Überall befanden sich Orangenbäume, die sich unter der Last ihrer Früchte bogen und teilweise zu Laubengängen geformt waren. Auf einem Parterre fand man zahlreiche schmale Blumenbeete mit Blumen aller Jahreszeiten, erleuchtet von Lampions. Diese Szene war von mehr als dreißig Wasserbecken mit kunstvollen Muschelgrotten geschmückt, deren Fontänen weit hinaufspritzten, um den Geruch der Lampions zu übertünchen.

Neben diesem Garten befanden sich noch weitere kleinere Gärten, die mit Pflanzen der unterschiedlichsten Klimazonen geschmückt waren. Dieser ganze Bereich war im Winter überdacht und mit Wänden vor dem rauen Klima geschützt. Im Frühling wurden diese Gebäude ab- und im Winter wieder aufgebaut. Da es jedoch durch die Lampions so heiß wurde, öffnete man die Fenster, die normalerweise auch tagsüber geöffnet waren, damit die Pflanzen ausreichend Licht bekamen.

Unter dem Kranz nahmen die adeligen Herrschaften nun Platz. Rund um diese Haupttafel befanden sich noch weitere Tische für die Offiziere des Herzogs. Der Chronist schreibt, dass 15000 Personen ohne Probleme an dieser Feierlichkeit teilnehmen konnten. Für den ausreichenden Schutz sorgten seine Soldaten, die aber, um die Stimmung nicht zu verderben, alle ländlich gekleidet waren. Zur Verteidigung trugen sie nichts weiter als eine große Stange mit einem nassen Schwamm, um bei Feuer sofort einschreiten zu können.

Das Essen war pompös und das Dessert hielt noch eine weitere Überraschung bereit. Melodiöse Töne erklangen, welche die Ankunft eines Gottes ankündigten. Alle richteten gemeinsam mit dem Herzog ihre Augen auf den Spiegel und man erkannte den Thron des Herzogs in den Tafelaufsätzen des Tisches. Dort begab sich der Herzog hin und richtete Verse an die schönen Damen des Festes, verglich sie mit göttlichen Grazien und schmeichelte ihnen, indem er ihnen vorwarf, sie hätten den Himmel verlassen, um an diesem Fest teilzunehmen, ohne ihn jedoch mitzunehmen; er sei ihnen jedoch gefolgt. Dann überreichte er ihnen durch einen kleinen Amor Geschenke als Hommage an ihre Schönheit, darunter teuren Schmuck, Uhren und Ohrgehänge. Der Herzog entfloh jedoch dem Dank. Der Abschluss des Festes sei wieder in den Worten des Chronisten geschildert: *Amor sprach dann in weiteren Versen, daß er nichts im Himmel gesehen hätte was so glänzend sei wie das, was er auf dieser Erde sieht; daß er wieder hinaufsteigen würde um die anderen Götter zu holen, um diesen Tag durch ihre Anwesenheit noch schöner zu machen. In diesem Moment fliegt er in seinem Gefährt davon, aber glänzende Konzerte künden schon bald von seiner Rückkehr und der des ganzen Olymps; die bepflanzte Decke öffnet sich überall und aus der Luft und der Erde kommen die Gottheiten hervor mit dem Pomp, den solch ein Tag fordert. Die Stimme der himmlischen Mächte mischt sich zu den Instrumenten und ergibt die schönsten Töne, eine Göttin singt von den herrlichsten Landschaften des Herzogs und alle Götter wiederholen es gemeinsam. Die entrückten Zuschauer sind nahe daran, den Chor einzustimmen.*

Dann ging man ins Schloß zurück, das hell erleuchtet war und offen für alle. Ein großartiger Saal war für den Ball vorgesehen, aber einige Gründe sprachen dagegen ihn zu geben. Das Fest war schon so weit in die Nacht gegangen, der Herzog war die vorangegangene aufgewesen, einige Prinzessinnen befanden sich indisponiert, es waren noch drei Wegstunden nach Stuttgart zurück und überdies war ein Ruhetag vonnöten für die noch kommenden Vergnügen.[36]

Der Herzog hatte es geschafft, bei diesem Fest 50 000 Ecus auszugeben.

Jedem König seine Schlösser

Vor allem in der Barockzeit musste jeder Fürst mit einem oder gleich mehreren Schlössern beweisen, welche Macht er hatte. Jeder wollte die anderen durch ein noch größeres und noch tolleres Gebäude übertreffen und damit klar machen, wie viel Geld und Macht er besaß. Gewaltige Schlossbauten waren das Repräsentationsmittel schlechthin in dieser Zeit und es wurden unvorstellbare Summen dafür ausgegeben. Doch nicht nur das Abendland beeindruckte mit unglaublichen Bauwerken, die noch heute das Flair vergangener Zeiten aufleben lassen. Ein Blick in den Osten lässt morgenländische Märchen wahr werden.

Schah Abbas, der Große, von Persien (1557–1629) und Ishafan

Isfahan, die neue Residenz

Abbas war der fünfte Schah der Safawiden-Dynastie und bestieg 1587 mit 30 Jahren den persischen Thron. Er beendete gleich zu Beginn seiner Regierungszeit den jahrelangen Krieg mit den Osmanen und vertrieb die Usbeken aus dem Osten seines Reiches.

1598 begann Abbas mit dem Ausbau seiner neuen Hauptstadt Isfahan, die damals 80 000 Einwohner zählte, eine unglaubliche Zahl für diese Zeit. Er ließ in 1,5 Kilometer Entfernung von der Stadt eine rechteckige Fläche anlegen, die 560 Meter lang und 180 Meter breit war, und wies seine Ingenieure an, diese Fläche als Königsplatz zu nutzen. Sie schufen ein Meisterwerk: Der Platz verlief auf zwei Seiten in Promenaden, die vor Regen und Sonne schützten. An der Südseite erhob sich „Masjid-i-Schah", die königliche Moschee, und im Osten entstand der neue prächtige königliche Palast. Westlich dieses Platzes wurde eine 70 m breite Avenue gebaut – die „Chahar Bagh". Sie war von Gärten eingefasst und mit Teichen und Brunnen geschmückt. Rechts und links von dieser Prachtstraße errichteten die Ingenieure die Paläste der Minister. Die noch freien Flächen wurden für den Bau von Kaufläden, Gasthöfen und Schulen genutzt. Flüsse, Brunnen und Kaskaden bewässerten die Stadt und spendeten herrliche Kühlung. Über den Fluss Zayand, der sich durch Ishafan schlängelt, wurden drei Brücken gebaut, von denen eine nicht weniger als 400 Meter lang war.

Diese Stadt, die schon zu Zeiten des Abbas mit keiner anderen verglichen werden konnte, zählt auch heute noch zu den größten kulturellen Schätzen des Irans.

Schah Jahan des Mogulreiches (regierte von 1627 bis 1657) und das Taj Mahal

Ein orientalisches Märchen

Die Geschichte rund um die Entstehung des traumhaften Taj Mahals gleicht einem orientalischen Märchen. Wie in den Erzählungen von Tausend und Einer Nacht ging es um Liebe, schöne Prinzessinnen und mutige Prinzen.

Eines Tages sah Prinz Khurram, Sohn und Erbe des Großmoguls Jahangir, auf einem Palastmarkt eine außergewöhnlich schöne junge Frau, die dort an einem Stand Glasperlen verkaufte. Khurram verliebte sich sofort unsterblich in sie und bat am nächsten Tag seinen Vater um die Erlaubnis, sie zur Frau nehmen zu dürfen, was jener aber zunächst ablehnte. Zuerst verlangte der Vater, dass Khurram aus politischer Räson eine persische Prinzessin zur Frau nähme. Und da der Prinz als Moslem vier Frauen heiraten durfte, war so nun endlich der Weg frei für seine Glasperlenverkäuferin. Sie, die eigentlich Arjumand Banu hieß, nahm nun als Gattin des Kronprinzen den Namen „Mumtaz Mahal" (die Erwählte des Palastes) an. Ende 1627 starb der Vater und Khurram bestieg unter dem Namen Jahan (Herrscher der Welt) den Pfauenthron der Großmoguln. Man weiß nur sehr wenig über das Privatleben der beiden, eines gilt aber als gesichert: Schah Jahan liebte seine Frau Mumtaz über alle Maßen. Sie musste ihren Gemahl überallhin begleiten, sogar auf seine Kriegszüge.

Im Jahre 1631 starb Mumtaz während der Geburt ihres vierzehnten Kindes. Bevor sie ihre Augen für immer schloss, bat sie ihren geliebten Mann um ein würdiges Grabmal, und zwar von solcher Pracht, dass es die ganze Welt für alle Zeit an die Schönheit und Reinheit ihrer Liebe erinnern würde. Schah Jahan, der zwei Jahre um sie getrauert haben soll, verwirklichte ihren letzten Wunsch. Ein Jahr nach ihrem Tod wurde mit dem Bau des berühmten Taj Mahal begonnen. Über 22 000 Handwerker aus dem gesamten Mogulreich wurden dafür verpflichtet. Nach 22 Jahren war das Bauwerk vollendet. Das Grabmal wurde von einem Ring aus Moscheen, Minaretten, Pavillons, Torbauten und Gärten eingefasst und glänzt auch heute noch in der indischen Sonne.

Schah Jahan starb erst 1658, nachdem er ein Jahr zuvor von seinem Sohn Aurangzeb gestürzt worden war.

König Ludwig XIV., der Sonnenkönig, von Frankreich (1638–1715) und Versailles

Der wohl größte abendländische Schlossbau

Der Sonnenkönig hatte den genialen Plan erdacht, den französischen Adel zu entmachten, indem er ihn an seinem Hof zusammenbringen würde. Diesen Plan setzte er auch in die Tat um. Die hohen französischen Adeligen mussten ihre reichen Güter in den Provinzen verlassen und nach Paris ziehen. Ihre Einkünfte aus ihren landwirtschaftlichen Gütern bekam der König, der ihnen dafür ein monatliches Gnadenbrot gab. Dadurch bekam Ludwig XIV. enorme Geldquellen in seine Hände. Die zahlreichen Adeligen, die nun zusammen mit ihren Dienstboten Paris bevölkerten, brauchten aber selbstverständlich Platz – viel Platz. Zu diesem Zweck ließ Ludwig XIV. auf den Hügeln von Versailles ein neues, großes Schloss bauen. Der Bau erreichte eine unglaubliche Länge von 680 Metern. Nicht weniger als 22 000 Menschen wurden kurzerhand zur Zwangsarbeit verpflichtet, um die Pläne des Chefarchitekten Louis Le Vau zu verwirklichen. 1661 wurde der Spatenstich gesetzt und erst 1682 konnte der Hof vom kalten und ewig feuchten Louvre in das neue Schloss von Versailles umziehen. Das Gebäude konnte jedoch höchstens 10 000 Menschen fassen, weswegen mit den Jahren um das Schloss Versailles das gleichnamige Städtchen entstand. Umgerechnet 1 bis 1,5 Milliarden Euro kostete dieser gewaltige Schlossbau. Bedenkt man aber die zu dieser Zeit extrem niedrigen Lohn- und Materialkosten, so wird klar, dass die Erbauung von Versailles in unserer Zeit und nach heutigen Maßstäben vermutlich unbezahlbar gewesen wäre.

Markgraf Ludwig Wilhelm, der Türkenlouis, von Baden (1655–1707) und Rastatt

Wenn schon nicht Kurfürst, dann wenigstens ein großes Schloss

Der überaus fähige kaiserliche Feldmarschall und ausgezeichnete Politiker Ludwig Wilhelm von Baden, der zeit seines Lebens vergeblich auf eine Erhebung zum Kurfürsten hoffte, wollte diesen Herrschaftsanspruch wie viele seiner Zeitgenossen wenigstens durch einen gewaltigen Schlossbau repräsentieren. Das geplante Gebäude sollte Ausdruck seiner Stellung und seines Wunsches nach einer Rangerhöhung sein, und da er diese Rangerhöhung real nicht erreichen konnte, sollte zumindest ein Prachtbau seine Position und seine Größe eindeutig darstellen.

Der Markgraf, der wegen seiner großen Siege über die Osmanen den Beinamen „Türkenlouis" erhalten hatte, legte 1698 den Grundstein für einen beeindruckenden Repräsentationsbau. Als Ort für das neue Gebäude wählte er Rastatt, wo bereits ein kleines Jagdschloss stand. Die bisherige Residenz in Baden-Baden wurde für das neue Schloss aufgelassen und nach Rastatt verlegt, einem Ort, der zu jener Zeit noch ein kleiner Marktfleck war.

Das Jagdschloss wurde geschleift, um dem neuen Palast Platz zu machen. Der Architekt Ludwig Wilhelms setzte gemeinsam mit dem Italiener Domenico Egidio Rossi die Wünsche seines Herrn um und entwarf eine gewaltige Dreiflügelanlage von beachtlichen 230 Metern Länge. Auch die umliegende Stadt Rastatt wurde erweitert und ganz auf das neue Zentrum ausgerichtet.

Im Jahre 1707 war der Bau weitgehend vollendet und die markgräfliche Familie, die schon zwei Jahre zuvor einen Seitenflügel des neuen Schlosses bezogen hatte, konnte ihr fertiges Domizil mit seinen weiten Parkanlagen endlich ganz genießen. Ludwig Wilhelm selbst war es jedoch leider nicht mehr vergönnt, sich seiner neuen Residenz für längere Zeit zu erfreuen, er starb noch im selben Jahr.

Das Schloss des Türkenlouis erhielt später noch große politische Bedeutung. Im Jahre 1714 wurde dort mit dem so genannten „Frieden von Rastatt" der Spanische Erbfolgekrieg beendet.

Herzog Eberhard IV. Ludwig von Württemberg (1676–1733) und Ludwigsburg

Das „Schwäbische Versailles"

Der ehrgeizige und aufstrebende württembergische Herzog Eberhard IV. Ludwig begann 1704 mit dem Bau eines neuen Schlosses, weil ihm seine bisherige Residenz in Stuttgart längst zu klein und altmodisch geworden war. Zunächst ging er daran, den „Erlachhof" – einen Jagdsitz seines Vaters an der Stelle der heutigen Stadt Ludwigsburg – zu einem zeitgemäßen und prächtigen Jagdschloss um- und auszubauen. Der Schlossbau wuchs mit der militärischen Karriere des Herzogs in Habsburgs Diensten. 1712 war er sogar zum Reichsgeneralfeldmarschall ernannt worden. Die beiden Architekten Johann Friedrich Nette und Donato Giuseppe Frisoni arbeiteten zügig am Lieblingsprojekt Eberhards IV. Ludwigs.

Das ursprünglich als Jagdschloss gedachte Bauwerk nahm rasch gewaltige Ausmaße an. Bald wurde die offene Dreiflügelanlage zur neuen Residenz und nicht, wie eigentlich geplant, zum Jagdschloss. 1733 fand der Schlossbau, den man heute noch in Ludwigsburg bewundern kann, durch den Bau des „Neuen Corps de Logis", das dem „Alten Corps de Logis" gegenübergesetzt wurde, seine Vollendung. Der Herzog konnte sich an seiner dadurch zur „Vierflügelanlage" gewordenen Residenz nicht mehr erfreuen, da er im Jahr der Vollendung, kurz nach seinem einzigen Sohn und Erben, verstarb.

König Friedrich II., der Große, von Preußen (1712–1786) und Potsdam

Das berühmte Sanssouci

Friedrich der Große, der – neben Alexander dem Großen und Napoleon – wahrscheinlich fähigste Feldherr aller Zeiten, ließ sich bereits in seiner Kronprinzenzeit das bei Ruppin gelegene Schloss Rheinsberg nach seinen eigenen Wünschen und Plänen von seinem Lieblingsarchitekten und Freund, Georg Wenzel von Knobelsdorff, um- und ausbauen. Als er 1740 König wurde, veranlasste er zusätzlich die Errichtung eines neuen Schlosses in Potsdam. Das Gebäude wurde als größeres Landhaus konzipiert, bestehend aus einem ebenerdigen Bau mit acht Räumen, von denen vier der König bewohnte und die anderen vier den Gästen vorbehalten waren. Im Jahre 1747 schließlich wurde sein „Lusthaus auf dem Weinberg", das er „Sanssouci" (Ohne Sorge) nannte, feierlich in Anwesenheit von 200 Gästen eingeweiht. Dort wollte er – dem Namen entsprechend – ohne Sorge leben und seine geliebte, idyllische Kronprinzenzeit auf Schloss Rheinsberg wieder aufleben lassen. Auch hier hieß der Architekt wieder Knobelsdorff, der die Entwürfe, die von Friedrich selbst stammten, umsetzte. Nach dem Einzug dichtete der große Preußenkönig:

Wer wäre Meister über sein Geschick?
Ein Tor, wer die Stunde des Glückes meidet!
Genießen wir den einen Augenblick,
Den morgen uns vielleicht der Himmel neidet![37]

Aus der Hand des Königs stammte auch:

Dort auf des Hügels luft'ger Spitze,
Wo frei das Auge schwelgt in fernen Sichten,
Ließ sich der Bauherr zum erhabnen Sitze
Mit Fleiß und Kunst das Haus errichten.
Der Stein, vom Meißel zubereitet,
In Statuen zierlich ausgebreitet.
Sanfte Terrassen lassen euch entfliehn
Ins Laubrevier, ins hundertfält'ge Grün.
Und Silberwellen sprühen über Marmorglieder
Steinerner Nymphen von so hohem Werte,
Wie einst ein Phidias sie uns bescherte.[38]

Selbst in der schweren finanziellen Krise, die der Siebenjährige Krieg auslöste, wollte Friedrich der Welt zeigen, dass Preußen noch lange nicht am Ende war. Zu diesem Zweck gab er einen weiteren, viel prächtigeren Schlossbau in Auftrag: das bis heute berühmte „Neue Palais" in Potsdam. Die ersten Entwürfe für das Schloss, das im Garten von Sanssouci liegen sollte, lagen bereits 1755 vor. Mit dem Bau wurde jedoch erst 1763, nach dem Siebenjährigen Krieg, begonnen. 1769 konnte das ehrgeizige Projekt, das für Friedrich zu einer Prestigeangelegenheit geworden war, vollendet werden. Er selbst bewohnte es jedoch äußerst selten und bezeichnete es stets als „Angeberei"[39]. Friedrich der Große nutzte es vorwiegend als Gästehaus und Wohnung für seine Familienmitglieder.

Fürst Nikolaus I., der Prachtliebende, von Eszterházy, (1714–1790) und Eszterháza

„Was der Kaiser kann, kann ich auch!"

Fürst Nikolaus I. von Eszterházy, den man wegen seiner Verschwendungssucht „den Prachtliebenden" nannte, ließ zwischen 1764 und 1784 das ursprünglich kleine Jagdschloss „Suttür" nahe dem ungarischen Dorf Fertöd zu einer prunkvollen Residenz ausbauen, die man bald das „ungarische Versailles" nannte.

Getreu seinem Motto „Was der Kaiser kann, das kann ich auch!"[40] beauftragte er seinen Baumeister Martinelli mit dem großen Projekt und nannte es nach seiner Vollendung „Eszterháza".

Außer Schönbrunn gab es zu dieser Zeit keinen vergleichbaren Schlosskomplex in der gesamten Donaumonarchie. Ein Mitglied der königlich-ungarischen Leibgarde – die Fürsten Eszterházy standen über viele Jahren dieser als Kommandanten vor – schrieb darüber: *Sowohl die Ehre und Glorie des Königs, als auch der Nation verlangte es, daß Eszterházy sich selbst zu einem Wunder machte. Man mußte zeigen, daß die in London und Paris entstandene Sehnsucht in Ungarn erfüllt wird. Das Staunen der Fremden wird ohne Zweifel die Ehre unseres Vaterlandes vermehren und sein Lob allerorts verkünden.*[41]

Als Maria Theresia vom 1. bis 3. September 1773 zu Gast bei Nikolaus I. in „Eszterháza" war, erblasste sie vor Neid ob der gewaltigen Schlossanlage, der enormen Pracht und des ganzen Prunkes, den ihr Gardeoffizier hier pflegte.

Nach der Glanzzeit unter Nikolaus I. begann nach seinem Tod im Jahre 1790 der rasche Verfall des „ungarischen Versailles".

Herzog Carl Eugen von Württemberg (1728–1793) und Solitüde

Wurde von seinem Volk wegen seiner Prunksucht verklagt

Herzog Carl Eugen überraschte gleich zu Beginn seiner Regierung die württembergische *Landschaft* mit der Forderung enormer Gelder für den Bau eines neuen Schlosses in seiner

Residenz Stuttgart. Die Landschaft tat, wie ihr vom Herzog befohlen, und so steht dieses so genannte „Neue Schloss" noch heute als Fragment, weil es nie fertig gestellt wurde, in der Stuttgarter Innenstadt. Das „Neue Schloss" wurde deswegen nie vollendet, weil Carl Eugen die Arbeiten immer wieder zugunsten anderer Schlossprojekte unterbrechen ließ. So kam er etwa – während eines Jagdausfluges im Jahre 1763 in der Nähe von Stuttgart – auf die Idee, an einem Platz, der ihm sehr gefiel und der eine besonders schöne Aussicht hatte, ein Schloss bauen zu lassen, um, wie er sich ausdrückte, „von dem Getümmel und den Täuschungen der Welt sich erholend, Stunden der Muße verleben zu können."[42]

Wie üblich war auch hier sein Wunsch Befehl. Sofort wurden 250 Hektar Wald gerodet und Soldaten sowie Bauern der Umgebung einfach zur Zwangsarbeit am neuesten Spielzeug des Herzogs verpflichtet. Zwei schnurgerade Alleen führten in seine zwei Residenzen, Ludwigsburg und Stuttgart. In nur vier Jahren stampfte man das Schloss „Solitüde", wie es genannt wurde, mit seinen prächtigen Parkanlagen samt einem Wildpark für die Jagd, Opernhaus, Kapelle, einem weiteren kleinen Jagdschlösschen, einem Marstall für 378 Pferde und Kavaliersbauten für 600 Personen aus dem Boden.

Zu Carl Eugens 37. Geburtstag 1765 sollte in den Anlagen des Ludwigsburger Schlosses ein Opernhaus entstehen und an seinem Ehrentag feierlich eröffnet werden. Nicht weniger als 300 Zimmerleute, 150 Maurer, 75 Hilfsarbeiter, 40 Steinbrecher und 20 Schreiner sowie abermals unzählige Bauern und Soldaten wurden zum Bau der Oper herangezogen. Da die Kassen aber wieder einmal leer waren, schickte man die Arbeiter einfach ohne Lohn heim. Der Bau wurde trotzdem termingerecht fertig und so konnte das Opernhaus am 11. Februar 1765 mit der Oper „Demofonte" des Hofkomponisten Niccolò Jommelli eröffnet werden.

Als nächstes erbaute der Herzog in einem ähnlichen Stil nahe Ludwigsburg ein prächtiges „Seeschloss", wo italienische Gondolieri mit schwarzen venezianischen Gondeln den See befuhren. Dieser Bau kostete allein schon 300 000 Gulden, eine Summe, die der Herzog allerdings auch schon für ein einziges Hoffest auszugeben imstande gewesen war. Ferner errichtete Carl Eugen noch das Schloss Grafeneck auf der schwäbischen Alb, wieder prächtigst ausgestattet mit Opernhaus, Schlosskirche und Kavaliersbauten.

Die Ausgaben des Herzogs waren enorm und die württembergische Landschaft musste immer wieder neue Gelder bewilligen, um den Herzog nicht zu verärgern. Denn für ihn gab es nur zwei Kategorien von Menschen: solche, die seine Wünsche erfüllten, und jene, die es nicht taten. Gegen letztere ging er oft grausam vor. Die finanziellen Mittel stammten zum großen Teil aus dem Verkauf von Truppen an Großmächte wie Frankreich. Dort mussten besonders viele württembergische Landeskinder für die Prunksucht ihres Herrschers dienen.

Als die Staatsverschuldung Württembergs wegen der enormen Verschwendungssucht Carl Eugens so hoch geworden war, dass ein Bankrott drohte und nebenbei der Wildbestand des Landes durch seine vielen Jagden auf ein Minimum reduziert war, griff die Landschaft ein. Sie wandte sich an den Wiener Kaiserhof, den Sitz des Kaisers des Heiligen Römischen Reiches, zu dem auch Württemberg gehörte. Dort brachte die Landschaft eine Klage gegen ihren Herzog ein. Es wurde schließlich ein Kompromiss geschlossen, der für beide Seiten akzeptabel war. Doch mit der enormen Verschwendungssucht Carl Eugens war es damit noch lange nicht vorbei.

Von kahlköpfigen Hofdamen und tätowierten Prinzen

Märchenhaft schöne Prinzen und Prinzessinnen gab es in adeligen Kreisen auch nicht unbedingt öfter als in „normalen“ Familien. Im Gegenteil, viele hatten durch die Inzuchtspolitik ihrer Ahnen ein besonders schweres Kreuz zu tragen, das sich auch äußerlich bemerkbar machte. Einige hatten zwar das Glück, wirklich außergewöhnlich attraktiv zu sein, doch den einen oder anderen Makel mussten die meisten von ihnen dann doch noch verstecken. So manche Herrscherin ging in ihrem Schönheitswahn auch etwas zu weit und musste dann einen dementsprechend hohen Preis zahlen.

Ulrich von Liechtenstein (um 1200–1277)
Ein Ritter mit blonder Frauenperücke

Der Ritter und Minnesänger Ulrich von Liechtenstein, der ab 1241 Truchsess und ab 1245 Landrichter und Landeshauptmann der Steiermark war und somit zu den hohen Ministerialbeamten zählte, ließ sich 1227 in Venedig eine blonde Frauenperücke anfertigen. Mit dieser ritt er dann über Friaul, Kärnten und Böhmen in Richtung Heimat. Unterwegs trat er im Zuge dieser „Minne- und Turnierfahrt“ bei zahlreichen Ritterturnieren als „Frau Venus“ auf. Mit dieser „Aktion“ wollte er auf die schlechte Stellung der Frau zu seiner Zeit aufmerksam machen. In seinen stark autobiographischen Epen „Frauendienst“ und „Frauenlob“ bietet er heute noch einen guten Einblick in die Lebensumstände seiner Zeit.

Ulrich starb 1277 auf seiner Stamm- und Lieblingsburg, der „Frauenburg“ bei Unzmarkt in der Steiermark. Er war ein tapferer Ritter gewesen, der sich besonders in der Schlacht an der Leitha, am 15. Juni 1246, durch großen Mut ausgezeichnet hatte.

König Eduard IV. von England (1442–1483)
Der schönste Mann Europas

Eduard IV. war ein außergewöhnlich attraktiver Monarch. Seine Zeitgenossen rühmten ihn nicht nur als „schönsten Fürsten“ sondern überhaupt als „schönsten Mann Europas“[43]. Sein Äußeres und sein kriegerischer Mut, den er in Schlachten immer wieder unter Beweis stellte, machten ihn zum umschwärmten Mittelpunkt des Hofes. Seine für damalige Zeit überdurchschnittliche Körpergröße von 1,93 Meter förderte noch zusätzlich sein beeindruckendes Erscheinungsbild.

König Philipp I., der Schöne, von Kastilien (1478–1506)

Nur schön durch die Liebe seiner Frau?

Wie der älteste Sohn und Nachfolger Kaiser Maximilians I. zu seinem Beinamen kam, kann man heute nur noch schwer recherchieren. Nirgends wird berichtet, dass er außergewöhnlich schön gewesen sei, was natürlich die Frage aufwirft, woher er seinen Beinamen hatte. Bekannt ist nur, dass die Frau Philipps, Johanna, ihn derart abgöttisch liebte, dass sie seinen frühen Tod nicht verkraftete. Sie wurde völlig verrückt und ging als Johanna die Wahnsinnige in die Geschichte ein. Vielleicht wurde wegen dieser großen Liebe Johannas zu Philipp ihm eine so große Schönheit nachgesagt, dass sie sogar in seinem Namen verewigt wurde.

Kaiser Leopold I. (1640–1705)

Von der Hässlichkeit des Kaisers

Der türkische Gesandte am Wiener Kaiserhof, Evliya Çelebi, schrieb an seinen Sultan im Jahre 1665 folgende, wenig schmeichelhafte Beschreibung über Leopold I., die jeglichen weiteren Kommentar erübrigt: *Man möchte bezweifeln, daß mit ihm der Herrgott wirklich einen Menschen erschaffen wollte: Er ist ein junger Mann von Mittelgröße, ohne Kinnbart, mit schmalen Hüften, nicht gerade fett und beleibt, aber auch nicht eben hager.*

Nach Allahs Ratschluß hat er einen Flaschenkopf, oben zugespitzt wie die Mütze eines Mevlevi-Derwisches oder wie ein Birnenkürbis, mit einer Stirne, flach wie ein Brett, und dichten schwarzen Augenbrauen, die aber weit auseinanderstehen und unter denen seine von schwarzen Wimpern umrandeten, kreisrunden und hellbraunen Augen wie die Lichter eines Uhus funkeln.

Sein Gesicht ist lang und spitz wie das des Meisters Reineke, mit Ohren, groß wie Kinderpantoffeln, und einer roten Nase, die wie eine unreife Weinbeere leuchtet und groß ist wie die Hälfte eines zerbrochenen Münzenbrettes oder wie eine Aubergine aus Morea.

Aus den weiten Nasenlöchern, in die er je drei Finger auf einmal hineinstecken könnte, hängen ihm Haare heraus, lang wie die vom Schnurrbart eines dreißigjährigen Haudegens, und vermischen sich in dichtem Wirrwarr mit dem Bart auf seine Oberlippe und mit seinem schwarzen Backenbart, der ihm bis in die Ohren hineinreicht. Seine Lippen sind wulstig wie die eines Kamels, und in seinen Mund würde ein ganzer Laib Brot auf einmal passen. Auch seine Zähne sind groß und weiß wie die eines Kamels. Immer wenn er spricht, spritzt und trieft ihm der Speichel aus seinem Mund und von seinen Kamellippen, als ob er erbrechen würde, da wischen ihm dann die strahlend schönen Pagen, die ihm zur Seite stehen, mit riesigen roten Mundtüchern ständig den Geifer ab. Er selber kämmt seine Locken und Kringeln dauernd mit einem Kamm. Seine Finger sehen aus wie die Langa-Gurken.[44]

Kaiser Karl VI. (1687–1740)

„Nicht nur nicht schön, sondern ausgesprochen hässlich"

Karl VI. reihte sich wohl nicht in die Liste adeliger Schönheiten ein. Der Bericht des savoyischen Gesandten, des Grafen San Martino di Bildessero, der sich 1712/13 in Wien aufhielt, bemerkte ausgesprochen bildhaft:

Er (Karl, Anm. d. Verf.) ist eher klein als groß, hat eine bräunliche Haarfarbe (color castagno), ein langgezogenes Gesicht mit der bekannten Unterlippe, rötliche, fast ins Violette neigende Gesichtsfarbe (che tira sul pavazzo). Er ist nicht nur nicht schön, sondern ausgesprochen häßlich (Il suo volto non è bello, ma brutto) hat etwas Finsteres (funesto), und wenn er aufschaut, so verdreht er die Augen in greulicher Weise (...) Sein Gehabe ist wenig majestätisch, sein Gang lächerlich, besonders wenn er im Mantel dahergeht, weil es dann so aussieht, als könne er überhaupt nicht gehen wie andere Menschen.[45]

Zarin Elisabeth I. von Russland (1709–1762)

Die kahlköpfigen Hofdamen der Zarin

Zarin Elisabeth I. von Russland soll insgesamt über 15000 Roben besessen haben. Sie zog sich mindestens dreimal pro Tag um, trug gerne Männerkleidung und war stets mit kostbaren Juwelen behängt, deren Edelsteine farblich immer zu ihrer jeweiligen Kleidung passten.

Die Zarin, welche ursprünglich blond war, ließ sich oft ihre Haare schwarz färben. Durch dieses ständige Färben waren ihre Haare eines Tages so verfilzt, dass sie sich diese kurzerhand abscheren ließ. Weil sie jedoch auf das volle Haar ihrer Hofdamen eifersüchtig war, befahl sie diesen, sich ebenfalls den Kopf scheren zu lassen, was die Unglücklichen natürlich auch befolgen mussten.

Karl Eduard, Bonnie – The Young Pretender, Stuart (1720–1788)

Der bestangezogene Adelige Roms

Karl Eduard Stuart wurde als Sohn von König Jakob (III.) im römischen Exil geboren. Da er wie sein Vater niemals den Thron Englands innehatte, erhielt er den Beinamen „The Young Pretender". Doch er hatte noch einen weiteren. Während seines Versuches den englischen Thron zurückzuerobern, hielt er sich lange Zeit in Schottland auf der Suche nach Verbündeten auf. Er hatte so ein hübsches Gesicht, dass er von seinen schottischen Anhängern liebevoll „Bonnie" Prinz Karl genannt wurde („Bonnie" bedeutete besonders im Schottischen damals hübsch). Auch der Herzog von Liria schwärmte von der außergewöhnlichen Anmut des Prinzen. Als er nach dem kläglich gescheiterten Rückeroberungsversuch wieder im römischen Exil lebte, galt er als einer der bestangezogenen Adeligen der Ewigen Stadt. Von ihm gibt es auch heute noch viel mehr Porträts als von seinem Vater.

Kaiserin Maria Josepha Antonia von Bayern (1739–1767)

Die verschmähte Ehefrau

Am 23. Januar 1765 heiratete die bayrische Prinzessin Maria Josepha den Kaiser des Heiligen Römischen Reiches, Joseph II., der nach dem frühen Tod seiner geliebten ersten Frau, Isabella von Parma, gezwungen worden war, sich noch einmal zu vermählen.

Joseph hielt seine neue Frau jedoch für überaus hässlich und empfand nichts als Ekel für sie. Auch Maria Theresia, die Mutter Josephs, konnte ihre Enttäuschung über das unvorteilhafte Äußere ihrer Schwiegertochter nicht verbergen. Die kurze Ehe der beiden wurde vermutlich auch nie vollzogen. So hässlich ihr Erscheinungsbild auch gewesen sein mag, ihr Inneres war aus Gold. Mit Hingabe setzte sie sich für karitative Tätigkeiten ein und galt als sehr warmherzig. Die arme, ungeliebte Maria Josepha starb schon nach zwei Ehejahren an den Blattern. An ihrem Begräbnis nahm Joseph II. nicht teil.

Kaiserin Elisabeth, Sisi, von Österreich (1837–1898)

Ihre Zähne waren ihr so peinlich, dass sie fast nie lächelte

Die österreichische Kaiserin Elisabeth mit Spitznamen Sisi galt als eine der schönsten Frauen ihrer Zeit. Ihr umwerfendes Äußeres war nur in einem Punkt nicht perfekt: in ihren Zähnen. Wie die meisten Wittelsbacher bekam sie schon in jungen Jahren schlechte Zähne. In ihrem Mund standen schließlich nur noch braun-schwarze Zahnreste, die ihr bei jedem Lächeln äußerst peinlich waren. Aus diesem Grund lachte sie auch sehr selten und sprach in Gesellschaft immer nur das Nötigste, was ihr als geistige Schwerfälligkeit ausgelegt wurde. In Wirklichkeit war sie sehr intelligent, schrieb selbst Gedichte und stand in regem Briefkontakt mit den größten Dichtern und Denkern ihrer Zeit.

König Ludwig II. von Bayern (1845–1889)

Schön, aber faule Zähne

König Ludwig II. galt in seiner Jugend als überdurchschnittlich anziehender Mann. Seine Eitelkeit kannte dementsprechend auch keine Grenzen. Er überschüttete sich mit dem Parfüm „Chypre“, ließ sich täglich sein Haar kräuseln und saß oft stundenlang vor dem Spiegel. Der Komponist Richard Wagner schrieb über ihn: „Er ist leider so schön und geistvoll, seelenvoll und herrlich, daß ich fürchte, sein Leben müsse ein flüchtiger Göttertraum in der gemeinen Welt zerrinnen.“[46]

Doch der schöne Bayernkönig litt unter einem Makel, den viele Wittelsbacher mit ihm teilten, darunter auch Kaiserin Elisabeth, Sisi, von Österreich: dem schlechten Zahnmaterial. Ludwig hatte mit fortgeschrittenem Alter nur noch braune, faule Stummel im Mund, die viele Gesprächspartner abschreckten. Vermutlich war das dies der Grund für seine selbst gewählte Vereinsamung, die er mit der Zeit suchte. Denn war er in Gesellschaft, traute er sich meist nicht den Mund zu öffnen, weil er sich so seiner schlechten Zähne schämte.

Erzherzog Franz Ferdinand (1863–1914)
Der tätowierte Erzherzog-Thronfolger

Erzherzog-Thronfolger Franz Ferdinand war tätowiert, und zwar hatte er einen Drachen auf der linken Brust. Übrigens soll auch Kaiserin Elisabeth tätowiert gewesen sein. In ihrem Falle handelte es sich aber um einen Anker auf der linken Schulter, angeblich zum großen Entsetzen des biederen Franz Joseph.

Teure Roben, schlichte Uniformen

Noch heute repräsentieren regierende Monarchen und der Adel im Allgemeinen ihren Stand durch eine besonders teure und ausgefallene Kleidung. Die „Hutschau" jedes Jahr in Ascot, die Hochzeitsbilder in der Yellow Press oder sonstige Ansammlungen europäischer Adeliger verdeutlichen das auch heute noch besonders eindrucksvoll. In der Vergangenheit war das nicht anders. So mancher König betätigte sich sogar als Modeschöpfer, um immer passend gekleidet zu sein. Doch es gab auch Adelige, die nur einen ganz bestimmten Kleidungsstil pflegten, den dann dafür aber so exzessiv, dass sich selbst die Bevölkerung dem nicht entziehen konnte.

König Ludwig XI., die Spinne, von Frankreich (1423–1483)

Kleidete sich wie ein Bettler

Ludwig XI. mit dem Beinamen „Die Spinne" trug stets einfache Kleidung. Wie ein Bettler oder armer Pilger kleidete er sich täglich in ein grobes Gewand und setzte sich dazu einen alten schäbigen Filzhut auf. Er verachtete jegliche Art von Pomp und Prunk und stieß mit seiner schlichten Hofhaltung viele zeitgenössische Fürsten vor den Kopf.

König Ludwig XIV., der Sonnenkönig, von Frankreich (1638–1715)

Kreierte eigene Modeformen

Ludwig XIV. legte ausgesprochen viel Wert auf sein Erscheinungsbild und auf das seines Hofes. Man kann sagen, er herrschte auch über die Mode an seinem Hof absolut. Der Sonnenkönig war deswegen niemals auch nur eine Sekunde lang ohne Perücke anzutreffen.

Was an seinem Hof getragen wurde, bestimmte er. Er kreierte auch eigene Modeschöpfungen, die er nach seinen Wünschen, so oft er wollte, neu umgestalten ließ. Außerdem diktierte er aufs Detail genau, in welcher Kleidung seine Höflinge bei bestimmten Festen zu erscheinen hatten. Dementsprechend pompös gestalteten sich bei offiziellen Anlässen auch seine persönlichen Auftritte. Als Ludwig beispielsweise die Gesandten Siams empfing, trug er eine mit Goldspitzen und

Diamanten besetzte Staatsrobe im Wert von 12,5 Millionen Livres.

König August II., der Starke, von Sachsen-Polen (1670–1733)

Fiel bei der Krönung in Ohnmacht

Friedrich August I. von Sachsen war „der" Repräsentant barocker Pracht und barocken Prunkes schlechthin – auch in modischen Angelegenheiten. Er änderte mehrfach während seiner Regierungszeit die Uniformierung der Dienerschaft und des Militärs. Die Entwürfe dazu genehmigte er zwar höchstpersönlich, doch die Offiziere hatten den Befehl, die kostspielige Ausstattung ihrer Uniformen selbst zu bezahlen.

Für seine eigene Gewandung war ihm kein Preis zu hoch. Allein für den Karneval von 1719 wurden nicht weniger als 25 Prunkkostüme für ihn geschneidert, von denen eines das andere übertreffen musste. Wegen seines massigen Körperumfanges – er hieß nicht grundlos August der Starke – brauchte man auch viel Stoff, denn er wog bei einer Körpergröße von 1,76 Meter nicht weniger als 121 Kilogramm.

Bei seiner Krönung zum König von Polen, am 15. September 1697, trug er ein selbst entworfenes Fantasiekostüm. Es bestand aus einer altrömischen Kleidung, einer barocken Rüstung darüber und schließlich noch aus einer polnischen Tracht, die durch einen kostbaren Hermelinmantel gekrönt wurde. Bei der ewig langen Krönungszeremonie in der Kathedrale von Krakau wurde dem König wegen seines stickigen und schweren Kostüms mit der Zeit so schlecht, dass er in Ohnmacht fiel. Die Krönung konnte erst fortgesetzt werden, nachdem man August den Brustharnisch entfernt hatte und ihm reichlich ungarischer Wein eingeflößt worden war.

Kaiser Karl VI. (1685–1740)

Prächtige Kleider an Galatagen

Zu den Galatagen, den hohen Festtagen des kaiserlichen Hofes in Wien, trug Karl VI. immer ein gold- und silberdurchwirktes Tuch mit dazu passenden goldenen oder silbernen Spitzen. Dazu zierte ihn ein Hut mit blauroten Federbüschen und Diamantgaraffen.

Clemens August von Bayern, Kurfürst und Erzbischof von Köln (1700–1761)

Jede Jagdform hatte eine eigene Jagdkleidung

Der Wittelsbacher legte sehr großen Wert auf seine Kleidung. So hatte er als leidenschaftlicher Jäger verschiedene, kostbare Jagdkostüme. Für die Falkenjagd trugen er und zumeist auch seine Jagdgäste einen blauen Rock mit kostbaren Silberstickereien. Auf Parforcejagd hingegen ging man rotgold und auf die deutsche Jagd (mit Büchse) grüngold. Bei der Keilerjagd kleidete man sich grau.

König Ludwig XVI. von Frankreich (1754–1793)

Trug einfache Wollstoffe

Der französische König Ludwig XVI. ließ sich pro Quartal ungefähr sechs Anzüge machen, und zwar ausschließlich in Satin, was der schlichteste Wollstoff seiner Zeit war. Ludwig trug werktags immer einen braunen Anzug aus diesem Material, sonn- oder feiertags einen weißen und, wenn er gut aufgelegt war, vielleicht sogar einen etwas farbenfroheren Seidenanzug.

Kaiser Wilhelm II. von Deutschland (1859–1941)

Besaß über 300 Uniformen

Der deutsche Kaiser liebte Uniformen über alles. Seine besonders stark ausgeprägte Geltungssucht fand auch in seinem Uniformwahn ihren Ausdruck. Er besaß über 300 Uniformen, die er abwechselnd zu allen sich bietenden Anlässen trug, selbstverständlich bestückt mit jedem nur erdenklichen preußischen Orden.

Als ihm seine Tante, die englische Königin Viktoria, einmal zum Geburtstag eine schottische Hochlandtracht schenkte, war er von dieser so begeistert und gefiel sich dermaßen gut darin, dass er sofort zahlreiche Fotografien davon anfertigen ließ. Diese schickte er an alle Bekannten und Verwandten.

Seine Uniformliebe ging so weit, dass er sogar für die Jagd für sich und seine Gäste eine eigene Jagduniform entwerfen ließ, die dann alle, die an der Jagd teilnahmen, auch anziehen mussten. Ganz Preußen wurde unter ihm zum Uniformstaat. Zivilisten galten nichts. Alles und jeder trug plötzlich Uniformen in Preußen und jeder, der nicht aktiv dem Militär angehörte – egal ob Rechtsanwalt oder Handwerksbursche –, versuchte alles, um zumindest eine Reservistenlaufbahn beim Militär einzuschlagen. So konnten sie wenigstens ein paarmal pro Jahr ihre jeweilige Uniform auch wirklich anziehen.

Große Interessen und kleine Eigenheiten

Immer dem Wild nach

Für eine Leidenschaft konnten sich alle Adeligen zu allen Zeiten begeistern, und zwar für die Jagd. Ob Bourbone, Wettiner, Habsburger oder Welfe, alle fanden offenbar kein größeres Vergnügen, als dem Wild nachzujagen. Dafür wurden eigens große Jagdgebiete angelegt – manchmal sogar der eine oder andere See ausgehoben –, Jagdorden gegründet und unglaublich viele Menschen beschäftigt. Ob Eis oder Regen, man ging immer auf die Jagd und in ganz besonderen Momenten schrieb so mancher verzückte Herrscher sogar Gedichte über seine „große Liebe", die Jagd.

Kaiser Friedrich II. (1194–1250)
Der Falkenexperte
Kaiser Friedrich II. war von der Jagd so fasziniert, dass er sogar ein Buch darüber schrieb. Es handelte von der Falkenjagd und hatte den Titel „De arte venandi cum avibus" – „Von der Kunst mit Vögeln zu jagen". Es blieb jahrhundertelang ein Standardwerk für die Falkenjagd.

Papst Leo X. (1475–1521)
„Laßt uns das Papsttum genießen, da Gott es uns gegeben hat"
Auch die Kirchenfürsten interessierten sich sehr für die Jagd. So auch Leo X., der einer der großen Renaissancepäpste war. Als zweiter Sohn Lorenzo von Medicis, eines der mächtigsten italienischen Adeligen, 1475 geboren, bestimmte man ihn bereits kurz nach seiner Geburt für den geistlichen Stand. Mit sieben Jahren erhielt er schon die Tonsur, mit acht ernannte man ihn zum Protonotar und mit 14 verlieh man ihm die Kardinalswürde.

Papst wurde er in einem – besonders für Päpste – jugendlichen Alter von 37 Jahren am 11. März im Jahre 1513. Da er zu dieser Zeit bereits an einer Fistel in der Aftergegend litt, musste man ihn in einem Sessel zum Konklave tragen. Leo X. war bis zu diesem Zeitpunkt noch nicht zum Priester geweiht worden und so holte man dies am 15. März nach. Nach seiner Papstwahl soll er gesagt haben: „Laßt uns das Papsttum genießen, da Gott es uns gegeben hat.“[47]

Leo X. wird als sehr netter und freundlicher Papst beschrieben, der immer ein gutes Wort für seine Mitmenschen übrig hatte. Er sammelte kostbare Bücher und Kunstgegenstände und umgab sich mit Dichtern, Musikern, Künstlern und Humanisten, die er stets mit reichen Geschenken für ihre Arbeit belohnte. Während er seine Mahlzeiten einnahm, ließ er sich zumeist vorlesen oder er lauschte der Musik.

Seine große Leidenschaft aber war die Jagd. Nur bei ihr fühlte er sich völlig frei und ungebunden. Nur während dieser konnte er dem steifen Zeremoniell des Vatikans entfliehen. Zudem gefiel dem zur Fettleibigkeit neigenden Papst die körperliche Anstrengung. Gewöhnlich hielt er sich den ganzen Oktober auf einem seiner Landsitze auf und frönte seiner Lieblingsbeschäftigung. Sein Zeremonienmeister tadelte ihn oft wegen seiner Jagdstiefel, die er die meiste Zeit über trug, da man dem Papst dadurch nicht die Füße küssen konnte.

Leo X., der kunstsinnige und allen Freuden des Lebens aufgeschlossene Papst, starb schließlich im Jahre 1521 wie Papst Alexander VI. an der Malaria.

König Heinrich IV. von Frankreich (1553–1610)

Ritt mit seinem Pferd in die Kirche

Die Jagdleidenschaft Heinrichs IV. war so groß, dass er sogar zur Sonntagsmesse in die Kathedrale ritt, vom Sattel stieg und dem verdutzten Bischof angeblich befahl, dass er sich gefälligst mit der Predigt zu beeilen habe, er hätte nämlich keine Zeit. Mit dem Vaterunser auf den Lippen machte er kehrt und ritt zurück zu seinen Saufkumpanen, um mit ihnen Hirsche und Eber zu jagen.

Ferdinand Maximilian von Baden (1625–1669)

Durchschoss sich die Hand und starb

Markgraf Ferdinand Maximilian von Baden, der Vater des berühmten „Türkenlouis“, liebte die Jagd über alles. Doch genau diese große Leidenschaft wurde ihm im Endeffekt zum Verhängnis. Als er einmal von der Jagd heimfuhr, löste sich in seiner Kutsche plötzlich ein Schuss aus seinem Gewehr, auf das er sich gerade stützte. Er hatte Glück im Unglück, die Kugel durchdrang nur seine Hand. Doch wegen der schlechten hygienischen Verhältnisse der damaligen Zeit kam Schmutz in die Wunde und sie entzündete sich wenig später. Nach heftigen Fieberschüben starb er schließlich nach einigen Tagen an dieser verhältnismäßig harmlosen Jagdverletzung.

Am badischen Hof gab es übrigens lange Zeit den Brauch, dass ein adeliger Jäger, der einen Hirsch verfehlt hatte, 30 Heller bezahlen und zur sichtbaren Buße einen dürren Zweig am Hut tragen musste, bis ein neuer Unglücksschütze für einen Fehlschuss den Zweig übernahm. Die 30 Heller bekamen die markgräflichen Hofjäger zur persönlichen Verfügung.

Kaiser Leopold I. (1640–1705)
Gemetzel an seinem Hochzeitstag

Anlässlich der Hochzeitsfeierlichkeiten Leopolds I. am 15. und 16. Dezember 1666 mit seiner ersten Gemahlin Margarita Theresia von Spanien wurde eine große Hofjagd abgehalten. Über 100 Füchse wurden in einem Prellnetz zu Tode geschleudert und 24 Dachse von Hunden gehetzt und gewürgt. Man trieb nicht weniger als 800 Hirsche in eine Umzäunung, von denen der Kaiser und seine Frau dann einige abschossen. Schließlich wurden noch 60 Wildschweine herangetrieben, damit Leopold gemeinsam mit seiner Gemahlin das größte problemlos erlegen konnte. Aus heutiger Sicht würde man so ein blutiges Gemetzel wohl kaum als Jagd bezeichnen.

Ludwig von Frankreich, Le Grand-Dauphin (1661–1711)
Schlaganfall vor der Wolfsjagd

Der einzige legitime Sohn des Sonnenkönigs, den man bei Hofe „Grand-Dauphin“ oder „Monsieur“ nannte, teilte nur wenige Interessen mit seinem berühmten Vater, dem er auch nur in wenigen Punkten ähnelte. Eine Gemeinsamkeit war die Liebe zur Jagd. Im Jahre 1701, als er sich von seinem üppigen Mittagstisch – eine weitere Leidenschaft, die er mit seinem Vater Ludwig teilte – zur Wolfsjagd erheben wollte, erlitt er einen Schlaganfall. Die Wölfe werden es ihm wohl gedankt haben.

Leider konnte er seinem Vater, den er – wo es nur möglich war – mied, nicht auf den Thron folgen. 1711 bekam er die Pocken und starb letztlich an dieser Geißel des 18. Jahrhunderts, die auch vor Fürstenhäusern nicht Halt machte. Ludwig XIV., sein allmächtiger Vater, verstarb erst vier Jahre später.

Herzog Eberhard IV. Ludwig von Württemberg (1676–1733)

Gründete eigenen Jagdorden

Schloss Ludwigsburg, das der Herzog unter großem finanziellen Aufwand hatte errichten lassen, wurde später Sitz des von Eberhard IV. Ludwig gegründeten „Hubertus-Jagdordens", der seine Ordensfeier jährlich im November dort abhielt. Aus dem Jahr 1727 existiert eine Beschreibung eines Jagdfestes in Ludwigsburg. Am 2. November trafen der Herzog und sein Gefolge in Ludwigsburg ein. Dieser erste Tag gipfelte in einer in den Appartements der Erbprinzessin Henriette Maria gegebenen Kammermusik. Am eigentlichen Hubertustag rief der Herzog zur Treibjagd bei Zuffenhausen, bevor die Jagdgesellschaft am Abend zu einer großen Tafel im Rittersaal des Schlosses geladen wurde. Die Sitzordnung bestimmte dabei das Los. Anschließend gab es noch einen Ball, der erst gegen drei Uhr morgens endete. Am Tag darauf gab es eine Jagd im Hof des Schlosses. Es folgten noch weitere Jagden in Bietigheim und Magstadt, wo die Jagdgesellschaft unter Paukenwirbel und Trompetenschall 150 Stück Wild erlegte. Am 11. November kehrte schließlich wieder Ruhe ins Ludwigsburger Schloss ein.

Kaiser Karl VI. (1685–1740)

Erschoss unabsichtlich seinen Oberstallmeister

Der Habsburger Kaiser Karl VI. galt als besonders ehrgeiziger und eifriger Jäger – selbst im Vergleich mit anderen Mitgliedern seiner jagdbesessenen Familie. So schoss er einmal an einem einzigen Tag 109 Hirsche, elf Hirschkühe, 16 Kälber, drei Rehe und einen Frischling.

1723, auf einer Reise zur Krönung nach Böhmen, erlegte er sogar 353 Hirsche, 123 Hirschkühe, 57 Kälber, 1058 Stück Schwarzwild, 23 Stück Damwild, 154 Rehe, 805 Hasen, 52 Fasane, 19 Rebhühner und 48 Füchse. Nebenbei war Karl VI., wie viele barocke Herrscher, ein begeisterter Anhänger der „Beizjagd“ – der Jagd mit Falken. So beizte er in der Zeit zwischen 1713 und 1725 allein 3800 Vögel. Das „Wienerische Diarium“ berichtete von einer Jagd Karls, die am 26. Juni 1734 in Laxenburg stattfand. Dabei erjagte er insgesamt „274. stück/nemlich 88. Reiger/29. Hasen/33. Alster/35. Krähen/48. Wildenten/ 13. Millan/2. Mandel-Krähen/21. Raben/3. Gibitz/ und 10. Geyer.“[48] Während seiner Regierungszeit wurden vom Wiener Hof insgesamt über 100 000 Stück Wild erlegt.

Karl VI. liebte die Jagd so sehr, dass er für diese Leidenschaft sogar darauf verzichtete, an den Begräbnisfeierlichkeiten des Prinzen Eugen im Jahre 1736 teilzunehmen. Der Kaiser zog es vor, an diesem Tag in der Nähe seines Jagdschlosses Laxenburg Reiher zu beizen. Da er jedoch sehr kurzsichtig war, waren alle seine Jagdgewehre mit einem eingebauten Monokel versehen, und zwar aus gutem Grund. 1732 hatte er nämlich seinen Oberstallmeister Adam Franz Fürst von Schwarzenberg bei einer Jagd tödlich verletzt.

Prinz Louis IV. Henri von Bourbon-Condé (1692–1740)

Verlor bei der Jagd ein Auge

Der Prinz aus dem Hause Condé übernahm 1723 nach dem Tod Herzog Philipps II. von Orléans die Regentschaft für den noch minderjährigen König Ludwig XV. Zeitgenossen beschrieben ihn als groß und gebeugt. Er soll nicht sehr schön und auch nicht übermäßig intelligent gewesen sein. Darüber hinaus galt er als sehr intrigant. Seine schon von vornherein nicht sehr anziehende Gestalt wurde durch einen Jagdunfall noch weiter drastisch entstellt. 1712 schoss ihm der Herzog von Berry, ein Enkel des Sonnenkönigs, bei der Jagd ein Auge aus, weil er ihn für einen Hasen hielt.

Kaiser Karl VII. (1697–1745)

Musste Schweinsjagd ohne Stiefel beenden

Der Kurfürst Bayerns, der als Karl VII. auch Kaiser des Heiligen Römischen Reiches war, hielt wie fast alle barocken Herrscher gerne prunkvolle Jagden ab. Bis 1741 ist in den Quellen verzeichnet, dass es kaum einen Tag in der Woche gab, an dem er nicht auf der Pirsch war. Meist pflegte er die „Parforcejagd“, die Jagd zu Pferd, bei der üblicherweise ein Rudel Hunde das Wild so lange hetzte, bis es sich der Jagdgesellschaft des Kurfürst-Kaisers stellen musste und von dieser dann in blinder Schießwut erlegt wurde.

Oft hielt sich Karl Albrecht daher in seinen zahlreichen Lust- und Jagdschlössern wie Schleißheim oder Starnberg auf. Für gewöhnlich pflegte er dort einen Tagesablauf einzuhalten, wie er von Zeitgenossen für den 15. Oktober 1729 beschrieben wurde: *Am 15. Oktober war Frühstück in Badenberg, als dann die Hirschjagd, hierauf ritt man nach Fürstenried. Dort nahm man das Soupé ein und übernachtete. Am Tag darauf ging es nach Starnberg. Nach dem Frühstück unter freiem Himmel wurde eine Schweinehatz und eine Hirschjagd in den Starnberger See veranstaltet und nachts speisten die gnädigsten Herrschaften auf dem kurfürstlichen Prachtschiff ‚Bucentauro' und blieben dann später in Fürstenried.*[49]

Die Hetzjagd zu Pferd war bei Albrecht nicht nur das sonst bei barocken Fürsten übliche simple Massenschießen von einem geschützten Platz aus, zu dem das Wild hingetrieben wurde, sondern bei ihm stellte diese Form der Jagd teilweise auch hohe körperliche Anforderungen an den Jäger. Nicht selten kam es dabei zu gefährlichen Stürzen der Jagdteilnehmer, die auch tödlich enden konnten. So wird beispielsweise am 26. November 1734 von einer „Schwein par force-jagd"[50] berichtet, bei welcher der Oberstjägermeister „jämmerlich gestürzet und zurückgeblieben"[51] war. Karl Albrecht setzte die Jagd daraufhin nur von seinen Hunden begleitet fort und ritt, von seiner üblichen Jagdleidenschaft gepackt, über die schneebedeckten Wälder seines Kurfürstentums, um das „bösartige" Schwein doch noch zu stellen.

Seinen Übermut musste er jedoch teuer bezahlen. Er stürzte in einen eiskalten Fluss, aus dem er sich völlig durchnässt ans Ufer retten konnte. Sein Pferd aber war auf und davon, er musste seinen Weg also zu Fuß fortsetzen. Die Jagd nach dem Schwein war unmöglich geworden. Bei einem Versuch über „zwey Zäun"[52] zu klettern, war er noch dazu gezwungen, sich seiner Schuhe zu entledigen. Nur noch mit durchnässten Strümpfen an den Füßen schlug er sich zu einem nahe gelegenen Gut – der „Gruebmühle"[53] – durch, in dem einer seiner Hofbeamten wohnte. Sein „Viceobriststallmeister" Baron von Mayrhofen, der die Stimme des Kurfürsten schon von weitem gehörte hatte, lieh diesem seine Stiefel und ein Pferd. Der Kurfürst konnte nun endlich in sein Schloss Fürstenried zurückreiten, wo er „ganz gesundt, jedoch wohl nass und erfrohren“[54] ankam.

Clemens August von Bayern, Kurfürst und Erzbischof von Köln (1700–1761)

Gründete Jagdorden nur für ausgewählte Ritter

Der jüngere Bruder Karl Albrechts war – wie alle Wittelsbacher – ein leidenschaftlicher Jäger. Auch er ging bei jedem Wetter auf die Jagd, doch er veranstaltete keine der damals üblichen Fürstenjagden, sondern er hetzte oft tagelang halsbrecherisch dem Wild hinterher. Während seine hohen Jagdgäste meist schon im nahen, warmen Jagdschloss weilten, dachte er noch lange nicht daran, aufzugeben. Clemens August war ein unermüdlicher Jäger, er ließ nur von einem gejagten Tier ab, wenn es wirklich unmöglich war, es zu erlegen. Der Erzbischof-Kurfürst jagte fast alles: Hirsche, Enten, Keiler und Hasen. Mit besonders großer Freude beizte er Kraniche und Reiher.

Clemens August ließ sich seine Leidenschaft auch einiges kosten. Sein Jagdpersonal bestand aus nicht weniger als 122 Personen. So gab er allein für das Jahr 1748 6666 Taler an Gehältern für seine Jäger und Jagdgehilfen aus. 2556 Taler kostete ihn die Parforcejagd, für die deutsche Jagd – die mit der Büchse – gab er 406 und für die Fasanerie 65 Taler in diesem Jahr aus.

Einem Vergleich mit anderen zeitgenössischen barocken Fürsten konnte er mühelos standhalten und hohe Abschusszahlen vorweisen. Einmal erlegte er innerhalb von 24 Stunden nicht weniger als 23 Hirsche und Säue. Er stiftete sogar einen eigenen Jagdorden, den Orden „Von der Gütigkeit“, der nur zwölf auserwählte Ritter als Mitglieder hatte, von denen jeder einen Ring mit der eingestanzten Erleuchtungsszene des heiligen Hubertus trug, des offiziellen Heiligen der Jagd.

Seine ganz große Liebe war die Falkenjagd. Er selbst richtete die Vögel für die Jagd ab, kannte sie alle mit Namen und ließ von seinen bevorzugten Falkenweibchen sogar Porträts malen. Die Falken wurden nur eingesetzt, um Reiher zu jagen. Einmal erjagte Clemens August in einem einzigen Frühsommer 150 dieser Vögel, was sogar seinen Vater, den Kurfürsten

Max Emanuel, neidisch machte, wie aus einem Brief von seiner Hand hervorgeht: „Ich habe mit vergnügen gesehen, wie deine raiger paiz so wohl abgeloffen (...) Ich habe schier umb 100 raiger weniger.“[55]

1737 begann er mit dem Bau des Jagdschlosses Clemenswerth, eines Baues, der von acht einstöckigen, gleichförmigen Pavillons umgeben war. Der Kirchenfürst ließ sich dieses Schloss zu seiner „bequemeren Wohnung“, wie er sich ausdrückte, auf dem so genannten Hümling errichten, einem besonders großen und ergiebigen Jagdrevier seines Kurfürstentums.

König Ludwig XV. von Frankreich (1710–1774)

Er ging bei jedem Wetter auf die Jagd

Der französische König Ludwig XV. war nicht nur wie alle seine Vorfahren ein enthusiastischer Jäger, seine Begeisterung für diesen Sport ging sogar so weit, dass er täglich nach dem Mittagessen – und zwar bei jedem Wetter – auf die Pirsch ging. Für ihn waren das die schönsten Momente des ganzen Tages und nicht nur ein reiner Zeitvertreib. Die Jagd war immer seine absolute Lieblingsbeschäftigung. Alles andere stand hintenan, auch seine Regierungsgeschäfte. Es hieß sogar, er täte eigentlich gar nichts, wenn er nicht auf die Jagd ginge.

Ludwig unternahm viermal pro Woche die „Hetzjagd zu Pferd“, die anderen Tage pflegte er andere Jagdformen in den Wäldern, die er sich rund um seine Schlösser hatte anlegen lassen. Er besaß auch die besten Pferde und Spürhunde. Für den leidenschaftlichen Weidmann und schon immer körperlich sehr robusten Ludwig war es unverständlich, dass seine Piköre, Stall- und Jägermeister manchmal Zeichen von Erschöpfung zeigten, wenn er selbst, ihr oberster Herr, wieder einmal tagelang dem Wild nachspürte.

Berühmt waren seine Jagdsoupers, bei denen ein ausgesuchter Kreis sich einmal pro Woche in einer kameradschaftlichen Atmosphäre mit ihm traf. Bei Rotwein am knisternden Kaminfeuer wurde dann so manches frühere Jagderlebnis noch einmal im Detail nacherlebt.

Herzog Carl Eugen von Württemberg (1728–1793)

Ließ für seine „Geburtstagsjagd" einen See ausheben

Ein Jäger im großen Stil war ohne Zweifel der verschwenderische Herzog Carl Eugen von Württemberg. Das ganze Ausmaß seiner Prunksucht wird deutlich, wenn man die Feierlichkeiten zu seinem 35. Geburtstag im Jahre 1763 betrachtet.

Am neunten Festtag dieses Geburtstages setzte er eine große Jagd an. Hierfür wurde eigens ein freier Platz von 200 Morgen Land in der Nähe des Dorfes Degerloch bei Stuttgart ausersehen. In der Mitte dieses Platzes mussten zur Zwangsarbeit rekrutierte Bauern der näheren Umgebung und dafür beurlaubte Soldaten einen künstlichen See von 230 Metern Länge und 100 Metern Breite anlegen. Nicht weniger als sieben Gondeln schwammen in diesem See. Die Gondel des Herzogs – in silberner und roter Farbe gehalten – war natürlich die größte. Sie verfügte über einen Baldachin, unter dem der Herzog Platz nehmen konnte.

Vor dem See wurde ein 200 Meter langes Holzgebäude errichtet, das auf 308 dorischen Säulen ruhte. 17 Pavillons unterbrachen die Gebäudefront. Der Hauptpavillon war allein 20 Meter hoch, 17 Meter lang und elf Meter breit. An dieses Hauptgebäude waren noch weitere Galerien mit insgesamt 33 Pavillons angeschlossen. Nicht weniger als 15000 Zuseher und Jagdteilnehmer sollten hier Platz finden können.

Am Tag der Jagd näherte sich der Herzog mit seinem Hof unter den Klängen von Pauken und Trompeten dem Ort der Handlung vom nahe gelegenen Stuttgarter Schloss aus. Carl Eugen ließ sich und seine Jagdgesellschaft – alle in bunte und kostbare Jagdkostüme gekleidet – mit den Gondeln über den See bringen. Als sich alle auf ihren Tribünen niedergelassen hatten, gab der Herzog sofort den Befehl, die schon vor Wochen zusammengetriebenen 5000 Stück Wild aus den Käfigen zu lassen und sie in Richtung See zu hetzen. Die völlig verschreckten Tiere waren auf drei Seiten durch die Zäune ihrer Käfige und auf der vierten durch den See eingekesselt, so dass es kein Entrinnen für sie gab. Während man sich an ihrem Leid belustigte, wurden dem Herzog und seinen Jagdgästen kostbare Speisen und Weine aller Arten gereicht.

Schließlich eröffnete der Herzog das Schießen – ein grausames Massaker begann. Das erlegte Wild wurde vom Hof keineswegs benötigt oder gegessen. Das ganze Spektakel diente allein einer repräsentativen Jagdinszenierung als Bestandteil einer barocken Geburtstagsfeierlichkeit eines absoluten Fürsten. Diese Jagd – oder besser das Schießen – dauerte mehrere Stunden. Erst dann war auch das letzte der an diesem Tag „erjagten" 5218 Stück Wild erlegt.

Zeitgenossen rühmten nicht nur die Inszenierung der Jagd an sich, sondern auch die besonders seltenen Tiere, die dabei erlegt wurden. So wurden insgesamt 121 Rothirsche, 30 Damhirsche, 150 Rehböcke, 241 Wildschweine nebst 89 Frischlingen, 2 Gämsen, zwei Wölfe, zwei Luchse, 36 Dachse, 207 Füchse, 3002 Hasen, 197 Fasane, 530 Feldhühner, 209 Wildenten und 400 wilde Tauben geschossen. Nach dieser Anstrengung erholte man sich einige Zeit später bei einem Konzert im herzoglichen Schloss in Stuttgart, wo dieser Tag der Jagd nach einem Festmahl, das bis nach Mitternacht dauerte, sein Ende fand.

Als der Herzog 1793 starb, waren durch seine unmäßigen Jagden die Wildbestände des Landes Württemberg auf ein Minimum reduziert.

Ludwig, Dauphin von Frankreich (1729–1765)

Tötete unabsichtlich einen Pagen auf der Jagd

Der älteste Sohn Ludwigs XV., und damit der offizielle französische Thronfolger, war wie sein Vater und alle Bourbonen ein feuriger Jäger. Wie seine Mutter, die polnische Prinzessin Maria Leszinska, war er aber auch sehr religiös und wie so manche religiösen Menschen in der damaligen Zeit auch sehr abergläubisch, was seiner Jagdleidenschaft eines Tages plötzlich Abbruch tat.

An diesem Tag verursachte er nämlich durch einen unglücklichen Zufall während einer Jagdpartie den Tod eines gewissen Junkers Chambor. An diesem tragischen Unfall war er eigentlich völlig schuldlos, doch er fühlte sich trotzdem verantwortlich. Von diesem Tage an ritt er nie wieder auf die Jagd und sogar noch Jahre später berichtete er, dass er den blutüberströmten Körper Chambors nicht vergessen könne.

Er kam nicht mehr dazu, seinem Vater auf dem Thron nachzufolgen, da er sich bei einer regnerischen Militärparade, bei der er völlig durchnässt worden war, eine Erkältung zugezogen hatte. Diese endete letztlich in einer Tuberkulose, die Ludwig nicht überlebte.

König Friedrich I. von Württemberg (1754–1816)
80 Wildschweine am Tag sind nicht genug

Auch König Friedrich I. von Württemberg war ein begeisterter und übertrieben abschussfreudiger Weidmann. Der Zeit entsprechend glichen auch seine Hofjagden mehr einem blutigen Massaker als den Jagden im heutigen Sinne. Das Wild wurde einfach zusammengetrieben und dann von dem an günstiger Stelle postierten König und seinem Jagdgefolge kaltblütig abgeschossen. Kein Aufwand war ihm dafür zu groß, er ließ eigens Wildgehege und Fasanerien für sein Vergnügen anlegen.

Beim „Dianenfest“ im Jahre 1812 beispielsweise, das in der Nähe des württembergischen Städtchens Bebenhausen stattfand, erlegte der König insgesamt 823 Stück Wild, welches aus Wildschweinen, Hirschen, Rehen, Füchsen und Hasen bestand.

Es existiert ein Brief aus der Hand des Königs an seine Tochter Katharina vom 27. November 1812, in dem er ihr mitteilt, dass er an einem Tag 80 Wildschweine erlegt habe, was ihn jedoch nicht befriedigt hätte. Man habe ihm aber als Entschädigung für den nächsten Tag in Bebenhausen „sehr viel mehr Opfer“[56] – so der König wörtlich – versprochen.

Fürst Nikolaus II. von Esterházy (1765–1833)
300 Rebhühner innerhalb von drei Stunden

September 1802 besuchte Graf Ludwig Starhemberg, der als kaiserlicher Gesandter in London lebte, seinen Freund Fürst Eszterházy in dessen Residenz in Eisenstadt.

Am Dienstag, dem 7. September, traf Graf Starhemberg dort ein und schwärmte sofort für den Prunk und Glanz, den das Eisenstädter Schloss und sein Besitzer ausstrahlten. Zum Empfang des geschätzten Freundes ließ der Fürst Gardesoldaten aus seiner Privatarmee Spalier stehen, Trompeten und Pauken erklangen und Kanonen verkündeten laut das Eintreffen Graf Starhembergs. Der für seine Verschwendungssucht berühmte Fürst Nikolaus II. inszenierte einen wahren Staatsempfang für ihn. Im Laufe der Festlichkeiten bemerkte Starhemberg in seinem Tagebuch, dass es in Eisenstadt zuginge wie am Londoner Königshof zu St. James.

Am darauf folgenden Donnerstag, dem 9. September 1802, war eine große Jagd geplant. Die gesamte Jagdgesellschaft wurde am Morgen durch Hörner geweckt. Gegen 9 Uhr 30 brach man schließlich auf. Graf Starhemberg, der vermutlich schon einiges am englischen Königshof erlebt haben dürfte, verzeichnete in seinem Journal beeindruckt, dass er nie etwas Prachtvolleres erlebt hätte. Innerhalb von drei Stunden wurden 300 Rebhühner von nur zehn Schützen erlegt. Anschließend setzte man sich zu einer üppigen Tafel. Am Nachmittag zeigte der Fürst seinem Freund die landwirtschaftlichen Einrichtungen und nach dem abendlichen Souper lauschte man noch einem Konzert, das kein Geringerer als Joseph Haydn selbst, der Kapellmeister der Fürsten Eszterházy, dirigierte.

König Albert von Sachsen (1828–1902)

Der „Hetzklub Großenhain"

Albert von Sachsen liebte die Jagd ganz im Gegensatz zu seinem Vater Johann, der Bildung und Büchern mehr zugetan gewesen war. Als Albert erwachsen wurde, belebte er die unter seinem Vater vernachlässigte Jagd neu. Er liebte besonders die Jagd zu Pferd und es ist darüber hinaus noch besonders anzumerken, dass er ein ganz vortrefflicher Schütze war. Gemeinsam mit seinem Bruder Georg trat er dem „Hetzklub Großenhain" bei, einer Jagdgesellschaft, die sich besonders auf die grausame Hetzjagd verstand, die für das Wild mit unglaublichen Qualen verbunden war.

An seinem 70. Geburtstag schätzte man seine Abschüsse auf insgesamt über 45000 Stück Wild. Am 14. August 1886 hatte er den erfolgreichsten Jagdtag seines Lebens. An diesem Tag erlegte er acht Hirsche, was er später noch oft stolz erzählte.

Kaiser Franz Joseph I. von Österreich (1830–1916)

Seine Tochter schrieb sogar Gedichte über sein Jagdschloss

Kaiser Franz Joseph war – wie die meisten Habsburger – begeistert vom Jagdsport und nannte sogar seine berühmte Kaiservilla in Bad Ischl nur schlicht „mein Jagdhaus". Besichtigt man diese Villa heute, so fallen einem sofort die zahlreichen Jagdtrophäen auf, die man dort bewundern kann. An der

Wand hängen unter anderem die Trophäen von 1365 Gämsen, 33 Hirschen, 22 Rehböcken, einem Bären, einem Adler und fünf Wildschweinen. Insgesamt wurden in Bad Ischl von Franz Joseph nicht weniger als 55 000 Stück Wild mit Tag und Stunde des Abschusses registriert. Am 18. April 1880 feierte er seinen fünfhundertsten erlegten Auerhahn.

Franz Joseph war es auch, der die Hofjagden beträchtlich erweiterte. Es standen ihm 142 000 Hektar, die in 14 Jagden eingeteilt waren, als Gebiet zur Verfügung. Von diesen riesigen Ländereien gehörten aber nur 150 Hektar dem Kaiser selbst. Im August 1884 schrieb seine Tochter Marie Valerie folgendes Gedicht über Franz Josephs Jagdschloss am Langbathsee:

Von Bergen umgeben, von Wäldern umrauscht,
Liegt ein See unten im Tal,
Ein Häuschen steht einfach am Ufer dort,
Gott segne es tausendmal!
Denn fliehend das wilde Getümmel der Stadt,
Eilt in heil'ge Ruhe hierher
Mein Vater, wenn manchmal auf seinem Haupt
Die Krone drückt zu schwer.
Hier vergißt er der Sorgen, vergißt der Mü'hn
Weiht dem edlen Waidwerk sich nur
Und schöpft sich neuerdings Jugendkraft
Aus Gottes freier Natur.
Und darum segn' ich dich viel tausendmal,
Du liebes, einsam stilles Tal![57]

Kronprinz Erzherzog Rudolf (1858–1889)
Erschoss beinahe seinen Vater auf der Jagd

Kronprinz Rudolf und sein Vater, Kaiser Franz Joseph, hatten nur zwei Dinge gemeinsam: die Liebe zu den Frauen und jene zur Jagd. Als Rudolf mit neun Jahren seinen ersten Hirsch erlegte, sandte ihm sein kaiserlicher Vater am 22. August 1867 folgendes Telegramm: „Weidmanns Heil. Ich gratuliere zum Hirsch und habe eine ungeheure Freude."[58]

Rudolf war ein eifriger Jäger. Trotz seines kurzen Lebens erreichte seine Schussliste eine Stückzahl von 43 565 Tieren, wobei die tatsächliche Zahl sicherlich höher liegen wird. Am

16. Dezember 1881 schoss er innerhalb von zwei Stunden nicht weniger als 96 Stück Schwarzwild.

Am 3. Januar 1888 ereignete sich ein gefährlicher Zwischenfall im Revier des kaiserlichen Jagdschlosses bei Mürzsteg, wo sich Kaiser und Kronprinz zur Jagd aufhielten. Der Thronfolger verfehlte bei einem Schuss nur knapp seinen Vater und verletzte dabei einen Wildhüter. Oskar Mitis schrieb darüber in seiner Rudolf-Biographie: *Nur um Haaresbreite fehlte es damals, daß der Thronfolger seinen Vater erschoß (...) als im Höllgraben bei Mürzsteg auf Kahlwild gejagt wurde. Der Trieb ging, nachdem sowohl der Kaiser wie der Kronprinz ziemlich viel geschossen hatten, bereits dem Ende zu, als dem Kronprinzen noch ein Rudel Hochwild kam. Er schoß das Wild, und als es immer weiter flüchtend für ihn immer weniger erreichbar wurde, vergaß er die alte Regel, verließ seinen Stand und schoß nochmals, als das Wild schon gegen den Stand des Kaisers zog. Die Kugel traf den hinter dem Stand des Kaisers sitzenden Träger Martin Veitschegger aus Mürzsteg beim Ellenbogen in den Ärmel. Dieser erhielt vom Kaiser 50 Gulden, und der Kronprinz durfte an dem Trieb am nächsten Tag nicht teilnehmen. So war durch das völlig regelwidrige Verhalten des Thronfolgers die Gefahr einer unerhörten Katastrophe, die mit unabsehbaren Folgen verknüpft gewesen wäre, heraufbeschworen worden.*[59]

Kaiser Wilhelm II. von Deutschland (1859–1941)
40 bis 50000 Stück pro Jahr

Der übertrieben geltungssüchtige Kaiser Wilhelm II., von dem Bismarck einmal sagte, dass er jeden Tag Geburtstag feiern wollte, hatte auch auf der Jagd, seiner erklärten Lieblingsbeschäftigung, den Ehrgeiz,m alle Superlative zu sprengen. Nicht selten prahlte er in seinem holländischen Exil, in das er nach dem Zusammenbruch des deutschen Kaiserreiches gehen musste, dass er als regierender Kaiser regelmäßig pro Jahr zwischen 40000 und 50000 Stück Wild erlegt hätte.

Erzherzog Franz Ferdinand (1863–1914)
Reif fürs Guinness-Buch der Rekorde

Franz Ferdinands Jagdbegeisterung sprengte alle Rahmen. Er schoss alles, was ihm vor die Flinte kam. Zwei Jäger waren ununterbrochen damit beschäftigt, seine Büchsen zu laden, denn er verlangte ständig ein schussbereites Gewehr. Einmal erschoss er 15 Hirsche in einer knappen Minute. Insgesamt schätzt man die von ihm erlegten Tiere auf Grundlage vorhandener Schusslisten auf mindestens 275000 Stück – eine unglaublich hohe Zahl. Hätte es damals schon ein Buch der Rekorde gegeben, wäre er ohne Zweifel eingetragen worden.

Diese gewaltige Trefferquote lässt sich dadurch erklären, dass Franz Ferdinand als so genannter „100%iger-Schütze“ galt. Er traf praktisch alles, worauf er zielte. Egal ob das Ziel klein oder groß war, Franz Ferdinand verfehlte nie. Da er zeitlebens an einer Lungenkrankheit litt, musste er oft längere Zeit am Mittelmeer verbringen. Dort lag er tagelang in einem Liegestuhl und durfte sich nicht anstrengen. Jede Art körperlicher Ertüchtigung war ihm untersagt. Aus purer Langeweile ließ er sich während dieser Ruhephasen ein Gewehr bringen und feuerte auf alle möglichen Ziele, die er in seiner näheren Umgebung sah. Und da Franz Ferdinand sehr oft auf Erholungsurlaube geschickt wurde, wundert es nicht, dass er mit der Zeit zu einem Meisterschützen heranreifte – jedoch zu einem gewissen Preis: Er schoss in seinem Leben so oft mit dem Gewehr, dass er sich mit den Jahren ein schweres Ohrenleiden zuzog.

Der König spielt zum Tanz

Musik war die große Leidenschaft so manchen Herrschers. Besonders die Habsburger erwiesen sich dabei als ausgesprochen talentiert. Und dieses Talent erstreckte sich nicht nur auf die finanzielle Unterstützung der Hofmusikkapelle. Viele beherrschten mehrere Instrumente, sangen und komponierten. Doch nicht nur bei den Habsburgern gab es große musikalische Begabungen. Die Musik war in den meisten adeligen Familien ein wichtiger Teil des Lebens und beliebtes Mittel, sich die eine oder andere Stunde zu vertreiben. Die Ergebnisse adeliger Musikbeschäftigung konnten sich dabei durchaus sehen und vor allem hören lassen.

Kaiser Vespasian (9–79)

Nickerchen wäre ihm fast zum Verhängnis geworden

Dem späteren römischen Kaiser Vespasian, aus der Dynastie der Flavier, passierte ein verhängisvolles Missgeschick, als er im Jahre 63 in seiner Funktion als Statthalter der Provinz Africa, die er unter Kaiser Nero innehatte, bei diesem großen Kaiser eingeladen war. Als Nero nämlich eines seiner zahlreichen selbst verfassten Gedichte mit Harfenbegleitung vortrug, entschlummerte Vespasian – natürlich ungewollt aber doch – seelenruhig. Nero war so erzürnt, dass er ihn nicht nur augenblicklich aller seiner Ämter enthob, nein, Vespasian musste sogar um sein Leben fürchten.

Kaiser Nero konnte aber besänftigt werden und ernannte ihn im Jahre 67 wieder zum Statthalter von Judäa. Schon 70 n. Chr. wurde Vespasian schließlich selbst Kaiser. Nero hatte bereits 68 Selbstmord begangen.

Markgraf Heinrich, der Erlauchte, von Meißen (1215–1288)

Der fürstliche Minnesänger

Heinrich von Meißen heiratete 1234 Constanze, die Tochter des Babenbergers Leopold VI. von Österreich. Er komponierte zahlreiche Minnelieder, doch es ist nicht ganz geklärt, wo er diese Kunst zuvor erlernt hatte. Vermutlich hatte er in Wien Minnesänger erlebt. Da aber auch der berühmte Walther von der Vogelweide bei seinem Vater, Markgraf Dietrich, in Dienst gestanden hatte, wäre es ebenfalls möglich, dass Heinrich von diesem beeinflusst worden war.

Neben den vielen Liedern, die er dichtete, trat er auch als geistlicher Komponist auf. Durch eine päpstliche Erlaubnis durften in den Kirchen seines Landes von ihm komponierte „Kyrie"- und „Gloria"-Sätze erklingen.

König Heinrich VIII. von England (1491–1547)

Der Komponist von „Greensleeves"

König Heinrich VIII. war ursprünglich nicht für den Thron vorgesehen gewesen, denn er war – wie viele zweite Söhne – von seinem Vater Heinrich VII. für den geistlichen Stand bestimmt worden. Im Zuge dessen erhielt er ein sehr umfangreiches und hohes Maß an Bildung. Zu dieser humanistischen Erziehung, die in langer Tradition die sieben freien Künste (lat. artes liberales) vermittelte, gehörte unter anderem eine gründliche Ausbildung in Rhetorik und auch in Musik. Heinrich beschäftigte sich mit theologischen Themen, zeigte eine Vorliebe für Mathematik sowie Astronomie und war nebenbei auch noch ein eifriger Komponist. Er spielte Laute, Orgel und Spinett, war ein guter Sänger und sammelte Musikinstrumente. Von seinen Kompositionen sind noch 35 Lieder und Instrumentalstücke erhalten. Angeblich soll er auch das bis heute berühmte „Greensleeves" geschaffen haben. Aus ganz Europa holte er die besten Musiker seiner Zeit an den Hof. Seine Hofkapelle, die einen herausragenden Ruf genoss, bestand bei seinem Tod aus beachtlichen 60 Mitgliedern.

Ein Zeitgenosse berichtete, dass Heinrich VIII. nach einem großen Festmahl persönlich auf allen Musikinstrumenten spielte und im Anschluss eine große Fertigkeit im Singen und Tanzen zeigte.

Kaiser Leopold I. (1640–1705) und seine Söhne – Joseph I. (1678–1711) und Karl VI. (1685–1740)

Drei komponierende Kaiser

Die meisten Habsburger galten als musikalisch. Zu keiner Zeit aber war die Musikalität am Wiener Hof derart ausgeprägt wie in der Barockzeit. Schon Kaiser Ferdinand III. empfand eine große Liebe zur Oper. Er komponierte auch selbst kleinere Stücke und beschäftigte die besten Musiker, Sänger und Komponisten seiner Epoche. Sein Sohn und Nachfolger Leopold I. übertraf seinen Vater jedoch bei weitem. Von ihm sind zahlreiche Kompositionen – häufig geistlichen Charakters –, aber auch eigene Arien, die er für Opern schrieb, erhalten. Seine Hofkapelle umfasste über 100 Mitglieder und kostete ihn jährlich ein Vermögen. Berühmt und oft zitiert ist die Prunkaufführung von Cestis Oper „Il pomo d'oro", die 1668 aus Anlass des Geburtstages seiner Frau, Margarita Theresia von Spanien, in einem eigens dafür gebauten Theater aufgeführt wurde und umgerechnet so teuer wie ein ganzer Schlossbau war. Über 1000 Mitwirkende und 50 Solisten spielten in dem mehrstündigen Werk mit.

Unter seinem Erben Kaiser Joseph I. wurde die Hofkapelle zunächst aus Kostengründen verkleinert. Der Spanische Erbfolgekrieg verschlang viel Geld, weshalb für den Musikbetrieb am Wiener Kaiserhof wenig übrig blieb. Joseph I. gilt heute als der wahrscheinlich musikalischste aller Habsburger. Er spielte Flöte, Cembalo und hatte Kompositionsunterricht bei dem bedeutenden Johann Jakob Prinner.

Joseph komponierte Kantaten sowie Arien und holte damalige berühmte Komponisten wie Giovanni Bononcini, Attilio Ariosti oder Antonio Maria Bononcini an seinen Hof. Leider aber vernichtete Joseph I. alle seine Kompositionen in einem Anfall schwerer Depression, sodass heute keine mehr erhalten sind. Auch der frühe Tod dieses so ungewöhnlichen und begabten Habsburgers verhinderte den Nachlass eines größeren kompositorischen Schatzes.

Sein Bruder und Nachfolger, Kaiser Karl VI., der Vater Maria Theresias und Ex-König Spaniens, steigerte die Musikbegeisterung noch um einiges. Seine Hofkapelle erreichte um 1724 die Höchstzahl von 134 Mitgliedern. Karl beschäftigte neben den beiden Hofkapellmeistern noch weitere acht Hofkomponisten, da die beiden alleine die dringend für seinen Hof benötigten Kompositionen gar nicht alle hätten schreiben können. Antonio Caldara, der Österreicher Johann Joseph Fux und Francesco Bartolomeo Conti gehörten zu seinen Lieblingskomponisten, die auch alle großen Festtagsopern für ihn verfassen durften. Während der Regierungszeit Karls VI. wurden jährlich etwa 12 Opern größeren und kleineren Umfanges aufgeführt. Anlässe waren die Geburts- und Namenstage des Kaisers, der Kaiserin, von deren Kindern, ferner die Geburt eines Thronfolgers oder ein großer militärischer Sieg. Karl VI. beschäftigte dafür einen eigenen „Theatralstaat", der aus einem Heer von Sängern, Musikern, Komponisten, Tänzern, Theateringenieuren, Kostümzeichnern, Librettisten und anderem Personal bestand. Diese Hofkapelle kostete ihn jährlich umgerechnet über 7000000 Euro. Spitzensänger verdienten allein bis zu 200000 Euro pro Jahr. Karl VI. komponierte auch selbst und leitete sogar Opernaufführungen – nach Art der Zeit – vom Cembalo aus.

Fürst Paul II. Anton von Eszterházy (1711–1762)

Spielte Flöte und Geige

Fürst Paul II. zeigte schon in seiner Jugend ein überdurchschnittliches Interesse an Literatur und Musik. Er spielte ausgezeichnet Geige sowie Flöte und soll sogar während seiner Studienzeit in Leyden als Virtuose in Erscheinung getreten sein.

König Friedrich II., der Große, von Preußen (1712–1786)

Ein begeisterter Flötist

In den Geschichtsbüchern findet man alles über den Politiker, Staatsmann und Kriegsherrn Friedrich den Großen. Weniger bekannt hingegen ist aber, dass er seit seiner frühen Jugend ein begeisterter Musiker war. Bis ins hohe Alter spielte er Flöte und soll es in dieser Kunst sogar zur Meisterschaft gebracht haben. Der große Preußenkönig studierte dieses Instrument bei dem zu jener Zeit berühmten Virtuosen und Komponisten Johann Joachim Quantz.

Nach dem Tod seines Vaters, als Friedrich den Thron übernahm, wurde die Musik ein sehr wichtiger Teil des Hoflebens. Der Kammerherr Friedrichs, Schöning, schrieb folgenden Bericht über den Tagesablauf des Königs, der sehr schön die musikalischen Beschäftigungen seines Herrn zeigt: *Die erste Hälfte seines Lebens war er ungemein tätig, bei sehr guter Laune und ein Freund der Vergnügungen (...) Er saß bis Mitternacht an der Tafel und stand dennoch des Morgens früh auf, um sich in der Flöte und die Soldaten im Exerzieren zu üben (...) An dem Konzert, welches gewöhnlich um sechs Uhr anging, präludierte er eine Viertelstunde, spielte darauf drei Konzerte, hörte auch zuweilen eines von Quantz oder ein Solo auf dem Violoncello spielen oder eine Arie von einem Sänger singen, und hierauf hatte die Musik für den Tag mehrenteils ein Ende (...) Die Flöte spielte der König meisterhaft; er hatte Kenntnis vom Generalbaß und der Komposition und hat Arien, einige Konzerte und über 100 Solos komponiert; auch spielte er ein wenig Klavier, das Adagio trug er vorzüglich gut vor. Zu den Konzerten wurde niemand anders als die dazu berufenen und äußerst selten ein oder der andere Musikkenner gelassen. Seine Konzerte waren einfach, aber sehr angenehm. Die Flöte wurde von zwei Violinen, einer Bratsche, einem Violoncello, einem Fagott und einem Fortepiano begleitet. Nachdem der König aufgehört hatte, selbst zu spielen, bezeigte er auch nicht mehr Lust, Musik zu hören und wohnte daher nur äußerst selten einem Konzert bei (...)*[60]

Friedrich der Große hinterließ ein beachtliches Œuvre. Er komponierte nicht weniger als vier Sinfonien, 25 Flötensonaten, zwei Festouvertüren, einige Flötenkonzerte, sechs Märsche und viele Arien zu Schäferspielen und Tänzen.

Zar Peter III. von Russland (1728–1762)

Spielte gerne Pauke im Orchester

Zu den wenigen guten Eigenschaften Peters III. zählte ohne Zweifel seine Liebe zur Musik. Er spielte exzellent Geige und unterhielt eine eigene kleine Hofkapelle. Mit Leidenschaft schlug er abends im Hoforchester die Pauken, obwohl dies nicht gerade das prestigeträchtigste Instrument war. Der Pauker bekam nämlich den geringsten Lohn von allen. Als Peter III. während seiner Kronprinzenzeit lebensgefährlich an den Pocken erkrankte, musste sein Lieblingskastrat vor seiner Türe singen. Es half, Peter überstand diese schwere Krankheit und kam langsam wieder zu Kräften.

Nachdem seine Frau, die spätere Katharina die Große, ihn entmachtet hatte, durfte er als Trost seine Geige mit ins Gefängnis nehmen.

Ludwig, Dauphin von Frankreich (1729–1765)

Ein begeisterter Sänger und Geiger

Der einzige Sohn und Thronerbe König Ludwigs XV. von Frankreich war ein leidenschaftlicher Musiker. Er spielte wunderbar Klavier und nahm Geigenunterricht. Einmal beauftragte er seinen Klavierlehrer Royer die „Ode an das Glück" von Rousseau zu vertonen. Dieser tat, wie ihm befohlen, und der Kronprinz sang das schwierige, 45 Minuten lange Stück in privaten Konzerten mit großem Erfolg.

Ludwig starb vor seinem Vater und kam deswegen nicht mehr dazu, die Thronfolge anzutreten. Der nächste französische König war sein Sohn Ludwig XVI.

König Friedrich Wilhelm II. von Preußen (1744–1797)

Wollte Mozart als Hofkapellmeister gewinnen

Wie sein Vorgänger und Onkel Friedrich der Große war auch Friedrich Wilhelm II., der „dicke Wilhelm", ein guter und begeisterter Musiker. Er spielte hervorragend Cello und besaß schon als Kronprinz eine eigene Hofkapelle. Friedrich Wilhelm vergab Kompositionsaufträge an Haydn, Mozart sowie Beethoven und wollte „Wolferl" sogar als Hofkapellmeister engagieren, was jedoch an dessen frühem Tod 1791 scheiterte. Schlussendlich wurde der Italiener Luigi Boccherini, selbst ein virtuoser Cellist, sein Hofkompositeur.

Prinz Louis Ferdinand von Preußen (1772–1806)

Wurde sogar von Beethoven gelobt

Prinz Louis Ferdinand ging als jener glückreiche Feldherr in die Geschichte ein, der sich trotz seiner Jugend erfolgreich dem großen Napoleon entgegengestellt hatte. Neben seinem Talent auf dem Schlachtfeld war dieser kunstsinnige und intelligente Prinz auch ein vortrefflicher Instrumentalist. Die musikalische Begabung hatte er offenbar von seinem berühmten Onkel, Friedrich dem Großen, geerbt. Louis Ferdinand bekam Klavierunterricht von dem legendären Klavierlehrer J. Dussek. Die damals in Leipzig erschienene „Allgemeine Musikalische Zeitung" schrieb am 1. Juni 1803 über den Prinzen: „Überhaupt gibt es unter den Musikliebhabern in M. (Magdeburg, Anm. d. Verf.) einige vorzügliche Fortepianospieler, unter denen der Prinz Ludwig von Preußen, Chef eines dasigen Inf. Reg., den ersten Rang behauptet."[61]

Der Prinz verehrte Beethoven sehr, der seinerseits einmal über ihn gesagt haben soll, dass er wie ein Musiker vom Fach Klavier spiele. Louis Ferdinand komponierte vorwiegend Kammermusik. Seine Flöten- und Klavierkompositionen wurden seinerzeit viel beachtet. Die „Allgemeine Musikalische Zeitung“ lobte nach der Aufführung seines Klavierkonzertes in c-Moll am 3. Mai 1803: „Der vor dem Künstler hergehende Ruf hatte sehr viele Zuhörer hergezaubert.“[62]

Leider starb der Prinz in der Schlacht bei Saalfeld am 10. Oktober 1806 knapp 34-jährig.

Prinz Albert von Sachsen-Coburg (1819–1861)

Gründete einen Gesangsverein

Der Prinzgemahl der englischen Königin Viktoria gründete, als er noch in Coburg lebte, mit 17 Jahren bereits einen Gesangsverein. Nebenbei spielte der Prinz Orgel, Klavier und komponierte selbst Lieder und Romanzen, von denen später sogar 30 gedruckt wurden.

Adelige Schriftsteller und blaublütige Wissenschaftler

Auch Gelehrte und Intellektuelle findet man in adeligen Familien. Ob Sprachgenie oder Käferexperte, die Palette der Interessen war weit gestreut. Es gab Könige, die Bücher schrieben, regelrechte Philosophen auf dem Königsthron und viele blaublütige Bücherwürmer, die große Bibliotheken für ihre Schätze errichten ließen. Manche brachten es sogar zu einer akademischen Auszeichnung und verblüfften damit die adelige Verwandtschaft. Doch es gab auch schwarze Schafe. Der eine oder andere Prinz spielte auch als Erwachsener noch mit seinen Puppen und dachte nicht im Traum daran, seine Aufmerksamkeit auf ein Buch zu lenken. Auch in diesem Fall gab es dann verblüffte – oder vielmehr entsetzte – Gesichter.

Kaiser Claudius (10–54)

Trotz zahlreicher Krankheiten hoch gebildet

Der römische Kaiser Claudius war ein hoch gebildeter Mann, der trotz zahlreicher Krankheiten – darunter Kinderlähmung – einen erstaunlichen Bildungsgrad erwerben konnte. Neben dem Glückspiel und dem Trinken gehörte das Schreiben zu seinen Lieblingsbeschäftigungen. Claudius verfasste historische Bücher über Etrurien, Karthago und Rom. Er schrieb wissenschaftliche Abhandlungen über das Würfelspiel und das Alphabet, eine griechische Komödie und seine Autobiographie. Ferner war er Sprachforscher und er beschäftigte sich mit Geschichte. Auch in Kunst, Religion, Wissenschaft, Philosophie und Rechtskunde besaß Claudius tief gehende Kenntnisse. Nebenbei sprach er ausgezeichnet Griechisch und schrieb auch einige Bücher in dieser Sprache.

König Alfred, der Große, von England (848–899)

Übertrug lateinische Texte in seine Landessprache

Alfred, der einzige englische König, der bis heute den Beinamen „der Große“ erhalten hat, reiste in seiner Kindheit und Jugend zweimal mit seinem Vater, König Ethelwulf, nach Rom. Alfred war eigentlich, da er noch drei Brüder hatte, für den geistlichen Stand vorgesehen gewesen. Dementsprechend umfassend gestaltete sich auch seine Erziehung und so konnte

Alfred bereits in jungen Jahren über ein umfangreiches Wissen verfügen.

Als sein letzter Bruder Ethelred im April 871 den anderen Brüdern ins Grab nachfolgte, wurde der 22-jährige Alfred neuer König von Wessex. Dank seines Mutes und seiner Intelligenz gelangte er bald an die Spitze der sieben englischen Kleinkönigreiche. Als „Bretwalda", eine Art übergeordneter König, stellte er sich mehrmals tapfer den zahlreichen Einfällen dänischer Wikinger.

Alfreds größtes Streben war es aber – nachdem er seine Macht gefestigt und mit den Dänen dauerhaften Frieden geschlossen hatte –, Bildung und Wissenschaft in seinen Ländern zu verbessern. Er gründete zahlreiche Schulen und förderte auch Buben, die nicht für den geistlichen Stand bestimmt waren.

Er selbst war sehr gebildet und übertrug, neben eigener literarischer Tätigkeit, spätantike und frühmittelalterliche lateinische Texte in seine angelsächsische Volkssprache. In diesen Übersetzungen beschäftigte er sich mit den Werken Papst Gregors des Großen, den Historien des Orosius, der Tröstung der Philosophie des Boethius sowie mit den Selbstgesprächen des Augustinus und der Kirchengeschichte des Beda Venerabilis. Alfred trug somit sehr viel zur kulturellen Blütezeit Englands während seiner Regierungszeit bei.

Voltaire urteilte einmal über ihn, dass kein Mann der Ehrerbietung der Nachwelt würdiger sei als er, Alfred der Große.

Kaiser Friedrich II. (1194–1250)

Wurde „das Staunen der Welt" genannt

Friedrich II. hieß bei seinen Zeitgenossen „Stupor mundi" – „das Staunen der Welt".

Er wurde schon mit nur zwei Jahren zum deutschen König gewählt und bereits 1220 war er mit nur 16 Jahren Kaiser. Friedrich wuchs in Sizilien auf und kam dort in Kontakt mit den damals überragenden orientalischen Wissenschaften.

Er genoss deshalb auch eine orientalische Erziehung und wurde dadurch ein Freund der Geisteswissenschaften und der schönen Künste. Friedrich II. befasste sich mit arabischer und antiker Philosophie, Naturlehre und schrieb sogar selbst ein Buch. Darüber hinaus konnte er sich in neun Sprachen mündlich und in sieben schriftlich ausdrücken. Im Zuge des 5. Kreuzzuges krönte man ihn am 17. März 1229 zum König von Jerusalem, womit er den Gipfel seiner Macht erreichte.

König Jakob I. von England (1566–1625)

Beneidete alle Universitätsgelehrten

Der englische, schottische und irische König Jakob I. war in der Tat das, was man zu seiner Zeit einen Gelehrten nannte. Er war äußerst bedacht auf seine Belesenheit und war neidisch auf alle, die an den Universitäten als Gelehrte wirken durften. Eine seiner ersten Handlungen als König war, Vertreter von Oxford und Cambridge ins Parlament zu entsenden. Mehr als einmal rief er aus: *Wenn ich nicht König wäre, möchte ich ein Gelehrter der Universität sein; und wenn ich je als Gefangener leben müßte und mir etwas wünschen könnte, dann möchte ich kein anderes Gefängnis haben als die Bibliothek und möchte an so viele gute Autoren und verstorbene Meister gekettet sein.*[63]

Er war auch selbst Autor zahlreicher Bücher und empfand für diese so viel Stolz wie für seine königlichen Insignien. Jakob verfasste Gedichte, Ratschläge für Dichter, schrieb eine eigene Übersetzung der Psalmen, ferner eine Studie über die Apokalypse, eine Abhandlung über Dämonen und 1598 brachte er zwei königliche Oktavbände zur Verteidigung der absoluten Monarchie heraus. Einer dieser Bände, das „Basilikon Doron", bestand größtenteils aus Ratschlägen für seinen ältesten Sohn, den Kronprinzen Heinrich. Es sollte ihm helfen, richtig zu regieren. Der zweite Band „The True Law of Free Monarchies" (Das wahre Gesetz freier Monarchien) bekräftigt den Absolutismus als erstrebenswerteste Regierungsform. Darin erklärte der König unter anderem: *Könige seien von Gott erwählt, denn alle wichtigen Ereignisse sind von seiner Vorsehung diktiert; ihre göttliche Einsetzung und Salbung stellt ein Geheimnis dar, das ebenso heilig und unerforschlich ist, wie jedes Sakrament; daher hat ihre Herrschaft alles Recht, absolut zu sein. Widerstand dagegen ist eine Torheit, ein Verbrechen und eine Sünde, die mehr Leid zu verursachen imstande sei, als jede Tyrannei.*

Wie wichtig Jakob seine Werke waren, zeigt ein Buch, das im Jahre 1616 erschien. Es hatte den bezeichnenden Titel „The Works of the Most High and Mighty Prince James" (Die Werke des allerhöchsten und mächtigsten Fürsten Jakob) und war keinem Geringeren als Jesus Christus höchstpersönlich gewidmet.

König Ludwig XIII. von Frankreich (1601–1643)

Wurde von seinen Lehrern geschlagen

Von Ludwig XIII. ist bekannt, dass er außer der Bibel und einigen Gebetsbüchern in seinem ganzen Leben kein einziges Buch gelesen hat. Er verabscheute jede Art von Bildung. Vielleicht auch deswegen, weil er als Kind oft von seinen strengen Lehrern geschlagen worden war.

König Ludwig XIV., der Sonnenkönig, von Frankreich (1638–1715)

Entdeckte, wenn auch spät, die Liebe zur Geschichte

Der Herzog von Saint-Simon, der den Sonnenkönig nicht besonders schätzte – er war von Ludwig entmachtet worden – versicherte, dass Ludwig XIV. „kaum lesen und schreiben lernte und so unwissend blieb, daß ihm einfachste geschichtliche oder andere Tatsachen ganz unbekannt waren.“[64]

Tatsächlich aber denken viele Historiker, dass er sehr wohl literarische Bildung und Neigungen gehabt haben muss. Denn der Sonnenkönig pflegte Freundschaften zu Dichtern wie Molière, Boileau und Racine. Noch im hohen Alter bedauerte der König, dass er sich erst spät dem Studium der Geschichte zugewandt hatte, das seiner Meinung nach eine gute Entscheidungshilfe in wichtigen Situationen sein konnte.

König Friedrich II., der Große, von Preußen (1712–1786)

Der Philosoph auf dem Königsthron

Bereits in seiner Jugend wurde der spätere Friedrich der Große von seinen französischen Erziehern auf Lektüre und Philosophie in deren Sprache aufmerksam gemacht. Folglich las Friedrich Voltaire, Rousseau und andere Denker. Da sein Vater Friedrich Wilhelm I. aber keinen Philosophen, sondern einen tüchtigen Soldaten als Thronerben haben wollte, musste er dieser Leidenschaft – wie auch dem Flötenspiel – stets heimlich nachgehen. Seine Bücher versteckte er in ausgehöhlten Mauernischen und versuchte so, sie vor seinem misstrauischen Vater zu verbergen, was ihm auch gelang. In seiner Kronprinzenzeit, die er zeitweise auf Schloss Rheinsberg verbrachte, schrieb er folgendes Gedicht, welches das ungezwungene, schöngeistige Leben auf seiner Residenz bezeugt:

Da füllt Philosophie gar manche Stunde;
Bald fesselt Newton und die Sternenkunde,
bald Dichtkunst, Malerei uns ganz,
bald freun wir uns an der Geschichte Themen,
bald sinnen wir ob den Problemen
der Größe Roms und Griechenlands.
Drauf, voll von Liebe, Versen und voll Lust
Und von der holden Tollheit ganz bezwungen,
die Ernst und Herbe scheucht aus jeder Brust,
Sprühn die von edlem Wein gelösten Zungen,
Lebendig zwar, doch Maß und Grenze wahrend,
ein Feuerwerk, mit Geist die Laune paarend;
an diesem stillen Fleckchen, von Banausen
und Gecken unbehelligt, sehe ich
die zarte, unverfälschte Freundschaft hausen.[65]

Nachdem er die Thronfolge angetreten hatte, war der Weg für seine schöngeistigen Interessen endgültig frei. Nach seiner Thronbesteigung schwärmte „Die Spenersche Zeitung“:

Europa sieht auf Dich, gekrönter Heldensohn,
es sieht, ein Philosoph besteigt den Königs-Thron;
ein Weiser, den kein Schein der falschen Staatskunst kriegt.
Mein König! Dieser Tag versiegelt unsre Ruh,
Der Stifter unsers Glücks, o Vater, der bist Du.[66]

Friedrich II. schrieb Abhandlungen über die verschiedensten Themen, zahlreiche Gedichte und ließ sie in seiner eigenen kleinen Hofdruckerei verlegen. Nur ausgesuchte, enge Freunde erhielten Exemplare als Geschenk. Friedrich holte auch den großen Aufklärer Voltaire an seinen Hof. Jeden Tag pflegte er bei der Tafel ausgiebige Konversation über die verschiedensten Themen mit einer auserwählten Schar, die Interessen und Begabungen mit ihm teilten. Voltaire schrieb seinen berühmten Vierzeiler darüber:

Ein großer Herrscher bis zur Mittagsstunde,
am Nachmittag Schriftsteller ersten Ranges,
tagsüber Philosoph voll edlen Dranges
und abends göttlich bei der Tafelrunde.[67]

Berühmt und berüchtigt war der hochintelligente Fürst für seinen Sarkasmus und seine Ironie, die vor niemandem an seinem Tisch Halt machten.

Ludwig, Dauphin von Frankreich (1729–1765)
Besaß stets die allerneuesten Bücher

Der älteste Sohn Ludwigs XV. lebte mit seiner Familie stets abseits des Hofes in einem entlegenen Teil des Schlosses von Versailles. Dort saß seine Gemahlin, die Dauphine Maria Josepha von Sachsen, für gewöhnlich am Kamin in einem Lehnstuhl und stickte, während er die meiste Zeit an seinem Schreibtisch verbrachte. Die Jagd war ihm ja keine Freude mehr nach dem Tod seines Untergebenen. Ludwig war sehr gebildet. Höflinge berichteten, dass sich immer die allerneuesten Bücher auf seinem Schreibtisch stapelten.

König Ferdinand I. von Neapel und Sizilien (1751–1825)
Ein Traumprinz im negativen Sinne

Als die österreichische Erzherzogin und Tochter Maria Theresias, Maria Karoline, erfuhr, sie werde Königin von Neapel und Sizilien, war sie vorerst hellauf begeistert. Ihre Freude fand aber ein jähes Ende, als sie erfuhr, wer denn ihr künftiger Gemahl sein würde. König Ferdinand war ein extrem hässlicher junger Mann. Er war mit einer riesigen Nase gestraft, die ihm den Spitznamen „Il re nasone“ (der Nasenkönig) eingebracht hatte, und sein Körper war zudem sehr unproportioniert. Ferdinand war zwar groß und schlank, doch er hatte lange Spindelbeine, dabei aber einen muskulösen Oberkörper, eine niedere Stirn und kleine stechende Augen.

Leider legte er auf Körperhygiene gar keinen Wert und mit seinen geistigen Fähigkeiten war es auch nicht weit her. Abgesehen von seinem schwer verständlichen neapolitanischen Dialekt beherrschte er keine einzige Sprache und konnte kaum lesen oder schreiben. Seine Zimmer waren vollgestopft mit Spielsachen, die zu einem Fünfjährigen gepasst hätten, nicht aber zu einem erwachsenen König. Er interessierte sich für rein gar nichts – abgesehen von derben Späßen und der Jagd. Das also war der „Traumprinz" der österreichischen Prinzessin.

König Ludwig XVI. von Frankreich (1754–1793)

Las bis zu sieben Bücher pro Woche

Wie sein Vater, der Dauphin Ludwig, war auch Ludwig XVI. sehr an wissenschaftlichen Fächern interessiert. Bis zu sieben Bücher die Woche soll er gelesen haben. Besonders technische Neuerungen hatten es ihm angetan. Zu diesen Thema wollte er selbst die kleinsten Details wissen.

In einer Zimmerflucht seiner Privatappartements in Versailles ließ er sich die größte Bibliothek einrichten, die je ein französischer König besessen hat. Hier standen in zwei blaugoldenen Räumen über 8000 Bände, von denen 586 in englischer Sprache waren. Fast alle Bücher waren zu seinen Lebzeiten erschienen und gehörten zu jenen Exemplaren, die Ludwig XVI. unbedingt lesen wollte. Einen besonderen Ehrenplatz erhielt der Abenteuerroman „Robinson Crusoe" von Daniel Defoe – sein absolutes Lieblingsbuch. In diesen Räumlichkeiten verbrachte er viel Zeit. Er las nicht nur Bücher darin, sondern auch Zeitungen. Ludwig bezog nämlich Abonnements der namhaftesten europäischen Blätter.

König Johann von Sachsen (1801–1873)

Überragende Intelligenz machte ihn einsam

Ohne Zweifel kann man König Johann als einen der gebildetsten Herrscher der Geschichte bezeichnen. Er beherrschte Latein, Griechisch, Englisch, Französisch und Italienisch perfekt und Polnisch ausreichend. Prinzipiell las er alle Meisterwerke der Weltliteratur im Original, so auch die Werke Homers, Platons, Dantes, Voltaires und vieler anderer. Dantes „Göttliche Komödie" übersetzte er sogar ins Deutsche.

Wer auch immer sich mit ihm unterhielt, war beeindruckt von seiner Gelehrsamkeit. Der Dichter Jean Paul, der den damals 21-jährigen Johann einmal besuchen durfte, sagte über ihn: „Die Welt muss immer lieber werden, da es Prinzen giebt von solchem Geist, solchen Kenntnissen und solcher Gesinnung, wie ich heute einen kennen und lieben lernte."[68]

Zu seinem Sprachentalent gesellte sich ein phänomenales Gedächtnis. Johann konnte stets spontan alle seine Zitate mit Angabe der jeweiligen zuverlässigen Quelle nennen. Wohl fühlte sich deswegen niemand in seiner Umgebung. Meistens wirkte er für seine Umwelt kalt und unnahbar. Seine geistige Überlegenheit war so groß, dass er vielen Menschen Minderwertigkeitskomplexe einhauchte, wenn er sich mit ihnen unterhielt. Doch Johann war von sich aus ein zurückgezogener Mensch. Nur wenige schätzte er so sehr, dass er mit ihnen vertraut verkehrte.

König Maximilian II. von Bayern (1811–1864)

Wäre gerne Universitätsprofessor geworden

Die Wittelsbacher liebten die Jagd über alles, die einzige Ausnahme war König Maximilian II. Joseph. Seine große Leidenschaft war das Lernen, wie Zeitgenossen berichteten. Auch er meinte öfters, wäre er nicht König geworden, dann hätte er eine Karriere als Universitätsprofessor angestrebt. Er holte Gelehrte und Literaten aus ganz Deutschland an seinen bayrischen Hof. In seinem Nachlass fanden sich Schriftstücke mit Titeln wie „Fragen an mein Herz“, „Annehmlichkeit und Pflicht“ oder „Selbstbetrachtungen“. Gerne zog er sich in sein „Sanktuarium“ zurück – einen großen Raum, in dem die Büsten bedeutender Männer der Wissenschaft und Literatur standen.

Da Maximilian sich nicht volksnah gab, wie fast alle bayrischen Herrscher seiner Dynastie, und er nicht als Bier trinkender Jäger öffentlich auftrat, sondern ausschließlich geistigen Interessen nachging, war er bei seinem Volk nicht sehr beliebt. Ihn nannten sie nicht „unsern Kini“ und er erreichte nie eine solche Popularität wie beispielsweise sein Vater Ludwig I. oder sein Sohn Ludwig II., der bis heute in Bayern beinahe als Heiliger verehrt wird.

Erzherzog Joseph Karl Ludwig (1833–1905)

Brachte es zum Dr. med.

Der österreichische Erzherzog Joseph Karl Ludwig gehörte zu den wenigen wissenschaftlich begabten Habsburgern. Er machte bereits Furore, als er während seiner Stationierung in Padua an der dortigen Universität den Grad eines Doktors der

Medizin erlangte. Gänzlich beeindruckt war seine Umwelt aber, als er sein „Lehrbuch der Zigeunersprachen" herausgab. Der Erzherzog hatte während der Jahre 1853 bis 1856 viele Roma- und Sintirekruten. Er begann sich für ihre Sprache zu interessieren und machte darüber Aufzeichnungen. Danach verglich er die Romani-Dialekte der Ostslowakei mit den Dialekten der türkischen, rumänischen, ungarischen, tschechisch-mährischen und deutschen Roma und Sinti und veröffentlichte seine Ergebnisse. Die sprachwissenschaftliche Welt schenkte seinem Werk große Beachtung.

Erzherzog Ludwig Salvator (1847–1915)

Der Käferexperte

Der aus der toskanischen Linie der Habsburger stammende Erzherzog Ludwig Salvator war eine der ungewöhnlichsten Persönlichkeiten seiner Familie. Selbst im Vergleich mit seinen exzentrischen Verwandten galt er als Sonderling. Ludwig Salvator lebte mehr als 22 Jahre auf den Balearen und bewohnte auf der spanischen Insel Mallorca eine prächtige Villa, die man heute noch bestaunen kann. Der Erzherzog veröffentlichte insgesamt um die 70 Bücher, darunter ein 4000 Seiten starkes Werk über seine Wahlheimat. In einem dieser Bücher, das 1867 erschien, beschrieb er 332 verschiedene Käferarten, die zu seiner Zeit auf den Balearen vorkamen. Einige von seinen Schriften wurden sogar in andere Sprachen übersetzt. Er beherrschte selbst mehrere Fremdsprachen und war der erste Habsburger in Australien.

Dieser lustige und sympathische Erzherzog starb letztlich am 12. Oktober 1915 an der Elefantiasis und wurde als 130. Habsburger in der Kapuzinergruft beigesetzt.

Kronprinz Erzherzog Rudolf von Österreich (1858–1889)

Der anerkannte Vogelkundler

Das größte Hobby des österreichischen Kronprinzen Rudolf war die Ornithologie – die Vogelkunde. Bereits in jungen Jahren erregte er mit Aufsätzen Aufmerksamkeit, die fast nur von Beobachtungen über Vögel handelten. Sein Leben lang unterhielt er Kontakte zu den führenden Ornithologen und Zoologen seiner Zeit wie beispielsweise Alfred Brehm, den er bei der Wiener Weltaustellung 1873 persönlich kennen lernen konnte und mit dem ihn bald eine innige Freundschaft verband. Rudolf jagte nicht nur Vögel, sondern wertete – oft auch mit Brehm – die Jagdbeute wissenschaftlich aus. Dabei maß er Spannweiten, die Färbung der Federn und die Krallen der Vögel oder Ähnliches. In Tabellen wurden dann alle Werte genau verzeichnet. 1878 erschien anonym sein erstes Buch mit dem Titel „Fünfzehn Tage auf der Donau", in dem er viel über die dort vorkommenden Vogelarten berichtete. Bis zu seinem frühen Tod wurden zahlreiche Aufsätze und Artikel Rudolfs zu ornithologischen Fragen und Themen gedruckt und zumeist im „Journal für Ornithologie" veröffentlicht.

Zwischen 1880 und 1884 wurden nicht weniger als drei Bände über die vogelkundlichen Beobachtungen des Kronprinzen publiziert, die danach von der Fachwelt noch lange und oft zitiert wurden. Nur wenige Tage vor seinem tragischen Selbstmord sandte er dem Schweizer Vogelkundler Girtanner ein Gutachten über ein seltenes Waldhuhn, das ihm dieser zur Begutachtung überlassen hatte. Girtanner wunderte sich, als er kurze Zeit später vom Selbstmord des für geisteskrank erklärten Rudolf hörte. Denn Rudolf hatte sein Antwortschreiben in einem völlig klaren und sehr sachlichen Stil verfasst, der so gar nicht nach einem Geisteskranken aussah.

Wiener Schnitzel und Rohkost

Essen ist bekanntlich eine lebensnotwendige Angelegenheit, der sich niemand, auch nicht Kaiser und Könige, entziehen kann. Adelige Tische waren in den meisten Fällen üppigst gedeckt, was dazu führte, dass viele Herrscher mit der Zeit fettleibig wurden und unter Verdauungsproblemen litten. Durch die fleischreiche Nahrung bekamen auch viele im Alter die Gicht. Doch nicht alle waren Schlemmer, manche ernährten sich ausgesprochen asketisch und hatten gewisse Eigenheiten, was ihre Gewohnheiten beim Essen betraf.

Kaiser Justinian I. (482/83–565)
Fastete bis zur völligen Erschöpfung
Der byzantinische Kaiser war, was das Essen betrifft, ein ungewöhnlich enthaltsamer Herrscher. Fast wie ein Einsiedler nahm er hauptsächlich pflanzliche Kost zu sich. Nicht selten fastete er bis zur völligen körperlichen Erschöpfung.

König Ludwig XIV., der Sonnenkönig, von Frankreich (1638–1715)
Ohne Messer und Gabel
Ludwig XIV. war ein wahrer Schlemmer. Er genoss seine üppigen Mahlzeiten mit schwerem Wein in vollen Zügen. Von Tischsitten hielt er anscheinend jedoch wenig. Obwohl zu seiner Zeit allgemein die Gabel in Gebrauch kam, aß der Sonnenkönig bis an sein Lebensende mit den Fingern.

Zar Peter I., der Große, von Russland (1672–1725)
Aß immer im Stehen
Peter I. nahm seine Mahlzeiten am liebsten im Stehen oder während des Gehens ein. War er durch offizielle Anlässe gezwungen, sich an eine Tafel zu setzen, brachte er durch absichtlich schlechtes Benehmen seinen Unwillen darüber zum Ausdruck. So mancher europäische Monarch und Diplomat war davon schwerst entsetzt.

König Ludwig XVI. von Frankreich (1754–1793)
Allein vier Koteletts zum Frühstück

Ludwig XVI. widmete sich täglich ausgiebigst – wie alle Bourbonen – wahren Fressorgien. Allein zum Frühstück verschlang er nicht weniger als vier Koteletts, sechs Eier und eine große Portion Schinken. Nach weiteren Schlemmereien tagsüber ließ er sich vor dem Schlafengehen oft eine ganze Poularde, acht hart gekochte Eier und eine Flasche Bordeaux servieren. Es verwundert vermutlich niemanden, dass Ludwig XVI. mit der Zeit sehr zur Fettleibigkeit neigte.

Kaiser Franz Joseph I. von Österreich (1830–1916)
Das Wiener Schnitzel war sein Lieblingsessen

Wer bei Kaiser Franz Joseph zur Hoftafel eingeladen war, ging zumeist vorher oder nachher nochmal essen. Denn der Kaiser war als schneller Esser bekannt, und da man nur so lange essen durfte wie der Kaiser, musste man sich sehr beeilen. Franz Joseph aß meist nur wenige Bissen, weshalb für seine Gäste nie lange Zeit blieb, einen Gang richtig zu genießen. Fürst Lobkowitz berichtete über die Essgewohnheiten des vorletzten habsburgischen Kaisers in seinen Lebenserinnerungen: *Das Diner wurde ganz altmodisch um 5 Uhr serviert. Es wurde zu gleicher Zeit mit dem Kaiser eingenommen, nur wurde diesem im großen Schreibzimmer allein serviert (...) Das Essen war gut und reichlich, doch furchtbar schwer, eben ganz altmodisch, sehr gewürzt (...) Da die Hofküche sich im gegenüber liegenden Meidlinger Trakt (vom Schloß Schönbrunn) befand, mußten alle Speisen in großen, heizbaren Blechkästen über den Hof getragen werden. Ein Mundkoch improvisierte auf einem Absatz der großen Stiege des Hietzinger Traktes (...) eine Art Anrichte, wo die Speisen für S. M. (= Seine Majestät, Anm. d. Verf.) erst richtig bereitet wurden (...) Wer hätte jemals gedacht, daß für den Kaiser von Österrreich das Essen auf einer Stiege gerichtet würde?*[69]

Franz Josephs Hauptmahlzeit wurde für gewöhnlich in sieben Gängen und immer am Abend – seiner bevorzugten Essenszeit – serviert. Diese bestanden normalerweise aus Suppen (Lungenstrudelsuppe, Leberknödelsuppe, Speckknödelsuppe, Grießnockerlsuppe etc.), gekochtem Rindfleisch mit Garnitur (Gemüse, Erdäpfel, Makkaroni, Kraut und Saucen) und Braten

(Kalbsschlögel, Kalbsnierenbraten, Ente, Huhn, Truthahn). Nachher folgte eine Süßspeise (Frucht- oder Schokoladencrème, kalter Reis, Kuchen oder Torte), Käse, Obst und Kaffee. Eine der Leibspeisen Franz Josephs war ganz österreichisch das Wiener Schnitzel mit Kartoffelpüree, zubereitet von seiner Lieblingshofköchin Theresia Teufel.

Zwischen Politik und Familie

Rabenväter und rebellische Söhne

Auch in adeligen Häusern verliefen die Eltern-Kind-Beziehungen nicht unbedingt immer harmonisch. Im Gegenteil, so mancher Sohn konnte es gar nicht erwarten, dass der Vater endlich das Zeitliche segnete, und half vielleicht auch ein bisschen nach. Eine Herrscherfamilie ist sogar seit Jahrhunderten berühmt dafür, dass sich Herrscher und Thronfolger noch nie verstanden. In manchen Fällen, die in dem folgenden Kapitel dargestellt werden, ist die Abneigung gegen den adeligen Papa durchaus nachvollziehbar, besonders, wenn dieser sehr viel Wert auf eine prügelreiche Erziehung legte.

König Heinrich II. von England (1133–1189) und seine Söhne

Die undankbaren Erben

Im Sommer 1170 glaubte Heinrich II., er würde bald sterben, und teilte daher seine Besitzungen unter seinen Söhnen auf. Insgesamt schenkte seine Frau, Eleonore von Aquitanien, ihrem Gemahl fünf Söhne. Der Erstgeborene mit Namen Wilhelm starb bereits im Kindesalter. Seinen zweiten gleichnamigen Sohn ließ er als Heinrich (III.) zum König von England krönen. Ferner erbte dieser noch die Normandie und das Land seines Großvaters, das Anjou. Gottfried, sein dritter Sohn, wurde Herr der Bretagne. Richard, den man später „Löwenherz" nennen sollte, erbte Aquitanien, das Land seiner Mutter, und der jüngste Sohn Johann erbte die Grafschaft Mortain. Da Johann im Vergleich zu seinen Brüdern fast nichts bekam, erhielt er den Beinamen „Ohneland" (Lackland).

Heinrich II. aber erholte sich wieder, was seine Söhne jedoch nicht sehr freute. Sie wollten trotz der Genesung ihres Vaters nicht auf die von ihm übertragene Macht und den Besitz verzichten. Besonders sein Sohn Heinrich (III.) war diesbezüglich sehr energisch. Immer wieder kam es in den folgenden Jahren zu Streitigkeiten zwischen den Söhnen und ihrem Vater sowie unter der Söhnen selbst.

Im Jahre 1182, beim Weihnachtsfest, erreichte der Erbschaftsstreit seinen Höhepunkt, da Heinrich der Jüngere wieder einmal von seinen Brüdern forderte, ihn als rechtmäßigen König Englands anzuerkennen und ihm zu huldigen. Die Brüder aber weigerten sich, wie sie es bisher immer getan hatten. Diesmal jedoch war es ausgerechnet Vater Heinrich II. selbst, der dem Drängen seines Sohnes nachgab und seine anderen Söhne ebenfalls aufforderte, Heinrich (III.) als König zu ehren. Die beiden Brüder waren entrüstet. Da Gottfried und Richard schon junge Erwachsene waren, sprachen jetzt die Waffen. Gottfried lenkte aber rasch ein und unterstützte daraufhin seinen älteren Bruder militärisch, während Heinrich II. plötzlich wieder seine Meinung änderte und sich auf die Seite Richards schlug, der unbeugsam blieb. Es kam zu kriegerischen Auseinandersetzungen, die erst durch den plötzlichen Tod des jüngeren Heinrich 1183 – ein Jahr nach dem Beginn der „Familienkriege" – beendet wurden. Die Chronisten überlieferten leider nicht, woran er starb, nur dass er krank wurde. Als der Kopf der Verschwörer nun tot war, konnte sich Heinrich II. auch mit Gottfried einigen und es kehrte wieder Frieden in die königliche Familie ein.

Gottfried starb 1186 an den Folgen einer Verletzung, die er sich bei einem Ritterturnier zugezogen hatte. Richard Löwenherz wurde der berühmte englische König und Kreuzfahrer und John Lecland ging als „böser Bube" in die Geschichte ein, weil er während der Abwesenheit Richards gemeinsam mit König Philipp II. August von Frankreich versuchte hatte, die Macht im Land an sich zu reißen.

Sultan Suleiman II., der Prächtige (1495–1566), und seine Söhne

Ermordete seine Nachkommenschaft

Den Beinamen „der Prächtige" bekam der berühmte türkische Sultan vom Abendland zugestanden. In seinem riesigen osmanischen Reich, das sich während der größten Ausdehnung von Bagdad bis knapp vor die Tore Wiens erstreckte, nannte man ihn Suleiman „Kanuni" (den Gesetzgeber), weil er die Kodifikation des osmanischen Reiches neu ordnete.

Suleiman hatte mit einer schönen Frau, die er „Frühlingsrose“ nannte, einen Sohn mit Namen Mustafa. Dieser Mustafa entwickelte sich zu einem anmutigen, begabten und beim Volk sehr beliebten jungen Mann, der von seinem Vater schon früh mit wichtigen Ämtern und Missionen beauftragt wurde. Je älter er aber wurde und je näher seine Thronbesteigung rückte, umso mehr verdächtigte ihn Suleiman – auch durch neue Ehefrauen aufgehetzt –, einen Umsturz zu planen, um vorzeitig die Regierung übernehmen zu können. Mustafa, der als Statthalter von Diyarbekir regierte, wurde unterstellt, dass er insgeheim versuchen würde, die türkische Elitetruppe der Janitscharen auf seine Seite zu ziehen. Der 59-jährige Suleiman begab sich 1553 selbst nach Eregli, dem Regierungssitz seines Sohnes, und ließ ihn, als dieser sein Zelt betrat, auf der Stelle töten. Anschließend ermordete er auch gleich seinen Enkel, den Sohn Mustafas.

Neuer Kronprinz wurde Selim, ein Sohn einer anderen Frau Suleimans. Als nun dessen Bruder Bajesid fürchtete, ebenfalls ermordet zu werden, stellte er ein Heer auf und es kam zum Bürgerkrieg. Bajesid verlor und wurde 1561 erdrosselt. Mit ihm starben gleich alle weiteren fünf Brüder.

So sorgte Suleiman blutig für Ordnung und Frieden unter seinen unruhigen Söhnen. Als Suleiman II. schließlich 1566 selbst verschied, hatte er seine halbe Nachkommenschaft ums Leben gebracht.

Zar Iwan IV., der Schreckliche, von Russland (1530–1585) und der Zarewitsch Iwan (1554–1581)

Erschlug im Zorn seinen Sohn

Zar Iwan IV. hatte nicht zu Unrecht seinen berühmten Beinamen. Ungezählt sind seine Grausamkeiten, die hier jedoch nicht alle das Thema sein können.

Iwan der Schreckliche hatte insgesamt fünf rechtmäßige Söhne. Der älteste gleichnamige Sohn ertrank als Säugling auf einer Pilgerreise. Der dritte Sohn war schwachsinnig, der vierte starb ebenfalls im Säuglingsalter. Der fünfte starb unter ungeklärten Umstanden noch im Kindesalter. Nur der zweite Sohn, ebenfalls ein Iwan, überlebte und wurde somit zum „Zarewitsch“, dem offiziellen russischen Thronfolger. Doch auch dieser Sohn sollte seinem Vater nicht als Erbe nachfolgen. Als dessen hochschwangere Frau eines Tages gegen die russische Etikette verstieß, ereignete sich eine Tragöde. Sie trug nämlich nur ein einfaches Kleid und nicht drei, wie es russischen Frauen vorgeschrieben war. Dies versetzte Zar Iwan so in Rage, dass er begann auf seine „unzüchtige" Schwiegertochter einzuschlagen.

Der Thronerbe, der ebenfalls anwesend war, warf sich dazwischen und bekam in der Hitze des Gefechtes einen Schlag gegen die Schläfe verpasst, worauf er zusammenbrach. Bald darauf starb der Zarewitsch Iwan an den Folgen dieser Verletzung. Da er Fieber und Ohnmachten hatte, darf man eine Blutvergiftung als Todesursache annehmen.

König Philipp II. (1527–1598) von Spanien und Don Carlos (1545–1568)

Warf seinen unfähigen Sohn in den Kerker

Maria von Portugal schenkte am 8. Juli 1545 einem Jungen das Leben, der auf den Namen seines Großvaters, Carlos, getauft wurde. Vier Tage später starb Maria, weil sie von ihren Ärzten falsch behandelt worden war, an den Folgen der Geburt.

Don Carlos, der Thronfolger, war ein ungewöhnlich schwaches Kind. Erst mit drei Jahren begann er die ersten Worte zu lallen. Zeit seines Lebens sprach er wie viele Habsburger undeutlich und stotterte. Seine Erzieher machten sich die größten Sorgen, weil Carlos trotz all ihrer Bemühungen keine Fortschritte beim Lernen machte. Er sei träge, verstockt und vorlaut, bemängelten sie. Mit seinem Aussehen stand es auch nicht besser. Der Gesandte aus Wien berichtete über den jungen Kronprinzen: *Sein Antlitz ist ziemlich wohl gestaltet, aber sehr blass, das Haar braun, die Stirn niedrig, das Kinn lang, die Statur klein, die Schultern breit, die eine höher als die andere, die Brust eingefallen; er hat einen Buckel, ist Linkser, und sein rechter Fuß ist kürzer als der linke. Die Stimme ist schwach und hoch; er stammelt, spricht die Buchstaben r und l schlecht aus, kann sich aber verständlich machen*"[70] Er besaß wohl keine sehr anziehende Gestalt. Dazu quälte ihn immer wieder das Wechselfieber, das ihn noch zusätzlich schwächte.

Da Philipp nach der Geburt seines ältesten Sohnes längere Zeit in Flandern weilte, sah Carlos ihn bis zu seinem 14. Lebensjahr fast nie. Mit den Jahren stiegen in Philipp große Bedenken auf, ob sein Sohn seine Nachfolge antreten könne. Er sah in Carlos letztlich das, was er in Wirklichkeit auch war: ein schwacher, haltloser, grausamer und unbeherrschter Mensch, dessen ständige Fieberanfälle zu völliger Erschöpfung oder weiteren Zornesausbrüchen führten.

Die Gegensätze zwischen Vater und Sohn wurden mit den Jahren immer offensichtlicher und Philipp musste sich letztlich eingestehen, dass er die Regierungsgewalt seines Riesenreiches nicht auf die schwachen Schultern seines Thronerben laden konnte. Je älter Carlos wurde, umso mehr zeigte sich auch seine grausame Seite. Er verprügelte Bedienstete, traktierte Pferde mit seinem Dolch und keiner seiner Günstlinge wusste, wie er im nächsten Moment reagieren würde. Carlos war völlig unberechenbar und verbreitete Angst und Schrecken.

Als der Thronfolger sich schließlich offiziell gegen seinen Vater stellte und dieser sich bei seinen österreichischen Verwandten um einen geeigneten Nachfolger umsah, spitzte sich der Streit zwischen den beiden unaufhaltsam zu. Carlos versuchte zu fliehen, doch Philipp konnte dies durch die Hilfe von Carlos' unehelichem Halbbruder Don Juan rechtzeitig verhindern. Dadurch war das Verhältnis zwischen Vater und Sohn endgültig zerstört. Philipp II. ließ seinen Sohn in den Kerker werfen und streng bewachen. Sechs Edelleute durften ihm abwechselnd Gesellschaft leisten, Feder und Papier wurden ihm gewährt und als Lektüre gab es geistliche Bücher. Philipp rechtfertigte sich folgendermaßen in einem Brief an den Papst in Rom, der hier auszugsweise wiedergegeben wird: *Es hat Gott meiner Sünden halber gefallen, dass der Prinz so viele und so grosse Fehler besitzt, von denen die einen mit seinen geistigen Fähigkeiten, die anderen mit seinem Charakter zusammenhängen, dass er vollkommen regierensunfähig ist. Wenn ihm die Thronfolge nach mir zufallen sollte, so sah ich überdies schwere Missstände und offenbare Gefahren voraus, an denen sich alles stossen würde.*[71]

Am 15. Juli 1568, nach einem üppigen Mahl in seiner Zelle, fühlte sich Carlos in der Nacht sehr unwohl. Die herbeigerufenen Ärzte diagnostizierten eine Verdauungsstörung. Er ignorierte die Empfehlung seiner Ärzte, Diät zu halten, und sein Zustand verschlechterte sich. Erbrechen, Durchfälle und Ohnmachten waren die Folge. Alle wussten, dass der Prinz nicht mehr lange leben würde. Philipp wurde gerufen und segnete seinen Sohn, bevor die Priester ihm die letzte Ölung verabreichten. Am 23. Juli 1568, gegen ein Uhr morgens, verlangte er noch die Franziskanerkutte, in der er begraben werden wollte, und verstarb.

Sein Tod ist und bleibt rätselhaft. Viele Historiker sprechen von Gift, andere behaupten, man hätte ihn hingerichtet, da bei einer späteren Öffnung seines Sarges sein Kopf angeblich zwischen den Beinen gelegen habe. Dies alles konnte jedoch nie bewiesen werden und so wird sein mysteriöser Tod für immer ungeklärt bleiben.

Zar Peter I., der Große, von Russland (1672–1725) und der Zarewitsch Alexej (1690–1718)

Ließ seinen Sohn foltern

Der russische Zar Peter I. der Große, der für seine Grausamkeit berüchtigt war, misshandelte auch seinen eigenen Sohn und Erben. Er machte ihm das Leben zur Hölle, folterte ihn und ließ ihn letztlich sogar ermorden. Sein Sohn, Zarewitsch Alexej, geriet gar nicht nach den Wünschen seines allmächtigen Vaters. Peter verlangte von allen sehr viel: von seinem Volk, von seinem Hof und am meisten von seinem Erben. Niemand enttäuschte ihn aber mehr als dieser – sein eigen Fleisch und Blut.

Als Kind hatte der Thronfolger lange versucht, seinem Vater zu gefallen, doch er hatte keinen Erfolg. Im Alter von 18 Jahren wurde er an die schwedische Front kommandiert, was ihn letztlich aber gänzlich überforderte. Er erkrankte wohl wegen dieser Bürde so schwer, dass er sogar in Lebensgefahr schwebte. Dass Alexej jedoch das absolute Lieblingskind des Zaren, nämlich die Kriegsflotte, nicht mochte, enttäuschte Peter wohl am meisten. Noch dazu misstraute Alexej den vielen Ausländern am Hofe seines Vaters, der alles aus dem Westen liebte und versuchte, aus dem rückständigen, provinziellen Russland in wenigen Jahren einen modernen westlichen Staat zu machen. Zusätzlich getrübt wurde das Verhältnis noch dadurch, dass Alexej oft kränkelte und auch immer wieder von schlimmen Krankheiten wie etwa von der Tuberkulose heimgesucht wurde.

Die Differenzen zwischen Vater und Sohn wurden immer größer. Als der Zarewitsch 25 Jahre alt wurde und sich wegen der Tuberkulose in Karlsbad aufhielt, bekam er von seinem Vater Briefe mit folgendem Inhalt: *Du, mein Sohn, verschmähst all die Mittel, die dich nach mir zur Herrschaft tüchtig machen sollen (...) Eigensinn nenne ich deine Unfähigkeit, da es dir weder an Verstand noch an Körperkraft gebricht (...) Vom Militärwesen willst du nicht einmal reden hören (...) Wem soll ich hinterlassen, was ich geschaffen und erobert habe? (...) Obgleich ich dich dafür gescholten und geschlagen habe, so war doch alles umsonst. Du wolltest nichts tun als dich ergötzen.* Peter stellte seinem Sohn ein Ultimatum. Er würde ihm noch einige Zeit lassen, sich zu bessern, falls diese Besserung aber nicht einträte, wolle er sich von ihm trennen „wie von einem brandigen Glied“[72]. Zwei Jahre später schloss Zar Peter ihn tatsächlich – auch auf Alexejs eigenen Wunsch hin – von der Thronfolge aus und bestimmte seinen jüngeren Sohn Peter Petrowitsch zum neuen Thronfolger. Zu diesem Zeitpunkt hatte Alexej aber nur noch fünf Monate zu leben.

Als sich Zar Peter 1716 auf einer großen Auslandsreise befand, kam es zum völligen Zerwürfnis, weil der Zarewitsch die Abwesenheit seines Vaters nutzte, um ins Ausland zu entkommen. Alexej floh an den Hof Kaiser Karls VI. nach Wien. In den Augen seines Vaters war er somit ein Deserteur und verdiente eine dementsprechende Behandlung. Noch dazu geriet Peter in Zorn wegen der Blamage, welche die Flucht seines Sohnes in der damaligen Öffentlichkeit darstellte. An allen europäischen Fürstenhöfen wurde verständlicherweise über die Kabalen am Petersburger Hof gelacht. Karl VI. war auch nicht ganz wohl bei der ganzen Sache und er zog es deswegen vor, den Zarewitsch erst einmal nach Innsbruck abzuschieben, schon weil er die Unbeherrschtheit Peters kannte und sich nicht mit ihm anlegen wollte. Schließlich schickte Karl VI. den Zarewitsch nach Neapel weiter, wo er ihn in einer Festung unterbrachte.

Zar Peter wollte unter allen Umständen seinen Sohn zurückhaben. 1717 schickte er erstmals Gesandte zu Alexej, um ihn zur Rückkehr zu bewegen oder vielmehr ihm diese zu befehlen. In seiner Verzweiflung versicherte Peter seinem Sohn, der natürlich Angst vor seinem Vater hatte, wenn er freiwillig zurückkehre, geschähe ihm kein Leid, andernfalls würde er aber als Verräter betrachtet und auf ewig verfolgt werden. Alexej willigte nur unter der Bedingung ein, in der Nähe Moskaus ein ruhiges Leben führen zu dürfen – ohne Hof und Thron. Schließlich, im Januar 1718, kehrte der Zarewitsch heim und blieb zunächst tatsächlich straffrei.

Da Zar Peter jedoch hinter der Flucht eine allgemeine Verschwörung mit dem Ziel ihn zu stürzen vermutete, ließ er seinen Sohn nach einer Weile aber doch verhaften und foltern, damit dieser die Namen seiner Mitverschwörer preisgäbe. Alexej nannte unter der Folter Namen und Peter war deswegen so außer sich, dass er doch beschloss, seinem Sohn den Prozess zu machen.

Am ersten Prozesstag bekam Alexej erst einmal 25 Knutenschläge, am zweiten 15. Da sein Gesundheitszustand sich durch die schweren psychischen und physischen Belastungen wieder verschlechterte, wurde er daraufhin nur „leicht" gefoltert. Unter der Folter gestand er schließlich – mit Sicherheit der Wahrheit zuwider –, seinen Vater stürzen zu wollen. Als eine Mätresse Alexejs auch noch, um sich freizukaufen, gegen ihn aussagte und ihn erheblich belastete, war sein Schicksal besiegelt. Das Gericht verurteilte ihn unter dem Druck seines Vaters zum Tode. Zwei Tage später jedoch war Alexej schon tot – vermutlich wegen der schweren Misshandlungen und Folterungen. Gerüchte verstummten nie, dass man ihn auf Befehl Peters des Großen mit einem Kissen erstickt hatte.

Kronprinz Friedrich Ludwig (1707–1751) und König Georg II. von England (1683–1770)

Der Londoner Opernstreit

Friedrich Ludwig, der „Prince of Wales", und sein Vater, der englische König Georg II., sind ein typisches Beispiel für die Vater-Sohn-Beziehungen des Hauses Hannover, von dem gesagt wird, dass es bis zum heutigen Tag immer unter einem steten Konflikt zwischen Herrscher und Thronfolger zu leiden hat.

Friedrich Ludwig lebte mit seiner Familie meist auf seinem Landsitz „Kew", einem schönen alten Schloss ganz abseits des Londoner Hofes seines Vaters, der im St. James-Palast residierte. Seinen Kindern war er ein guter Vater und seiner Ehefrau ein halbwegs korrekter Ehemann. Er wird als gutmütig, impulsiv sowie als freigiebig beschrieben und war laut Quellen von dem Wunsch beseelt, es allen recht zu machen. So gar nicht recht machen wollte er es hingegen seinem Vater. Der Hass, den er für diesen hegte, gipfelte im sogenannten „Londoner Opernstreit" zwischen 1733 und 1737. Georg II. mochte Händel und unterstützte dessen Operntheater. Da sein Vater Händel schätzte, verachtete Friedrich Ludwig ihn und versuchte alles, um Händel und sein Operntheater, das „Haymarket Theatre", in den Ruin zu treiben.

Der „Prince of Wales" gründete zu diesem Zweck ein eigenes Unternehmen, die sogenannte „Opera of the Nobility", die Adelsoper, und inszenierte im „Covent Garden" eigene Aufführungen. Für seine Vorstellungen holte er sich die besten italienischen Komponisten wie Nicola Porpora, Ricardo Broschi oder Giovanni Bononcini und berühmte Sänger wie die Sängerin Francesca Cuzzoni. Gemeinsam mit seiner Clique junger, dekadenter und snobistischer Adeliger versuchte er Händel und dessen Theater jeden Opernbesucher abspenstig zu machen. Der Sohn und Erbe erreichte schließlich 1737 sein Ziel. Friedrich Ludwig engagierte für sein Theater den größten und besten Sänger der damaligen Welt, den Kastraten Farinelli. Dadurch raubte er Händel den letzten Besucher – dessen Opernunternehmung war damit ruiniert und Vater Georg auch. Händel war nicht mehr in der Lage, die ohnehin schon ins Unermessliche gehenden Gagen der Sänger und Komponisten zu bezahlen. So verlor Georg II. letztlich den Opernwettstreit gegen seinen Sohn. Händel selbst komponierte von diesem Zeitpunkt an keine einzige Oper mehr und widmete sich ganz dem Oratorium.

Es war Georg II. jedoch noch vergönnt, den Tod seines ältesten Sohnes im Jahre 1751 zu erleben. Befriedigt konnte er feststellen, dass sein verhasster Sohn nach ihm nicht König Englands werden würde. Er sagte wörtlich: „Ich habe meinen ältesten Sohn verloren, aber ich bin froh darüber."[73] Georg II. selbst starb erst 1770. Nachfolger wurde sein Enkel Georg III.

Kronprinz Friedrich (1712–1786) und König Friedrich Wilhelm I., der Soldatenkönig, von Preußen (1688–1740)

Vater wollte den eigenen Sohn hinrichten lassen

Der Soldatenkönig Friedrich Wilhelm I. hatte seinen Vater Friedrich I. von Preußen zu dessen Lebzeiten tief verabscheut, was vermutlich auch der Grund dafür war, dass er sich nach dessen Tod nicht „Friedrich II. Wilhelm", sondern Friedrich Wilhelm I. nannte. Genauso schlecht war auch das Verhältnis zu seinem eigenen Sohn Friedrich. Er verachtete ihn vermutlich deswegen so sehr, weil dieser ihm so gar nicht ähnelte.

Kronprinz Friedrich war ein Ästhet, er interessierte sich für Philosophie und Geschichte, las die modernste französische Literatur, war sehr bewandert in der griechischen Mythologie und spielte außerdem noch ausgezeichnet Flöte. Kurz, er mochte all das, was sein Vater verabscheute und als „unnütz" bezeichnete. Die Leidenschaften Friedrich Wilhelms waren das Militär, das Pfeiferauchen, Biertrinken und die Jagd, wiederum alles Interessen, für die sein Sohn nichts übrig hatte.

Der Soldatenkönig traf sich mehrmals wöchentlich in einem seiner Jagdschlösser zum „Tabakskollegium", wo bei Pfeifentabak, starkem Bier und primitivem Soldatenton über Jagd, Landwirtschaft oder militärische Angelegenheiten geplaudert wurde. Damit konnte Sohn Friedrich gar nichts anfangen. Während sein Vater stets die preußische Uniform trug, versuchte sich sein Sohn – heimlich, versteht sich – nach der jeweiligen französischen Mode zu kleiden. Die Liste der Unterschiedlichkeiten zwischen Vater und Sohn könnte man noch endlos fortführen. Friedrich Wilhelm I. charakterisierte seinen Sohn wenig charmant folgendermaßen:

– *der sich frisieret wie ein Narr*
– *seine Haare nicht verschneidet*
– *mit keinem Menschen redet als mit Welschen*
– *Grimassen schneidet und nicht leutselig ist*[74]

Der König mochte nur seinen zweiten Sohn, August Wilhelm, der mehr – wie er meinte – nach ihm geraten war. Ihn nahm er überallhin mit, mit ihm spielte der sonst so strenge und grimmige Soldatenkönig sogar, wenn es seine Zeit erlaubte.

Diesen Sohn liebte er innig und ließ diese Bevorzugung seine anderen Kinder auch stets deutlich spüren.

Die Schilderungen Wilhelmine von Bayreuths, der Schwester Friedrichs des Großen, die der strenge Vater übrigens auch nicht mochte, handeln von Ohrfeigen, dem Würgen mit einer Gardinenschnur, an den Haaren durchs Zimmer geschleift werden und grausamen körperlichen Misshandlungen. Und dies sogar in Gegenwart Fremder. Als Beispiel soll folgender Bericht aus Wilhelmines Hand dienen: *Mit der Rückkehr des Königs fingen die Mißhandlungen von neuem an; er konnte meines Bruders nicht ansichtig werden, ohne ihn mit dem Stocke zu bedrohen. Dieser sagte mir jeden Tag, daß er alles vom König ertragen würde, außer von ihm geschlagen zu werden.*[75]

Friedrich selbst berichtete seiner Schwester: *Ich bin in der größten Verzweiflung. Was ich immer befürchtete, ist mir endlich soeben widerfahren. Der König hat nämlich gänzlich vergessen, daß ich sein Sohn bin und mich wie den niedrigsten Menschen behandelt. Ich trat heute morgen wie gewöhnlich in sein Zimmer. Kaum hat er mich erblickt, als er mich am Kragen packte und in der grausamsten Weise mit seinem Stocke auf mich losschlug. Ich suchte vergeblich, mich zu wehren; er war in einem so schrecklichen Zorn, daß er sich nicht mehr beherrschte, und hielt erst inne, als sein Arm vor Müdigkeit erlahmte. Ich habe zu viel Ehrgefühl, um derartige Behandlungen zu ertragen, und bin entschlossen, auf diese oder die andere Weise ihnen ein Ende zu machen.*[76]

Der Soldatenkönig schrak auch nicht davor zurück, als Friedrich einen Fluchtversuch ins Ausland wagte, der allerdings in letzter Sekunde verhindert werden konnte, das Todesurteil für seinen Sohn zu unterschreiben. Für Friedrich Wilhelm I. war er, der auch einen militärischen Rang in der preußischen Armee innehatte, ein Deserteur, den man bestrafen musste – und die angemessene Strafe für dieses Vergehen war nun einmal der Tod. Eingekerkert auf der Festung Küstrin, musste der preußische Kronprinz die Enthauptung seines Freundes und Komplizen, Leutnant Katte, mitansehen, was den sensiblen Prinzen so mitnahm, dass er dabei in Ohnmacht fiel. Nur die Proteste ausländischer Fürsten konnten Friedrich Wilhelm I. dazu bewegen, seinen Sohn und Nachfolger zu begnadigen. Nach einer kurzen Festungshaft durfte er im nahe gelegenen Städtchen Küstrin ein kleines Regiment als Oberst führen. Es war ihm aber strengstens untersagt, bei Hofe zu erscheinen. Erst anlässlich der Hochzeit seiner Lieblingsschwester Wilhelmine durfte er sich wieder in Gesellschaft begeben. Die Zeit hinterließ aber ihre Narben, wie seine Schwester bei dieser ersten Begegnung nach der Flucht bemerkte: *Ich liebte den Tanz und benützte die Gelegenheit. Grumbkow unterbrach mich inmitten eines Menuetts. ‚Aber Prinzessin', sagte er, ‚Sie scheinen fürwahr von der Tarantel gestochen, sehen Sie denn nicht die Fremden, die soeben gekommen sind?' Ich hielt inne, blickte nach allen Seiten und sah in der Tat einen ganz in grau gekleideten Jüngling, der mir unbekannt war. ‚Umarmen Sie ihn doch', sagte er, ‚es ist der Kronprinz.' Vor Freude stand mir das Herz still, ‚Himmel!' rief ich, ‚Mein Bruder! Aber wo ist er denn? Zeigen Sie ihn mir um Gottes Willen!' Grumbkow führte mich zu ihm. Als ich ihm näher kam, erkannte ich ihn, doch mit Mühe. Er war viel dicker geworden und hatte einen sehr kurzen Hals bekommen, auch ein verändertes Gesicht, das nicht mehr so schön war wie früher. Ich fiel ihm um den Hals, ich war so überrascht, daß ich nur unzusammenhängende Sätze hervorbrachte; ich weinte und lachte, als wäre ich von Sinnen (...) Tags darauf besuchte er mich auf den Befehl des Königs. Der Prinz (ihr Ehemann, Anm. d. Verf.) hatte die Aufmerksamkeit, sich zurückzuziehen, und ließ mich mit ihm und Fräulein von Sonsfeld allein. Er erzählte mir alle seine Leiden, wie ich sie berichtet habe; er dankte mir für alles, was ich für ihn getan hatte, und umarmte mich, allein sein Herz war nicht dabei. Er fing ein gleichgültiges Gespräch ab, um ein andres Thema aufzunehmen, und unter dem Vorwand, meine Wohnung sehen zu wollen, ging er ins andere Zimmer (...) Ich erkannte diesen teuren Bruder, für den ich mich aufgeopfert hatte, nicht wieder.*"[77]

Als sein Vater im Jahre 1740 verstarb, konnte Friedrich den preußischen Thron besteigen. Was sein Vater nicht mehr wissen konnte, war, dass Friedrich der Große gleich nach seinem Regierungsantritt in Schlesien einfiel und im Laufe seines langen Lebens sehr wohl ein militärischer König wurde. Vielleicht sogar noch mehr als sein Vater, der „Soldatenkönig".

König Georg III. (1738–1820) und der Prinzregent Georg (1762–1830)

Peitschenhiebe für den Kronprinzen

Auch Georg III. und sein Sohn reihen sich nahtlos in die hannoverische Tradition katastrophaler Herrscher-Thronfolger-Beziehungen ein. Doch die Abneigung, die der spätere Georg IV. für seinen Vater hegte, war wohl nicht ganz unbegründet. Die Ursache lag – wie so oft – in seiner Kindheit. Georg III. war vom Erfolg einer besonders harten Erziehung überzeugt. Er schrieb dazu: „Wenn meine Söhne Prügel verdienen, so sollen sie Prügel bekommen.“[78] In der Tat wurden besonders die beiden ältesten Söhne, Georg und Friedrich, oft für kleinste Vergehen schwer misshandelt. Eine ihrer Schwestern schrieb dazu: „Ich habe gesehen, wie meine beiden ältesten Brüder, damals dreizehn und vierzehn Jahre alt, an den Armen festgehalten und wie Hunde mit einer langen Peitsche geprügelt wurden.“[79] Doch damit nicht genug. In der Freizeit mussten beide schwere körperliche Arbeit verrichten und bis zu acht Stunden pro Tag in stickigen Räumen studieren. Nur um sie noch weiter zu quälen, wurden sie ausschließlich vegetarisch ernährt und mussten ständig Hunger leiden.

Der Thronerbe revoltierte gegen seinen Vater, wo er nur konnte. Als der König ab etwa 1788 ein immer seltsameres Verhalten an den Tag legte, war es der Kronprinz, der „Prince of Wales“, der alle Anstrengungen unternahm, seinen Vater für regierungsunfähig erklären zu lassen, um selbst an die Macht zu kommen. Doch der König erholte sich immer wieder. Erst im Jahr 1810 erfüllten sich die Träume des jungen Georg. Sein Vater wurde offiziell für geisteskrank erklärt und er selbst wurde zum Prinzregenten ernannt. Nach zehn Jahren als Regent konnte Georg, nach dem Tod seines Vaters 1820, als Georg IV. endlich die Krone empfangen. War sein Vater zu Beginn seiner Regierung vermutlich der beste hannoverische König, so war Georg IV. ohne Zweifel der schlechteste.

Kaiser Franz Joseph I. von Österreich (1830–1916) und Kronprinz Erzherzog Rudolf (1858–1889)

Wie Tag und Nacht

Um zu verstehen, warum sich Kaiser Franz Joseph I. und sein Sohn nie gut verstanden, muss man zunächst die Persönlichkeiten der beiden betrachten. Franz Joseph war ein tugendhafter Beamter, für den pflichtgetreues Dienen seinem Staate gegenüber das Wichtigste war. Er war intellektuell träge und liebte das Militär.

Rudolf hingegen verabscheute alles Militärische, war überdurchschnittlich intelligent, liebte Poesie und Musik, schrieb unzählige Artikel für diverse Zeitungen, verfasste Bücher und war ein anerkannter Experte in der Ornithologie. Größer hätten die Gegensätze zwischen Vater und Sohn nicht sein können.

Für Franz Joseph war deswegen sein Thronerbe ein Nichtsnutz, der mit wertlosen Interessen seine Zeit verschwendete. Rudolf selbst schrieb über seinen Vater: *Unser Kaiser hat keinen Freund, sein Charakter, sein Wesen lassen das nicht zu. Er steht verlassen auf seiner Höhe; mit seinen Dienern spricht er über Berufsgeschäfte jedes einzelnen, doch ein Gespräch vermeidet er ängstlich: darum weiß er so wenig über das Denken und Fühlen der Leute, über die Ansichten und Meinungen des Volkes (...) In den Zeitungen liest er nur die rot bezeichneten Stellen.*[80]

Rudolf erkannte Franz Joseph ohne Zweifel als Autorität an, wusste aber, dass er menschlich und politisch niemals mit ihm auf einer Wellenlänge sein würde. Der Erzherzog suchte Kontakte zu Kreisen, die seinem Vater nicht gefielen. Dass Rudolf so seltsame Freundschaften pflegte, festigte die Meinung des Kaisers, sein Sohn sei nicht regierungsfähig. Juden, Intellektuelle, Universitätsprofessoren, Journalisten, Linksliberale und Menschen untersten Standes – wie sein Leibfiaker Bratfisch, dem er das Du anbot –, Prostituierte, die sogar zu seinen Langzeitgeliebten wurden, das waren jene Menschen, mit denen Rudolf am liebsten verkehrte. Personen, deren Berufe und Beschäftigungen seinem Vater ebenso unnütz erschienen wie die Tätigkeiten und Interessen des Thronfolgers selbst. Der Erzherzog schrieb sogar, selbstverständlich unter Pseudonymen, Artikel gegen seinen Vater, von denen einer mit den legendären Worten begann: „Majestät, ich warne Sie..." Mit seinem Cousin, dem Erzherzog Johann, arbeitete er oft an Reformschriften über die k. und k. Armee, die aber vom Kaiser nur belächelt wurden.

Mit den Jahren wurde die Kluft zwischen Vater und Sohn immer größer. Der erwachsene Rudolf war ein körperliches und geistiges Wrack. Er war Morphinist, wegen seiner sexuellen Exzesse impotent und dürfte dem Alkohol sehr zugeneigt gewesen sein.

Kronprinz Rudolf erschoss sich am 30. Januar 1889 in seinem Jagdschloss Mayerling, erst 31-jährig. Warum, das wird ewig ein Rätsel bleiben. Kaiser Franz Joseph war vom Selbstmord seines einzigen Sohnes so erschüttert, dass er über dessen Sarg zusammenbrach. Aus dem Schloss Mayerling ließ er ein Kloster machen, dessen Nonnen bis zum heutigen Tag für die Erlösung des Kronprinzen beten. Der Name des Thronerben durfte in der Gegenwart Kaiser Franz Josephs nicht mehr ausgesprochen werden.

Kaiser Wilhelm II. von Deutschland (1859–1941) und Kaiser Friedrich III. von Deutschland (1831–1888)

Der Liberale und der Radikale

Das, was Franz Joseph am Kronprinzen Rudolf kritisierte, war genau das, was den deutschen Kaiser und König Preußens Wilhelm II. an seinem Vater störte. Eigentlich hätte man die Thronerben austauschen sollen. Wäre Wilhelm II. der Sohn Franz Josephs gewesen und Kronprinz Rudolf der von Kaiser Friedrich III., dem Vater Wilhelms, dann wäre wohl so manche Tragödie niemals passiert. Friedrich III. galt – wie Rudolf – als Liberaler, Intellektueller und Schöngeist. Sein Sohn Wilhelm war das genaue Gegenteil: geistig mäßig begabt, dafür aber mit ausgeprägtem Selbstbewusstsein behaftet und an völligem Größenwahn leidend. Er begeisterte sich ausschließlich für das Militär. So gab es nichts, was Vater und Sohn verband. Franz Joseph und Rudolf hatten wenigstens noch die Liebe zu Frauen und zur Jagd gemein, aber auch in diesen Punkten waren sich die beiden Hohenzollern nicht einig.

Wilhelm überwachte seinen Vater immer mit misstrauischen Augen und sah seine Chance in einer tödlichen Krankheit, an der Friedrich III. litt. Dieser hatte nämlich Kehlkopfkrebs. Als er seine Sprechstimme eingebüßt hatte, schrieb Wilhelm eiskalt an seinen Freund Eulenburg, dass es überhaupt fraglich sei, ob ein Mann, der nicht sprechen kann, Kaiser werden dürfe. Friedrich III., der auch nur 99 Tage Kaiser war, erlag seiner Krankheit am 15. Juni 1888. Sofort ließ sein Sohn und Erbe den Wohnort Friedrichs, das „Neue Palais“ in

Potsdam, militärisch abriegeln. Die Privaträume seines Vaters wurden auf der Suche nach „liberalen Verschwörungsschriften" – wie Wilhelm sich ausdrückte – durchsucht. In der Tat gab es solche, jedoch hatte Friedrich diese vor seinem Tod ins englische Schloss Windsor bringen lassen. Er war mit der ältesten gleichnamigen Tochter der Königin Viktoria verheiratet gewesen. Bei diesen Schriften handelte es sich vorwiegend um Tagebucheintragungen aus den Jahren 1870/71, die von der damaligen offiziellen Politik des Vaters Friedrichs, Kaiser Wilhelms I., stark abwichen. Nun endlich konnte der schon lange hinter dem Vorhang wartende Wilhelm den Thron besteigen und er wurde der letzte Kaiser der Hohenzollern.

Uneheliche Kinder – erstaunliche Karrieren

Viele Herrscher hatten zumindest ein uneheliches Kind, damals als „Bastard" bezeichnet. In der damaligen Zeit war dies jedoch nicht das Schimpfwort im heutigen Sinne, sondern besagte schlicht, dass es sich eben um einen außerehelichen Nachkommen handelte. Diese „illegitimen" Kinder, die keinen Herrschaftsanspruch hatten, machten aber trotzdem teilweise erstaunliche Karrieren und wurden in manchen Fällen sogar noch mehr geliebt als die ehelichen Sprösslinge.

König Wilhelm I., der Eroberer, von England (1027–1087), illegitimes Kind von Robert I., Herzog der Normandie

Vom illegitimen Sohn zum König

Einer der berühmtesten unehelichen Söhne der Weltgeschichte ist ohne Zweifel der englische König Wilhelm I., der, nachdem ihm die Eroberung Englands gelungen war, als „Wilhelm der Eroberer" in die Geschichte einging.

Auch seine Zeugung ist so legendenumrankt wie er selbst. Sein Vater Robert I., der Herzog der Normandie, sah eines Herbstes auf seinen Burghof hinab, wo gerade einige junge Frauen in riesigen Fässern frisch geerntete Weintrauben mit ihren Füßen zerstampften, um sie für den Gärungsprozess vorzubereiten. Der junge Herzog wurde von dem herrlichen Anblick der barfüßigen und mit hochgezogenen Röcken stampfenden Mädchen so erregt, dass er eine besonders hübsche junge Frau augenblicklich zu sich rufen ließ und sie sofort verführte. Dieses junge Mädchen, das Herleve hieß, gebar nach neun Monaten den zukünftigen berühmten englischen König, der 1035 seinem Vater als Herzog der Normandie nachfolgte (Wilhelm II.) und dem es 1066 gelang, das englische Königreich zu erobern. Dies trug ihm seinen berühmten Beinamen ein, wogegen er zuvor den weniger ruhmvollen Spitznamen „der Bastard" geführt hatte.

Herleve wurde gleich nach der Geburt des „Eroberers" mit dem Vicomte von Conteville verheiratet und schenkte diesem wiederum zwei bedeutende Söhne: Odo, den späteren Bischof von Bayeux, und Robert, Graf von Mortain, der später, nachdem sein Halbbruder England eingenommen hatte, einer der größten Landbesitzer im England des 11. Jahrhunderts wurde.

Unter seiner illegitimen Abstammung dürfte Wilhelm der Eroberer trotz seiner Erfolge sehr gelitten haben. Als er beispielsweise 1051 die französische Stadt Alençon belagerte und die Bürger jener Stadt ihn als Sohn der Tochter eines Totengräbers verhöhnten, nahm er – als er die Stadt schlussendlich eingenommen hatte – grausame Rache. Er ließ allen Bürgern die Hände und Füße abhacken.

Wie glücklich wird er gewesen sein, als man seinen Beinamen von Wilhelm „der Bastard" in Wilhelm „der Eroberer" umwandelte.

Henry Fitzroy (1519–1536), illegitimer Sohn Heinrichs VIII. von England

„The first born bastard"

Der englische König Heinrich VIII. war für zwei Dinge bekannt und berühmt. Erstens für seine vielen Affären und zweitens für seinen großen Wunsch, einen gesunden und kräftigen männlichen Erben zu bekommen.

Im Jahre 1519 gebar ihm eine gewisse Elizabeth Blount, eine Hofdame seiner Frau, mit der er eine Zeit lang ein Verhältnis hatte, einen Sohn. Dieses Kind war sein erstes überhaupt und er liebte den Jungen über alles. Er bekam den Namen Henry Fitzroy (fils de roi – Sohn des Königs), was als Indiz dafür gilt, dass er auch wirklich der Sohn Heinrichs war. Diesen Sohn machte er 1525, weil er von seiner Ehefrau noch immer keinen legitimen Nachfolger geschenkt bekommen hatte, zum offiziellen Thronfolger. Gleichzeitig verlieh er ihm die Titel eines „Herzogs von Richmond" und „Grafen von Somerset". Als ihm aber klar wurde, dass der englische Adel ein uneheliches Kind niemals als König akzeptieren würde, ließ er seinen Plan wieder fallen und versuchte durch neue Eheschließungen einen männlichen Nachfolger zu zeugen.

Jakob, Earl of Murray (um 1531–1570), Sohn König Jakobs V. von Schottland

Regent Schottlands

Jakob Stuart, Earl of Murray, entstammte der Affäre seines Vaters mit Lady Margaret Erskine und galt als intelligent und fähig. Nicht umsonst wurde er nach der Flucht seiner Halbschwester, der Königin Maria Stuart, zum stellvertretenden

Regenten Schottlands für den erst einjährigen Sohn Marias ernannt. Der Earl of Murray war überzeugter Protestant und Freund Englands. Im Januar 1570 wurde er jedoch Opfer eines Mordanschlages. Sein ganzes Leben hatte er unter dem Status des „Bastards", der ihn von der Thronfolge ausschloss, gelitten.

Don Juan I. d'Austria (1547–1578), unehelicher Sohn Kaiser Karls V.

Der Sohn einer Regensburger Bürgerstochter

Der damals 46-jährige Kaiser Karl V. kam im Frühjahr 1546, nachdem er die deutschen Protestanten in der Schlacht bei Mühlberg entscheidend besiegt hatte, zum Reichstag in die Stadt Regensburg, wo er von Anfang April bis Ende Juli blieb. Irgendwann in diesem Zeitraum zeugte er mit einer jungen Frau einen Buben, der später als „Don Juan" in die Geschichte eingehen sollte.

Barbara Blomberg hieß jenes Fräulein, dem sich der Kaiser so folgenschwer zugewandt hatte. Über das Liebesverhältnis der knapp 19-jährigen Barbara mit dem Kaiser weiß man recht wenig. Möglicherweise gehörte sie zu einer Gruppe junger Damen, die zur Begrüßung der hohen Gäste ausgesucht worden waren. Am 24. Februar des darauf folgenden Jahres – zufälligerweise am Geburtstag des Kaisers – gebar Barbara einen Jungen, der auf den Namen Johann katholisch getauft wurde. Karl V. erfuhr in Ulm von der Niederkunft des Fräuleins Blomberg und stand von Anfang an zur Vaterschaft. Bald darauf wurde der Junge seiner Mutter entzogen und erhielt eine gründliche Erziehung durch die Höflinge des Kaisers. Als Karl seinen vielen Herrscherpflichten entsagte und sich in die Berge der Sierra de Gredos in das Kloster von San Yuste zurückzog, nahm er auch Johann mit. Obwohl man Johann für eine geistliche Laufbahn bestimmt hatte, konnte er es dann doch durchsetzen, dass er sich dem Kriegshandwerk widmen durfte. 1568 beauftragte ihn sein königlicher Halbbruder Philipp II. von Spanien mit der Niederschlagung des Maurenaufstandes in Granada. 1571 errang er in der Seeschlacht bei Lepanto einen glänzenden Sieg über die osmanische Flotte. 1576 schlug er den Aufstand in den spanischen Niederlanden nieder, wo er zwei Jahre später an einer Seuche starb.

Don Juan II. José d'Austria (1629–1679), uneheliches Kind König Philipps IV. von Spanien

Statthalter der Niederlande

Der spanische Habsburger Philipp IV. hatte insgesamt 32 uneheliche Söhne und Töchter, von denen er acht offiziell anerkannte. Einer davon war Don Juan II. d'Austria.

Der zweite Don Juan entstammte der Verbindung Philipps IV. mit der Schauspielerin Maria Inés Calderón, genannt „la Calderona", die er im März 1627 kennen gelernt hatte. Don Juan José spielte im Laufe seines Lebens eine wichtige politische Rolle in Spanien und sein Vater liebte ihn sehr. Philipp verfügte, dass die Königin ihn „meinen Sohn" und sein Thronerbe „meinen Bruder und Freund"[81] nennen mussten, was ihnen verständlicherweise missfiel. Außerdem durfte er, obwohl es illegitimen Kindern eigentlich nicht gestattet war, bei Hofe zu erscheinen, in der näheren Umgebung des Königs und seiner Familie leben. Don Juan II. regierte von 1656 bis 1658 als Statthalter über die spanischen Niederlande und war später Regent für den noch minderjährigen König Karl II., seinen Halbbruder.

Jakob, Herzog von Monmouth (1649–1685), unehelicher Sohn Karls II. von England

Nach dem Aufstand gegen seinen Onkel geköpft

König Karl II. von England hatte keine legitimen – wohl aber unzählige uneheliche – Kinder. Das beliebteste davon war Jakob Scott, Herzog von Monmouth, den sein Vater mit einer gewissen Lucy Walters gezeugt hatte.

Jakob war beim Volk sehr beliebt und wegen seiner außergewöhnlichen Schönheit sehr geschätzt, doch er wurde bald zum Spielball der Politik. Als sich abzeichnete, dass Karl II. ohne Erben bleiben und damit sein katholischer Bruder Jakob den Thron bekommen würde, war es Zeit zu handeln. Der englische Adel unter der Führung des Lord Shaftesbury, eines Whig, wollte unter allen Umständen eine Rekatholisierung Englands unter Jakob verhindern. Sie erkoren deswegen Jakob von Monmouth, den beliebten unehelichen Sohn Karls II. als neuen Thronfolger aus. 1685 starb Karl II. und sein Bruder bestieg als Jakob II. den englischen Thron. Monmouth und Shaftesbury sahen nun ihre Stunde gekommen und marschierten mit einer Armee vom englischen Südwesten her auf London zu. Der neue König, ein fähiger Feldherr, stellte sich ihnen in den Weg und schlug die Truppen von Monmouth entscheidend. So schnell fand der Aufstand der Whigs sein Ende. Die führenden Whig-Politiker, wie etwa Lord Shaftesbury, flohen ins Ausland, während man den armen Jakob von Monmouth nach London schleppte und öffentlich köpfen ließ.

König August II., der Starke, von Sachsen-Polen (1670–1733)

354 uneheliche Kinder

Wilhelmine von Bayreuth, die Schwester Friedrichs des Großen, schrieb in ihren Memoiren, dass sich August der Starke „eine Art von Serail" hielt, *„das aus den schönsten Frauen seines Landes bestand. Als er starb, schätzte man die Zahl der Kinder, welche er von seinen Mätressen hatte, auf 354. Der ganze Hof folgte seinem Beispiel, man dachte nur an das Wohlleben, und Bacchus und Venus waren die herrschenden Gottheiten."*[82] Tatsächlich gilt es als gesichert, dass er wirklich 125 uneheliche Kinder zeugte, eine sehr beachtliche Anzahl.

James Fitzjames, Herzog von Berwick (1670–1734), unehelicher Sohn Jakobs II. von England

Der Feldherr

Der englische König Karl II., der Bruder und Vorgänger von Jakob II., sagte einmal über dessen Mätressen, dass sie so hässlich seien, dass sie eigentlich bestraft werden müssten.

Eine davon, Arabella Churchill, die Schwester des berühmten Feldherrn John Churchill – Duke of Marlborough –, schenkte Jakob 1670 einen Sohn, der auf die Namen James Fitzjames (fils of James – Sohn des James) getauft wurde. Dieser Sohn bekam später den Titel „Herzog von Berwick" verliehen. Er trat in französische Militärdienste und brachte es bis zum Marschall Frankreichs, nachdem der französische König Ludwig XV. ihm den Oberbefehl am Rhein im Zuge des Polnischen Erbfolgekriegs anvertraut hatte.

James Fitzjames eroberte Kehl, wurde am 12. Juni 1734 während der Belagerung von Philippsburg von einer Kanonenkugel getroffen und starb an den Folgen dieser Verletzung.

Herzog Ludwig August von Maine (1670–1736), uneheliches Kind Ludwigs XIV. von Frankreich

Ein „Bastard“ soll Regent werden

Ludwig August war der erstgeborene Sohn aus der langjährigen Liaison des Sonnenkönigs mit der Marquise de Montespan. Obwohl er als Kind schwach und gebrechlich war, entwickelte er sich dennoch zu einem robusten Erwachsenen. 1694 wurden er und sein Bruder legitimiert, in den Adelsstand erhoben und in der Folge mit weit reichendem finanziellen und militärischen Einfluss versehen. Damit zogen sich die Kinder der Montespan den Neid und die Feindschaft mancher Höflinge zu. Ludwig XIV. liebte seinen Sohn Ludwig August über alles, obgleich er sich nicht als der militärische Heerführer erwies, den er sich so erhofft hatte. Weil im letzten Lebensjahrzehnt des Sonnenkönigs viele seiner Erben gestorben waren, setzte er dem Ganzen noch die Krone auf. Am 2. August 1714 erließ der König durch das Parlament ein Edikt, durch welches seine legitimierten Söhne und deren männliche Erben nach dem Tod jeglicher Prinzen von Geblüt das Recht hätten, den Thron zu besteigen. Damit waren sie den von Geburt und Herkunft adeligen Prinzen fast ebenbürtig und mussten vom Hof auch so behandelt werden. Doch das reichte dem stolzen Vater Ludwig noch immer nicht. Am 23. Mai 1715 – kurz vor seinem Tod – erhob der Sonnenkönig seinen geliebten Sohn und dessen Bruder, den Grafen von Toulouse, zu Prinzen von Geblüt, und damit gehörten sie zur Familie des Königs und rangierten gleich nach ihm. Außerdem bestimmte Ludwig XIV. den Herzog von Maine zusätzlich zum Regenten Frankreichs für den noch minderjährigen Ludwig XV., was eine hohe Auszeichnung für ein uneheliches Kind darstellte.

Bald nach dem Tod des großen Königs aber bildete sich unter der Führung des Herzogs von Orléans, des Neffen des Sonnenkönigs, rasch eine Adelsclique, die einen Regenten aus reinem bourbonischem Blut einsetzen wollte, was ihr schließlich auch gelang. Am 2. September 1715 ließ Philipp von Orléans das Testament und die Kodizille durch das militärisch abgeriegelte Parlament für ungültig erklären. Dann erhob er sich selbst zum Regenten. Den Herzog von Maine ließ er zunächst verhaften, später schickte er ihn nach Doullens ins Exil, wo er auch starb.

Moritz von Sachsen (1696–1750), illegitimer Sohn Augusts des Starken

Marschall Frankreichs

Moritz von Sachsen, Herzog von Kurland und Marschall Frankreichs, war ein unehelicher Sohn des sächsischen Kurfürsten und Königs von Polen August des Starken und der schönen Aurora von Königsmarck. Im zarten Alter von 13 Jahren wurde er als General-Aide-Major in die sächsische Armee aufgenommen. 1711 erhob ihn sein königlicher Vater in den Reichsgrafenstand und 1720 trat er in die Dienste des französischen Königs Ludwig XV., der ihn mit der Zeit so sehr schätzte, dass er ihn „mon cousin“ nannte – eine Anrede, die normalerweise nur gekrönten Häuptern zukam. Der „maréchal de Saxe“, wie er ab 1744 nach seiner Ernennung zum Marschall Frankreichs genannt wurde, entwickelte sich in der Folge zum erfolgreichsten und gefürchtetsten Feldherrn in der ersten Hälfte des 18. Jahrhunderts. Das stärkte noch zusätzlich die Freundschaft zu Ludwig XV. von Frankreich.

Ludwig XV. überließ ihm das schöne Loire-Schloss Chambord und gewährte ihm eine großzügige Apanage. Moritz' zahlreiche Liebesaffären trugen zusätzlich zu seinem Mythos des Lebemannes und Draufgängers bei.

Der „Comté de Saxe“ starb am 30. November 1750, nachdem er bei seinem letzten Fest auf Chambord – Zeitzeugen sprechen von einer regelrechten Orgie – einen Schlaganfall erlitten hatte. Er wurde am 8. Januar im Straßburger Dom beigesetzt.

Anna Maria von Löwenfeld (um 1735–1783), uneheliche Tochter Clemens Augusts von Köln

Tochter eines Erzbischofs und Kurfürsten

Sie war das einzige Kind des Kölner Kurfürsten und Erzbischofs Clemens August, eines Wittelsbachers und allzu weltlichen Kirchenfürsten, der schon in mehreren Kapiteln dieses Buches dargestellt wurde. Dieses Kind stammte aus der Liaison des Erzbischofs mit einer Harfenistin namens Mechthild Brion. Zeitgenossen schildern sie als durchschnittlich im Aussehen, hübsch von der Figur, natürlich im Wesen, aber nicht sonderlich begabt. Sie war durch ihre beschränkten Geistesgaben nicht in der Lage, am politischen Intrigenspiel des Hofes ihres „Herrn“ und Geliebten mitzumischen. Sie war so etwas wie ein „Bettschatz", ein Ruhepol für den oft gestressten Erzbischof, ein Trost in Momenten der Verzweiflung und der Sorgen und ein Mensch, bei dem er oftmals Entspannung und Zerstreuung finden konnte.

Seine Tochter Anna Maria schickte er auf die Klosterschule in Metz. Mit 15 Jahren lernte sie den unehelichen Sohn ihres Onkels – also ihren Cousin – kennen und lieben. Der Onkel war Kurfürst Karl Albrecht von Bayern, der als Karl VII. auch den Titel des Kaisers des Heiligen Römischen Reiches führte. Dieser Cousin Franz Ludwig von Holnstein, so hieß der illegitime Sohn, und Anna Maria konnten schließlich am 4. Oktober 1756 heiraten, nachdem Anna Maria vorher noch zur Reichsgräfin erhoben worden war. Als Bürgerliche hätte sie eigentlich den Sohn des Kurfürsten Bayerns nicht heiraten können. Der in finanziellen Angelegenheiten sehr freizügige Clemens August ließ sich die Hochzeit seiner unehelichen Tochter einiges kosten und sparte nicht mit Geschenken.

Louis Aimé – Abbé de Bourbon (1761–1787), uneheliches Kind Ludwigs XV. von Frankreich

Der einzige legitimierte Sohn des „Vielgeliebten"

Als Ludwig XV. 1761 in seinem 51. Lebensjahr stand, verliebte er sich unsterblich in eine junge Schönheit namens Anne Coupier de Romans. Sie entstammte einer vornehmen Familie aus der Dauphiné und soll von keinem Geringeren als dem berühmten Casanova in die Geheimnisse der Liebe eingeführt worden sein. Anne wurde als groß, schlank, mit schwarzem Haar und weißem Teint beschrieben. Vermutlich kam sie durch ihre Tante, die ab und an im Palais-Royal in Paris verkehrte, in die Gesellschaft des Königs. Nachdem sie die Gunst des „Vielgeliebten" errungen hatte, stellte die selbstbewusste junge Frau bald bestimmte Ansprüche. So weigerte sie sich beispielsweise, im „Hirschpark", dem Privatbordell des Königs, zu wohnen, und ließ sich stattdessen ein Haus in Passy einrichten, zu dem der König von Versailles aus auch oft geritten kam.

Im Dezember 1761 schenkte sie Ludwig XV. schließlich einen Sohn, der auf die Namen Louis Aimé getauft wurde. Von all seinen zahlreichen unehelichen Kindern ist es gerade dieser Junge, den Ludwig legitimierte. Louis Aimé wurde dadurch

Prinz von Geblüt und am Hof von Versailles erzogen. Als seine Mutter aber in Ungnade fiel und man sie in ein Kloster steckte, brachte man den Prinzen Louis Aimé in eine „Pension“, wo sich Mesdames um ihn kümmerten. Er wurde schlussendlich zum Priester geweiht und nach Italien zu Kardinal de Bernis geschickt, wo er 1787 an den Pocken starb. Er soll seinem Vater sehr ähnlich gesehen haben.

Könige ohne Reich

Bis jetzt hat sich dieses Buch vor allem auf jene Herrscher konzentriert, die Macht hatten und vielleicht auch ihre Macht vergrößerten. Dieses Kapitel ist jenen Königen und Königinnen gewidmet, die ihre Reiche vielleicht durch die eine oder andere politische Fehlentscheidung verloren haben. Doch nicht immer war das Ausscheiden aus der Politik eine unfreiwillige Sache. Es soll auch vorgekommen sein, dass ein König mit Freuden auf sein Amt verzichtete.

Kurfürst Friedrich V. von der Pfalz (1596–1632), der „Winterkönig"

Verlor die berühmte Schlacht am Weißen Berg

Als der habsburgische Kaiser Matthias im März 1619 starb, trat sein Sohn Ferdinand II. in allen von seinem Vater regierten Ländern die Nachfolge an. Doch schon bald musste Ferdinand erfahren, dass der böhmische Adel ihn für abgesetzt erklärt hatte und plante, einen anderen Kandidaten zum König zu machen. Am 26. August 1619 wählten sie den Kurfürsten von der Pfalz, Friedrich V., zu ihrem neuen Herrscher. Der Grund für die neue Wahl lag natürlich, wie könnte es zu jener Zeit anders sein, im Glaubensbekenntnis des habsburgischen Ferdinand II. Der böhmische Adel befürchtete die Ausrottung der Protestanten in Böhmen, sollte dieser katholische Habsburger an die Macht kommen.

Im Oktober 1619 hielt der neu gewählte König Friedrich seinen feierlichen Einzug in Prag, der Hauptstadt seines Königreiches. Trotz aller Warnungen seiner Minister und Familienmitglieder hatte er die Wahl angenommen und wurde am 4. November des gleichen Jahres gekrönt. Das Königreich Böhmen zählte zur damaligen Zeit ungefähr vier Millionen Einwohner.

Leider aber sprach der neue König kein Wort Tschechisch und hatte auch keine Lust es zu lernen, was ihm bei Volk und Adel wenig Sympathien einbrachte. Als Friedrich auch noch seinen schon in Heidelberg ausgiebig zelebrierten frühbarocken und prunkvollen Lebensstil pflegte, gärte es bald in vielen Teilen des Landes. Noch schlimmere Auswirkungen hatte aber der von seinem Hofprediger Scultetus angezettelte Bildersturm im Prager Veitsdom. Der calvinistische Friedrich ließ zu, dass im katholischen Dom einfach alles kurz und klein geschlagen wurde. Mit dieser Tat verletzte Friedrich die gewährte Religionsfreiheit. Nun war das Volk endgültig gegen ihn aufgebracht. Zu Beginn des Jahres 1620 hatte sich die Lage – auch durch die katastrophale finanzielle Situation Böhmens – so verschlechtert, dass sich sogar sein Schwiegervater, der englische König Jakob I., gegen ihn stellte. Im Herbst 1620 machte sich Friedrich dann auf, um den schon längst fälligen Feldzug gegen Kaiser Ferdinand II. zu führen. Die Auseinandersetzung endete letztlich am 7. November in der berühmten Schlacht am Weißen Berg. In dieser Schlacht wurde das nicht ausgebildete böhmische Ständeheer innerhalb einer Stunde vernichtend geschlagen, so dass Friedrich bereits einen Tag später Prag verlassen musste, um künftig in den Niederlanden im Exil zu leben. In die Pfalz, sein Stammland, konnte er nicht mehr, weil der Kaiser ihn dort als Kurfürsten abgesetzt und dem bayrischen Wittelsbacher Maximilian die pfälzische Kurwürde übertragen hatte.

Wegen seiner kurzen Regierungszeit und wegen der Prophezeiung der Jesuiten, er werde nur einen Winter als König regieren, nannte man ihn bald in Europa nur noch spöttisch den „Winterkönig“.

Königin Christine von Schweden (1626–1689)

Dankte mit Begeisterung ab

Christine von Schweden, die Tochter des berühmten Feldherrn, König Gustav II. Adolf, musste nach dem überraschenden Heldentod ihres Vaters in der Schlacht bei Lützen am 16. November 1632 das schwedische Szepter übernehmen. Zu diesem Zeitpunkt war sie erst sechs Jahre alt. Sofort wurde ihre Erziehung geändert, um sie so speziell auf die Regierung vorzubereiten. Sie musste in der Folge bis zu zwölf Stunden am Tag lernen. Zu ihren Fächern gehörten neben Reiten und Schießen auch Latein, Französisch, Deutsch, Religion, Geschichte, Rechnen und Geographie. Ab 1639 wurde sie vom schwedischen Kanzler Axel Oxenstierna – jenem Mann, der auch für sie die Regierungsgeschäfte bis zu ihrer Mündigkeitserklärung führte – täglich drei bis vier Stunden in Staatskunde unterrichtet.

1644 sprach man Christine mündig, doch sie war sich bereits bei ihrer Krönung darüber im Klaren, dass sie nicht länger als zehn Jahre regieren wollte. Am 6. Juni 1654 erreichte sie trotz des energischen Widerstandes des Reichsrates ihre Abdankung. Bald darauf reiste sie verkleidet zur schwedisch-dänischen Grenze, sprang über einen Grenzbach und rief aus: „Endlich bin ich in Freiheit und fort von Schweden!“[83] Als sie am Weihnachtstag desselben Jahres auch noch zum Katholizismus übertrat, schockte sie ganz Europa. Am 20. Dezember 1655 hielt sie schließlich ihren triumphalen Einzug in Rom, wo sie bis zu ihrem Lebensende Hof halten sollte. Schwedischen Boden betrat sie nie wieder. Die Nachfolge trat ihr Vetter Karl Gustav von Pfalz-Zweibrücken an, der als Karl X. den schwedischen Thron bestieg und den sie sich einst zu heiraten geweigert hatte.

König Jakob II. von England (1633–1701)

Wurde von Wilhelm von Oranien ins französische Exil gejagt

Die Geschichte des englischen Königs Jakob II. aus dem Hause Stuart und der Grund, warum er entmachtet wurde, sollen jetzt erzählt werden. Jakob II. war katholisch, obwohl viele seiner Untertanen und fast der gesamte Adel Englands der anglikanischen Kirche angehörten. Als er nun nach dem Tod seines Bruders Karl II. an die Regierung kam, versuchte er sofort eine Rekatholisierung, was sich besonders der englische Adel, der die ehemaligen Besitzungen der katholischen Kirche teilweise übertragen bekommen hatte, natürlich nicht gefallen lassen wollte. Einen ersten Aufstand unter dem Herzog von Monmouth, einem unehelichen Sohn seines Bruders, konnte er erfolgreich abwehren.

Als Jakob 1686 den Bischof der anglikanischen Kirche suspendierte und ein Jahr darauf alle seine anglikanischen Minister entließ, brodelte es bereits im ganzen Land. Als seine Frau noch dazu am 10. Juni 1688 einem Sohn und damit einem Thronfolger, der auf den Namen Jakob Eduard getauft wurde, das Leben schenkte, war es mit dem Spaß vorbei. Der Adel befürchtete nun – nicht zu Unrecht – die Gründung einer katholischen Dynastie auf lange Zeit und sah sich gezwungen einzuschreiten. Die ganze Angelegenheit konnte seiner Ansicht nach nur mit militärischer Intervention verhindert werden. Da aber Jakob II. selbst ein ausgezeichneter Feldherr war, gestaltete sich dies schwierig. Deswegen nahmen kurzerhand sieben führende englische Politiker Kontakte zu Wilhelm III. von Oranien, dem Schwiegersohn Jakobs, auf. Dieser war zu jener Zeit ein äußerst guter und erfolgreicher Kriegsheld. Zudem war er auch Protestant, was von fast noch größerer Bedeutung gewesen sein dürfte. Das englische Parlament überredete diesen nun durch die Zusicherung, er werde nach dem Sieg über Jakob selbst englischer König werden, zu einem militärischen Eingreifen gegen seinen Schwiegervater. Gesagt – getan, Wilhelm landete im Jahre 1688 in England und Jakob II. floh nach Frankreich, wo er sich Unterstützung von seiner „allerchristlichsten Majestät", dem Sonnenkönig, erwartete. Jakob hatte Glück, Ludwig XIV. gewährte ihm bereitwillig Hilfe. Währenddessen bestieg „William of Orange" als Wilhelm III. den englischen Thron, den er sich mit seiner Frau Maria II. teilen musste.

1690 erschien Jakob mit einem Heer in Irland, wurde aber von Wilhelm III. besiegt. 1692 scheiterte auch ein weiterer Versuch Jakobs, seinen Thron zurückzuerobern, weil die von ihm selbst befehligte französische Flotte noch vor dem Auslaufen von Admiral Russell vernichtet worden war.

Jakob kam danach nicht mehr auf die Beine und starb 1701 verbittert in seinem französischen Exil. Sein Sohn Jakob Eduard und sein Enkel Karl Eduard unternahmen unabhängig voneinander – Jakob Eduard 1708 und Karl Eduard 1745 – noch je einen weiteren Versuch, England zu erobern. Beide scheiterten.

König Stanislaus I. Leszczynski (1677–1766)

König von Polen

Nach dem Tod des sächsischen Kurfürsten Friedrich August I., der als August II. auch König von Polen gewesen war, war der polnische Thron unbesetzt. Stanislaus I. war einst der Gegenkönig Augusts des Starken gewesen, als dieser im Zuge des Nordischen Kriegs vom Schwedenkönig Karl XII. entmachtet und vertrieben worden war. Nach dem Tod des Schwedenkönigs im Jahre 1718 musste Stanislaus aber ins französische Exil fliehen. Er konnte sich in der Folge gegen einen seinen Mitstreiter, den portugiesischen Prinzen Emanuel, einen Neffen Kaiser Karls VI., durchsetzen. Gegen den anderen aber, den neuen Kurfürsten Sachsens und Sohn Augusts, Friedrich August II., einen Schwager des Kaisers, der von Österreich unterstützt wurde, hatte er keine Chance. Und das, obwohl Stanislaus, dessen Tochter Maria den französischen König Ludwig XV. geheiratet hatte, von Frankreich Hilfe bekam.

Als er am Wahltag, dem 15. August 1733, mit großer Mehrheit gewählt wurde, trat nun Russland auf den Plan und marschierte in Polen ein. Stanislaus Leszczynski musste nach Danzig fliehen und Friedrich August II. von Sachsen wurde in der Folge als August III. neuer polnischer König. Stanislaus ging abermals ins französische Exil und wurde bis zu seinem Tod Herzog des ebenfalls vakanten Thrones von Lothringen, der nach seinem Tod an Frankreich fiel.

Kaiser Karl VI. (1685–1740)

Konnte den Verlust Spaniens sein Lebtag nicht verkraften

Nach dem Tod des letzten spanischen Habsburgers Karl II. erklärte der Kaiser des Heiligen Römischen Reiches und Oberhaupt der österreichischen Habsburger, Leopold I., seinen zweiten Sohn Erzherzog Karl zum neuen König Spaniens. Damit ignorierte er das Testament seines spanischen Verwandten, das den französischen Prinzen Philipp von Anjou zum Nachfolger bestimmt hatte. Dies war der Grund für den Ausbruch des Spanischen Erbfolgekrieges, den Philipp letztlich für sich entscheiden konnte. Er bestieg 1701 als Philipp V. den spanischen Thron.

Karl III. hingegen musste im selben Jahr die Nachfolge seines verstorbenen Bruders Joseph I. im Heiligen Römischen Reich antreten und durfte sich Kaiser Karl VI. nennen, worüber er aber nicht glücklich war. Zeit seines Lebens konnte Karl den Verlust Spaniens nicht verwinden. Seine berühmte Tochter Maria Theresia führte deswegen bis 1718, dem offiziellen Verzichtsjahr Karls, den Titel einer „spanischen Infantin".

Bekannt ist auch, dass er sich bei der Tafel ausschließlich mit seinen geliebten spanischen Höflingen, die er von seinem Aufenthalt aus Spanien mitgebracht hatte, unterhielt, während er an die deutschen Höflinge kein einziges Wort richtete. Die spanischen Günstlinge bekamen so viel Macht, dass es bald zur Bildung einer „spanischen Partei" und einer „deutschen Partei“ (die übrigens Prinz Eugen anführte) am Kaiserhof kam, die sich um die Gunst des Kaisers rissen. Nicht selten behielt dabei die „spanische Partei“ die Oberhand.

Baron Theodor Neuhoff (1694–1756)

Kurzzeitig König von Korsika

Am 12. März 1736 landete der westfälische Abenteurer Baron Theodor von Neuhoff auf der Insel Korsika. Bei Aléria ging er mit seinem Schiff voll mit Waffen, Munition und Vorräten vor Anker. Neuhoff kam auf Bitten der Korsen selbst, die sich endlich von der Herrschaft Genuas befreit sehen wollten. Der deutsche Glücksritter, der unter anderem durch die Vermittlung Liselottes von der Pfalz am französischen Hof eine militärische Ausbildung erhalten hatte, versprach zu helfen, jedoch nur unter der Bedingung, dass er im Erfolgsfalle zum König Korsikas ausgerufen werde. Die Korsen gingen darauf ein und die Insel wurde tatsächlich zum Königreich. Man ernannte Neuhoff als Theodor I. zum ersten König Korsikas und er hielt in der Folge im Bischofspalast von Cervione Hof.

Der Mann, der zuvor unter anderem Diplomat in den Diensten Karls XII. von Schweden gewesen war, dann durch Spekulationen sein Vermögen verloren und 1732 als Geschäftsträger Kaiser Karls VI. in Florenz gewirkt hatte, gehört zu den interessantesten Persönlichkeiten des 18. Jahrhunderts. Diese ganze Epoche war geprägt von skurrilen Charakteren, mutigen Glücksrittern und verwegenen Abenteurern. Und Neuhoff war ohne Zweifel einer von ihnen.

Nach acht Monaten allerdings musste er wegen des Ausbleibens der angekündigten militärischen Hilfe trotz kleinerer Siege gegen die Genueser die Insel fluchtartig verlassen. Vom Festland sandte er aber wenigstens noch einige Schiffe – mit Lebensmitteln und Durchhalteparolen versehen – zu „seinen“ Korsen. Doch nun trat Frankreich, von den Genuesern gerufen, auf den Plan und entsandte fünf Regimenter, um die rebellischen Korsen zu unterdrücken.

Theodor I. kehrte 1738 wieder nach Korsika zurück, wurde aber diesmal weniger freundlich empfangen, da sich die Korsen inzwischen von den Verhandlungen mit Genua und Frankreich mehr versprachen als von seinen Künsten. 1743 betrat Theodor Neuhoff zum dritten und letzten Mal die Insel, doch zu diesem Zeitpunkt wollten die Korsen längst nichts mehr von dem eingebildeten und selbstherrlichen Glücksritter wissen und verscheuchten ihn kurzerhand wieder. Verbittert und enttäuscht lebte er bis zu seinem Tod im Jahre 1756 in England. Er starb halb erblindet und in völliger Armut in London.

Moritz von Sachsen (1696–1750)

Wäre so gerne Herzog von Kurland geworden

Moritz von Sachsen, ein unehelicher Sohn Augusts des Starken und Ergebnis einer Liebschaft mit der schönen Aurora von Königsmarck, verdiente seinen Lebensunterhalt als Marschall in den Diensten Frankreichs. Sein Dienstherr, der französische König Ludwig XV., verdankte ihm in zahlreichen Schlachten den Sieg und schätzte ihn deswegen sehr. Der „maréchal de Saxe" galt als fähigster und genialster Feldherr seiner Zeit.

Als nun die Krone Kurlands, eines kleinen Landes an der Rigaer Ostsee-Bucht, frei wurde, ermutigte ihn sein Vater August der Starke, sich um diese zu bewerben, was Moritz auch freudig tat. Anfang Juni 1726 marschierte er unter den Klängen von Pauken und Trompeten in Mitau, der Hauptstadt Kurlands, ein. Es war ein glanzvoller Einzug und der sächsische Prinz konnte guter Hoffnung wegen des Erfolges seines Unternehmens sein. Am 26. Juni wurde er zum neuen Herzog Kurlands gewählt. Er hatte Großes mit seinem Herzogtum vor. An seinen Freund Friesen schrieb er: *Schulen will ich bauen, um die Bildung zu heben. Zugleich nehme ich mir vor, sehr einfach zu leben, denn die Staatsgüter sind verschuldet. Nur Fleiß und Sparsamkeit vermögen, sie in einigen Jahren wieder hochzubringen. Aber was auch immer im einzelnen meine Ziele bleiben mögen, an Pracht und Prunk liegt mir nichts.*[84]

Doch plötzlich war es sein eigener Vater, der auf Druck Russlands dem Traum seines unehelichen Kindes ein frühes Ende bereitete. Am 11. Oktober 1726 wurde Moritz aufgefordert, sofort Kurland zu verlassen, sich nach Dresden zu begeben und die Urkunde, die seine Wahl zum kurländischen Herzog bestätigte, seinem Vater auszuhändigen. August erklärte sie für nichtig und Kurland wurde Polen einverleibt, dessen König bekanntlich er selbst – August der Starke – war. Moritz wollte kämpfen und versuchte den schwedischen König zur Sendung von Hilfstruppen zu bewegen, was jedoch nicht gelang. Er blieb auf sich allein gestellt und musste letztlich aufgeben. Am 19. August 1727 war das Kurland-Abenteuer von Moritz von Sachsen beendet. Er gab gezwungenermaßen dem Druck der Russen nach. Der militärischen Stärke dieses Großreiches wäre er mit seiner kleine Armee niemals alleine gewachsen gewesen. Moritz kehrte nach Frankreich zurück und gewann weiterhin Schlachten für Ludwig XV. Seine Wahlurkunde aber behielt er sein ganzes Leben lang genauso wie den Titel eines „Herzogs von Kurland".

Karl Eduard, Bonnie – The Young Pretender, Stuart (1720–1788)

Von einem, der auszog, den Thron zurückzuerobern

Bis heute ist die legendenumwobene Geschichte des Stuart-Prinzen Karl Eduard berühmt, der im Jahre 1745 von Rom, dem Exil seines Vaters, auszog, um den Thron seiner Ahnen zurückzuerobern. Karl Eduard war der Enkel König Jakobs II., den der englische Adel einst vertrieben hatte, als er den katholischen Glauben in England wieder durchsetzen wollte. Seit 1714, nach dem Tod der letzten protestantischen Stuart-Königin Anne, war ihr entfernter Verwandter Kurfürst Georg Ludwig von Hannover der neue englische König, während Jakob II. und sein Sohn Jakob (III.), der Vater des Helden, im römischen Exil residierten. 1745 regierte bereits der Sohn von Kurfürst Georg Ludwig, Georg II., der im Unterschied zu seinem Vater zumindest schon einmal Englisch sprach.

Karl Eduard galt als sportlich und musikalisch begabt. Seine Schönheit war umwerfend, doch es mangelte ihm an Intelligenz. Gegen Ende des Jahres 1744 brach Karl Eduard Stuart nach Paris auf, wo er auf die Unterstützung Ludwigs XV. hoffte. Ludwig XV., der daran interessiert war, in England wieder einen katholischen König unter dem Einfluss Frankreichs zu haben, gab ihm Truppen, Geld und seinen besten Feldherrn, den sächsischen Prinzen Moritz, den fähigsten Marschall seiner Zeit. Alle wussten, wenn dieser erst einmal die Insel erreicht hatte, würde nichts und niemand ihn daran hindern können, sie auch zu erobern. Leider wurde die gesamte Flotte aber bereits vor dem Auslaufen im Hafen von

Dünkirchen von einem Sturm zerstört. Moritz von Sachsen wurde wieder abberufen und das Abenteuer war somit für Ludwig XV. erledigt.

Karl Eduard gab trotzdem nicht auf, verkaufte seinen gesamten Schmuck und rüstete selbst zwei Schiffe aus, von denen eines schon unterwegs von den Engländern angegriffen wurde und wieder umkehren musste. Mit dem anderen Schiff, auf dem sich Karl Eduard befand, landete er am 25. Juli 1745 am schottischen Loch nan Uamh. Mit zwei französischen Regimentern und einigen Getreuen konnte er aber das Land seiner Väter unmöglich zurückerobern. Es gelang ihm jedoch, die schottischen Hochlandclans zu einigen und mit einer Armee von 5000 Mann loszumarschieren. Bald wurde die Hauptstadt Edinburgh erobert und der Weg nach England war nach dem entscheidenden Sieg über die Engländer bei Prestopan am 21. September 1745 frei. 200 Kilometer vor London, bei Derby, musste die Armee wegen schlechten Nachschubs umkehren, aber sie errang trotz allem noch einen großen Sieg bei Falkirk über die Truppen Georgs II., des „Kurfürsten von Hannover".

Die Entscheidungsschlacht fand am 16. April 1746 bei Culloden in der Nähe der schottischen Stadt Inverness statt. Die Armee des Prinzen wurde vernichtend geschlagen. Karl Eduard floh auf abenteuerliche Weise bis in den Herbst hinein durch das schottische Hochland – ständig gejagt von den englischen Truppen. Erst im September 1746 gelang ihm bei Glenfinnan, wo er 14 Monate zuvor gelandet war, die Flucht nach Frankreich.

Über ebenso abenteuerliche Umwege erreichte er 1766 wieder Rom, um das Erbe seines verstorbenen Vaters im Exil anzutreten. Da er den Misserfolg seines schottischen Abenteuers nicht verwinden konnte, gab er sich dem Trunk hin. Er starb 1788 in Rom als schwerer Alkoholiker. Letztlich ist und bleibt der Prinz eine Persönlichkeit, die stark polarisiert. Für die einen war er nur ein Säufer, Egoist und Frauenheld, für die anderen aber war er der romantische Held schlechthin.

König Gustav IV. Adolf von Schweden (1778–1837)

Vom eigenen Volk gestürzt

Wie der vom Adel ermordete Gustav III., so hatte auch sein Sohn und Nachfolger, Gustav IV. Adolf, der 1792 unter der Vormundschaft seines Onkels Karl den Thron bestiegen hatte, wenig Glück. Er wurde zwar vom Adel nicht beseitigt, doch gestürzt und ins Exil geschickt, worauf sein Onkel als Karl XIII. die Nachfolge antrat. Gustav IV. Adolf schaufelte sich sein eigenes politisches Grab, weil er sich gegen jede Vernunft – nur aus Prinzip und ohne Aussicht auf Sieg – gegen Napoleon stellte und gemeinsam mit Russland eine Allianz gegen ihn plante. Der russische Zar erkannte jedoch bald, dass die Zeit noch nicht reif war für einen Kampf gegen den großen Korsen und kündigte dem Schwedenkönig schließlich die Freundschaft auf. Der stand jetzt plötzlich alleine da, wollte aber trotzdem nicht auf seinen sinnlosen Kampf verzichten, obwohl dieser unnötiges Leid über sein Volk gebracht hätte.

Als der russische Zar noch dazu 1808 bereits Finnland erobert hatte und weiter Richtung Schweden marschierte, zog das schwedische Volk die Notbremse. Der König wurde kurzerhand entmachtet. Die schwedischen Volksvertreter schlossen Frieden mit dem Zaren sowie Napoleon und forderten den König gleichzeitig auf, Schweden zu verlassen. Er war in Schweden nicht mehr willkommen. Gustav IV. Adolf war schon vor seinen politischen Fehlentscheidungen beim schwedischen Volk nicht beliebt gewesen. Wie sein Vater galt er als übertrieben stolz, vom Gottesgnadentum überzeugt, despotisch und selbstherrlich – daneben jedoch als dumm und ohne politischen Weitblick. Die Absetzung fiel den Schweden deswegen nicht schwer.

Gustav IV. Adolf war mit Prinzessin Friederike von Baden verheiratet, weshalb er 1809 mit ihr und mit dem gemeinsamen Sohn Gustav nach Baden ins Exil ging, wo sein Schwiegervater, Großherzog Karl Friedrich, regierte. Im Februar 1810 erreichte die schwedische Königsfamilie Bruchsal in Baden und wurde im dortigen Schloss empfangen. Aber auch dort machte sich Gustav IV. Adolf – wie einst in Schweden – schnell unbeliebt. Er war sehr arrogant und ließ jeden spüren, dass er ein „regierender" König aus altem Geschlecht war. Selbst seinen Schwiegervater betrachtete er als weit unter sich stehend. Bei den Mahlzeiten, öffentlichen Auftritten, Bällen und Banketten gab es deswegen immer wieder Probleme wegen der Rangfolge. Gustav – obwohl nur Gast – fühlte sich als König ranghöher und wollte immer zuerst bedient werden, was dem

Hofprotokoll des Großherzogs widersprach. Denn laut diesem war er, der Souverän, der Erste in der Reihenfolge.

Doch auch in anderen Situationen kam es immer wieder zu Reibereien. Gustav ließ zum Beispiel wahllos Menschen, die ihm nicht passten, aus der Mannheimer Theaterloge entfernen. Sei es, dass er ein Mitglied der großherzoglichen Familie – oder sogar den badischen Erbprinzen selbst – rügte, weil jemand zu spät zum Essen erschienen war – egal, er tappte von einem Fettnäpfchen ins nächste. Einmal, als der österreichische Gesandte Baron Schall zu Besuch in Karlsruhe war, wurde dieser neben die Ex-Königin Friederike gesetzt, die ja immer noch ein Mitglied der großherzoglichen Familie war. Dies missfiel Gustav sehr und so brüllte er plötzlich lautstark über den Tisch hinweg zu seiner Gemahlin: „Ich verbiete Ihnen, mit dem Baron von Schall zu sprechen."[85] Friederike gehorchte mit Tränen in den Augen.

Gustav kannte auch nur ein einziges Gesprächsthema – und das war seine Absetzung, womit er alle bei Tisch langweilte. Er war ein Hypochonder und verbreitete ständig schlechte Laune. 1810, als sich Gustav weigerte, in ein eigenes Schloss am Bodensee zu ziehen, kam es zum Eklat. Großherzogin Amalie, die Frau Karl Friedrichs, sagte ihrem Schwiegersohn die Meinung, worauf dieser, ohne ein Wort des Abschieds und ohne seine Frau und die Kinder mitzunehmen, in die Schweiz reiste. Im Jahre 1812 ließ er sich von Friederike scheiden, die er anfangs noch hatte nachkommen lassen wollen. Wen wundert es, wenn die Schweden damals diesen unausstehlichen und unberechenbaren König nicht mehr an der Spitze ihres Staates haben wollten und ihn einfach absetzten?

Napoleon Franz, Herzog von Reichstadt (1811–1832)

Erbte fast nichts vom militärischen Talent seines Vaters

Der Sohn des großen Korsen, Napoleon Franz Joseph Karl, wurde von den Anhängern seines Vaters gleich nach dessen Verbannung als „Napoleon II." zum Kaiser aller Franzosen ausgerufen. Da aber diese Anhänger, die „Bonapartisten", ihn nicht halten konnten, wurde das Kind von seiner Mutter, der österreichischen Prinzessin Marie Louise, an den Hof ihres Vaters, des österreichischen Kaisers Franz I., nach Wien gebracht. Dort wurde er erzogen und schlug die Offizierslaufbahn ein.

Am Wiener Hof nannte man ihn schlicht „Franz" und sein kaiserlicher Großvater verlieh ihm den Titel eines „Herzogs von Reichstadt" und den ungarischen Stephansorden, wodurch er in der Rangfolge bei Hofe stets hinter der jüngsten Erzherzogin lag. Immer wieder kam es zu Versuchen der „Bonapartisten", ihn in Frankreich wieder einzusetzen, was jedoch jedes Mal verhindert wurde. Ferner wollte Polen ihn als neuen König, aber auch daraus wurde nichts. Reichstadt selbst lebte in einer steten Traumwelt und sah sich oft in seiner Phantasie als „Kaiser der Franzosen" oder als „König von Polen". Er träumte auch oft davon, künftig ein großer Feldherr zu werden, obwohl er wie sein kaiserlicher Großvater Franz I. militärisch nur mittelmäßig begabt war. Franz I., der sich einen „neuen Prinzen Eugen" erhofft hatte, musste bald einsehen, dass Reichstadt nichts vom militärischen Talent seines Vaters geerbt hatte.

Doch wie Napoleon liebte auch Reichstadt das Militär und fühlte sich abseits des Hofes von Schönbrunn im Kreise seiner Offizierskameraden wohler als beim eingebildeten österreichischen Hochadel. Er bevorzugte das Leben in seiner kleinen Offizierswohnung in der Alser Kaserne und genoss den rauen Umgangston der Soldaten. Seiner Mutter berichtete er über seinen militärischen Alltag: *Ich kehre schweißgebadet zurück, da wir eine erstickende Hitze haben und unsere Uniformen dem Sommer nicht angepaßt sind. Man ist allgemein mit meinem Bataillon zufrieden, das einen wirklich erstaunenden Eifer für so junge Soldaten zeigt, die für gewöhnlich nur die Plackerei des Dienstes sehen. Mein Befinden ist gut; ich habe meine Lebensweise etwas geändert, da ich täglich um 4 Uhr aufstehen und mehr, als ich gewohnt war, reiten muß.*"[86] Neben der forschen Lebensart seiner Kameraden nahm er auch noch zwei weitere, typisch soldatische Gewohnheiten an: das Schuldenmachen und das Tabakrauchen. Letzteres war natürlich – neben dem trockenen Kasernenstaub – reines Gift für seine ohnehin ständig gereizten Lungen.

Kurz vor seinem frühen Tod im Jahre 1832 wurde er noch zum Oberst befördert und kommandierte am 16. Januar desselben Jahres in dieser Eigenschaft einen Kondukt zu Ehren des verstorbenen Generals von Siegenthal. In Wien hatte es 18 Grad unter Null und der ohnehin lungenkranke Reichstadt musste bei dieser Witterung im Freien kommandieren. Ein Augenzeuge berichtete darüber: *Der Herzog (Reichstadt, Anm. d. Verf.) stand mit gezogenem Säbel vor der Front des Ehrenbataillons und gab das Kommando für die Salve. Mitten im Ruf versagte dem Herzog die Stimme, er konnte nur noch einen krächzenden Laut von sich geben. Bald darauf hörte ich, daß der Prinz gestorben war.*[87] Eine Weile zog sich sein Leiden jedoch noch hin. Er starb erst am 22. Juli 1832 an Tuberkulose.

Geschminkte Generäle und ruhelose Krieger

In den vergangenen Jahrhunderten herrschte fast immer irgendwo in Europa Krieg. Manche Herrscher erwiesen sich als tapfere Feldherren, die nicht einfach nur von einer sicheren Stelle aus Befehle erteilten, sondern sich mit ihren „einfachen“ Soldaten ins Getümmel stürzten. Andere wiederum waren völlige Nieten, die nur durch großes Glück einen Sieg davon tragenkonnten. Bei einigen hätte man aufgrund ihres Verhaltens – wie beim Bruder des Sonnenkönigs, der nur geschminkt in den Krieg zog – gar nicht geglaubt, dass sie auch nur eine Sekunde überleben würden, und doch konnten sie so manche Schlacht für sich entscheiden.

König Alexander III., der Große, von Makedonien (356–323 v. Chr.)

Herrscher der Welt

Alexander der Große ist bis heute einer der berühmtesten Feldherrn der Weltgeschichte. Er dehnte die Grenzen seines makedonisch-griechischen Reiches im Südosten bis nach Persien sowie Ägypten und im Osten bis zum indischen Subkontinent aus. Sein gewaltiges Reich umfasste die Grenzen der damals bekannten Welt, seine Eroberungen und Taten waren für den gesamten weiteren Verlauf der Geschichte prägend.

Alexander III. sicherte sich den Thron seines Vaters, Philipps II., mittels Akklamation und Ermordung etwaiger anderer Konkurrenten. Es folgte ein ruheloses Leben. Gleich nach der Thronbesteigung unternahm er einen Balkanfeldzug und schlug 335 einen illyrischen Aufstand nieder. 334 begann sein berühmter Rachefeldzug gegen Persien, der von zahlreichen Legenden umrankt ist wie etwa der Zerschlagung des Gordischen Knotens. Nach einem Marsch durch Kappadokien und Kilikien besiegte er 333 bei Issos den Perserkönig Dareios III. Nach der Einnahme von Sidon, Tyros und Gaza war der Weg nach Ägypten frei. 331 gründete er im östlichen Nildelta die Stadt Alexandria, deren umfassende Bibliothek die bedeutendste des Altertums gewesen sein soll.

Noch 331 brach er abermals nach Osten auf. Sein erstes Ziel war Mesopotamien, dessen letzten Achaimenidenherrscher er in der Ebene von Gaugamela schlagen konnte. Er eroberte Babylon, und die Bevölkerung huldigte ihm als neuem Gebieter. Nachdem er Baktrien erobert hatte, zog er in die Sogdiana und gründete an der Grenze des persischen Reiches „Alexandreia Eschate“, das „fernste Alexandria“. Nach dem Sieg über die Sogden fand er noch Zeit, Rhoxane, die Tochter eines einheimischen Fürsten, zu heiraten.

Immer weiter getrieben, überschritt Alexander 326 den Indus und besiegte Poros, König des östlichen Pandschab. An dieser Stelle, die zu jener Zeit als das Ende der Welt galt, drängten nun seine Truppen auf eine Rückkehr in die Heimat. Sie waren ausgelaugt, müde von den Strapazen und hatten Sehnsucht nach ihren Familien. Der große König ließ sich überreden. Ein Teil der Fußtruppen kehrte über Arachosien zurück und Alexander selbst durchquerte unter schweren Verlusten die Gedrosische Wüste. In Susa vermählte er sich mit den Töchtern seines einstigen Gegners Dareios und mit denen des Artaxerxes, der dessen Nachfolger war. Durch diese Verbindungen und durch die Übernahme persischer Bräuche und Kleidung versuchte Alexander, diese fremde Kultur seinen Landsleuten näher zu bringen, um die bestehenden Gegensätze zu beseitigen. Sein Ziel war die Verschmelzung von Makedonien und Persien.

Aufgrund der schlechten Quellenlage kann man seine letzten Pläne nicht mehr genau rekonstruieren. Es ist nicht klar, ob er die Unterwerfung des Westens bis Gibraltar ins Auge gefasst oder einen Krieg gegen Arabien geplant hatte, was jedoch als wahrscheinlicher gilt. 323 starb dieser legendäre Krieger vermutlich an der Malaria in Babylon.

König Richard I. Löwenherz von England (1157–1199)

Eroberer des Morgenlandes

1189, nach dem Tod seines Vaters Heinrichs II., bestieg Richard aus dem Hause der Plantagenets als erster König mit Namen Richard den englischen Thron. Bereits ein Jahr später machte er sich gemeinsam mit dem französischen König Philipp II. August auf, um die Besitzungen der Christen im Heiligen Land zurückzuerobern. Am 4. Juli 1190 begann für Richard Löwenherz der Dritte Kreuzzug. Mit 150 großen Schiffen und 53 Galeeren fuhr er von Sizilien aus auf dem Mittelmeer in Richtung Akkon. Auf dem Weg dorthin eroberte Richard nebenbei noch

Zypern, entmachtete den dortigen Kaiser Isaak Komnenos und verbreitete durch diese Tat bereits vor seinem Eintreffen Angst und Schrecken bei den gegnerischen Truppen.

Im Juli 1191 konnte er die schon lange unter deutscher Belagerung stehende Stadt Akkon erobern und somit den Weg nach Jerusalem frei machen. Richard marschierte unaufhaltsam weiter und eroberte Festung um Festung, Stadt um Stadt. Als Jerusalem bereits in Sichtweite war, geschah jedoch etwas Folgenschweres. Der französische König und Begleiter Richards, Philipp II. August, wurde plötzlich von einer schweren Fieberkrankheit heimgesucht, die ihn von da an bis an sein Lebensende in bestimmten Schüben immer wieder quälen sollte. Der König Frankreichs verließ deswegen das Heilige Land und mit ihm ein großer Teil seines Heeres. Der Kampf um Jerusalem war somit aussichtslos geworden. Richard allein konnte mit seinem französisch-englischen Kontingent nichts mehr ausrichten und begab sich eine Weile später ebenfalls auf die Heimreise.

In dieser kurzen Zeit, die er noch im Heiligen Land geblieben war, hatte sich daheim einiges zugetragen. Richard musste erfahren, dass sein Bruder Johann „Lecland" in England während seiner Abwesenheit die Macht an sich gerissen und sich sein alter Waffengefährte Philipp II. August inzwischen über seine Besitzungen in Frankreich hergemacht hatte. Die Heimreise war also dringend. Doch die Rückkehr nach England sollte sich als schwer und langwierig herausstellen. In Österreich wurde er – der als Pilger verkleidet reiste – von Leopold V. gefangen genommen, der ihm eine Demütigung im Heiligen Land nicht verziehen hatte. Erst nach zähen Verhandlungen und einer sehr hohen Summe Lösegeld sah Richard England wieder.

Endlich in England angekommen ließ sich Richard am 17. April 1194 ein zweites Mal krönen. Danach ging er aber sofort nach Frankreich, um seine Stammlande zurückzuerobern. Die Kämpfe zogen sich über mehrere Jahre hin und kosteten Richard im Endeffekt das Leben. Bei dem Versuch, die Burg Chalus zu erobern, traf ihn ein Armbrustschütze an der Schulter. Der berühmte König, der sogar in seinen letzten Stunden noch für Legenden sorgte, verstarb wenig später am 6. April 1199.

Prinz Eduard, der Schwarze Prinz, von England (1330–1376)

„ICH DIEN"

Der älteste Sohn und Thronerbe König Eduards III. von England wurde wegen seiner schwarzen Rüstung der „Schwarze Prinz" genannt und war einer der wenigen fähigen Könige aus dem Hause Plantagenet. Für seine Gegner, die Franzosen, galt er als die „Blüte des Rittertums" und die Liste seiner Heldentaten ist endlos.

Der Schwarze Prinz hatte einen stark ausgeprägten Willen, war heldenmütig und galt darüber hinaus als elegant und verschwenderisch. Er verdiente sich seine Sporen als Heerführer im Hundertjährigen Krieg zwischen England und Frankreich. Berühmt wurde er durch seinen Sieg bei Poitiers im Jahre 1356.

Das Motto der Prinzen von Wales – der offiziellen englischen Thronerben –, „ICH DIEN", geht auf diesen legendären Prinz Eduard zurück. Der Spruch „ICH DIEN" gehörte eigentlich zum Wappen des Luxemburgers und Königs von Böhmen Johann, der sich trotz seiner Blindheit heldenhaft in die Schlacht bei Crécy im Jahre 1346 führen ließ und in dieser dann auch sein Ende fand. Als Eduard den armen Böhmenkönig tot auf dem Schlachtfeld liegen sah und von seiner Geschichte erfuhr, war er so beeindruckt, dass er dessen Königsmotto und Wappen, „ICH DIEN", übernahm.

Leider erkrankte der Schwarze Prinz früh an einer mysteriösen Krankheit. Historiker vermuten, es war Krebs. Seinen Pflichten als Heerführer kam er aber dennoch nach – und das nicht immer unumstritten. Als die Stadt Limoges von den Franzosen befreit wurde, ließ sich der damals schon schwer kranke Eduard auf einer Bahre zur Stadt bringen, eroberte sie und ordnete an, anschließend alle Einwohner niederzumetzeln.

Eduard, der mit der Prinzessin Johanna von Kent verheiratet war und auch einen Sohn mit ihr hatte, starb 1376 und wurde in der Kathedrale von Canterbury beigesetzt, wo man seine schöne Grabfigur und seine Rüstung noch immer bestaunen kann. Bis zum heutigen Tag tragen die Prinzen von Wales (der Schwarze Prinz war der zweite, Charles ist heute der 21. Thronfolger) das „ICH DIEN" in ihrem Wappen.

Herzog Philipp I. von Orléans (1640–1701)

„Er ging vollständig geschminkt an die gefährlichsten Stellen“

Der einzige Bruder des großen Sonnenkönigs war eigentlich mehr für seine sexuellen Eskapaden berühmt als für seine Fähigkeiten als Feldherr. Trotz allem durfte man ihn in diesem Punkt nicht ganz unterschätzen, wie auch sein königlicher Bruder bald bemerken musste.

Philipp war der Einzige am Hof zu Versailles, der Ludwig XIV. nicht mit dem üblichen „Sire“ oder „Euer Majestät“ anreden musste, sondern einfach mit „Monsieur“, während der König ihn mit „mon frère“ (mein Bruder) ansprach. Obwohl sich Philipp von Orléans in den flandrischen Feldzügen des Sonnenkönigs ausgezeichnet hatte, blieben seine ständigen Liebschaften mit Pagen oder anderen jungen Männern des Hochadels dem Sonnenkönig stets ein Dorn im Auge. In den Kriegen gegen Wilhelm von Oranien vertraute er seinem Bruder aber trotzdem den Oberbefehl an. Am 11. April 1677 errang „Monsieur“, wie Philipp bei Hofe genannt wurde, einen glanzvollen Sieg bei Mont Cassel. Voltaire schrieb darüber: *Niemals hat es einen deutlicheren Beweis dafür gegeben, daß Tapferkeit und Weisheit nicht unvereinbar sind, der Prinz, der oft Frauenkleider anlegte und den Geschmack einer Frau hatte, benahm sich wie ein General und Soldat.*[88]

Bei all dem Mut und seiner großen Tapferkeit hatte Philipp aber auch seine Eigenheiten, wenn es in die Schlacht ging. Einer seiner Offiziere berichtete über die Wunderlichkeiten seines Feldherrn: *Monsieur kümmerte sich um seine Toilette und kleidete sich während des Feldzuges gerade so, als sei er auf dem Weg zu einem Ball (...) Er ging vollständig geschminkt und in lässiger Manier an die gefährlichsten und exponiertesten Stellen (...) Er ist von Natur aus so tapfer, daß ihm offenbar nicht bewußt ist, daß er sein Leben aufs Spiel setzt, und doch sieht er aus wie eine Frau, weil er ständig seine Schminke korrigiert, er behängt sich mit Bändern und Schmuck; er trägt nie einen Hut, um seine Perücke nicht in Unordnung zu bringen, und stolziert auf so hohen Absätzen, daß ich wirklich nicht verstehe, wie er es fertigbringt, nicht damit zu stürzen.*[89]

Ludwig XIV. war wegen des Erfolges seines Bruder sehr eifersüchtig und weigerte sich, diesen nach der gewonnenen Schlacht von Mont Cassel zu empfangen oder ihm zu gratulieren. Er untersagte Philipp, und seinem Sohn gleich mit, für alle Zeiten jemals wieder ein militärisches Kommando zu übernehmen.

Im Pfälzischen Erbfolgekrieg übertrug er jedoch trotzdem noch einmal den Oberbefehl seinem Bruder, weil dieser eine pfälzische Prinzessin geheiratet hatte. Doch „Monsieur" erlitt eine vernichtende Niederlage, was seinem Bruder nur recht war. Nun konnte Ludwig XIV. Philipp von jeglichen militärischen Aufgaben fern halten, ohne sich weiter rechtfertigen zu müssen. So musste der allmächtige Sonnenkönig wenigstens nicht mehr auf seinen Bruder im Falle eines Sieges eifersüchtig sein. Doch die Gefühle waren damit nicht aus der Welt geschafft, wie Ludwig vielleicht gehofft hatte. Noch viele Jahre später, kurz vor dem Tod „Monsieurs", kam es noch zu einem großen Streit zwischen den beiden Brüdern, als Ludwig dem Sohn „Monsieurs", der ebenfalls Philipp hieß, ein bereits versprochenes militärisches Kommando verweigerte.

König Karl XII. von Schweden (1682–1718)

Wurde in der Schlacht erschossen

Karl XII. gilt als „der" große König Schwedens. Von ihm wird gesagt, er habe noch absolutistischer als Ludwig XIV. regiert. Er sei wesentlich souveräner und viel unnachgiebiger gewesen als der französische Sonnenkönig.

Gleich nach seiner Krönung stürzte er sich in den ersten Krieg und sah von diesem Zeitpunkt an – man schrieb das Jahr 1700 – seine Hauptstadt Stockholm bis zu seinem Tod im Jahr 1718 nicht mehr wieder. Jahrelang befand er sich auf Kriegszügen und kannte nur das Leben im Feld, das er jedoch sehr liebte. Gegen Frauen hegte er eine gewisse Abneigung und nur der Rausch des Weines war neben dem Krieg noch seine ganze Leidenschaft. Am 30. November 1718 erfüllte sich sein Schicksal auf dementsprechend soldatische Weise.

An diesem Tag kehrte er – wie gewöhnlich zeitig am Morgen – nach einer kalten Regennacht von den schwedischen Laufgräben seiner Truppen in sein Quartier zurück. Er wechselte seine durchnässten Kleider in den Kammern seines Feldmarschalls Mörner und ritt, wie jeden Morgen, zum Gottesdienst. Es war der erste Adventsonntag und nach der Messe hörte er am Nachmittag noch dem Adventsingen zu. Es folgte routinemäßig der übliche Befehlsempfang. Danach saß Karl schon wieder auf seinem Pferd und schwang den Hut. Er ritt – wie er es abends immer tat – zu seinen Laufgräben vor der norwegischen Festung Frederiksten, die er seit Wochen belagerte. Punkt für Punkt überprüfte er die Stellungen seiner Soldaten und sprach ihnen Mut zu. Er befragte seine Offiziere vor Ort und suchte nach neuen Möglichkeiten, die Festung endlich zu erobern. Wieder wollte er die ganze Nacht in den Laufgräben verbringen, um mit seinen Soldaten mehrmals anzugreifen. Diese kalte Novembernacht war sehr nebelig, so dass man die Hand vor den Augen nicht sah. Gegen 21 Uhr begann es von der Festung her aus allen Rohren zu feuern. Seine Generäle flehten ihn wie jede Nacht an, sich zu schonen, einmal zu schlafen und sich nicht ständig solchen Gefahren auszusetzen. Doch er schlug wie sonst auch alle gut gemeinten Ratschläge in den Wind und hielt bei seinen Männern aus. Es war also unter diesen Umständen ein ganz normaler Abend.

Doch dann passierte das Schreckliche: Man hörte plötzlich einen dumpfen Aufschlag, „als wenn ein großer Stein auf feuchte Erde fällt, und im selben Moment sank der Kopf des Königs auf seinen Mantel nieder, während seine linke Hand kraftlos zur Seite fiel, obwohl sein Körper exakt in der gleichen Stellung wie vorher blieb.“[90] Generaladjutant von Kaulbars rief als Erster: „Herr Gott, der König ist erschossen!“[91] Sofort zog man den toten König in den Graben zurück und seine Soldaten sahen einen Einschuss an seiner linker Schädelseite, der offenbar tödlich war. Die Wunde wurde von Zeugen als so groß beschrieben, wie drei Finger breit sind. Der schwedische König war gefallen – irgendwann zwischen 23 und 24 Uhr an diesem 30. November 1718. Mit ihm starb der letzte schwedische König aus dem Hause Wasa. Nach mehr als 18 Jahren kehrte er wieder in seine Hauptstadt Stockholm zurück, allerdings nur noch zu seiner eigenen Bestattung.

Für Voltaire war Karl XII. die „merkwürdigste Erscheinung, die seit mehr als zweitausend Jahren gelebt hat“ und Goethe schrieb über ihn: „Jeder wackere Schwede verehrte Karl XII.“[92], womit er bis zum heutigen Tag Recht behalten sollte.

Erbprinz Friedrich Ludwig von Württemberg (1698–1731)

General ohne Kommando

Dass künftige Thronerben bereits in ihrer frühen Kindheit rein formell militärische Ränge bekleiden, ist bis heute nichts Ungewöhnliches.

Auch Friedrich Ludwig, der einzige Sohn von Herzog Eberhard IV. Ludwig von Württemberg, besaß schon als Kind einige militärische Ränge. Friedrich Ludwig wurde bereits kurz nach seiner Geburt zum Obersten eines schwäbischen Kavallerieregimentes ernannt und bekleidete gegen Ende seines kurzen Lebens die Charge eines General-Feldmarschall-Leutnants. Da er aber chronisch kränkelte, konnte er niemals militärisch aktiv tätig werden, im Gegensatz zu seinem Vater, der als kaiserlicher Feldmarschall sehr erfolgreich an praktisch allen Kriegen der Habsburger teilgenommen hatte.

Friedrich Ludwig starb kurz vor seinem Vater, ohne einen Erben hinterlassen zu haben. Sein einziger Sohn, Eberhard Friedrich, der 1718 geboren worden war, lebte nur ein Jahr. Das Herzogtum Württemberg ging somit nach dem Tod von Eberhard IV. Ludwig an die Seitenlinie „Winnetal".

König Friedrich II., der Große, von Preußen (1712–1786)

Ritt immer in vorderster Reihe mit

Bereits in seiner Jugend nahm Friedrich an Feldzügen des Prinzen Eugen teil, auch wenn er sich zu diesem Zeitpunkt eigentlich noch nicht sehr für das Militär interessierte. Gleich nach dem Tod seines Vaters und der Regierungsübernahme marschierte er jedoch im Dezember 1740 in Schlesien ein und löste so den Ersten Schlesischen Krieg aus. Dieser dauerte bis Juni 1742 und brachte Friedrich die reiche Provinz Schlesien ein. Am Beginn des Feldzuges sprach er folgende legendäre und oft zitierte Worte zu seinen Offizieren: *Meine Herren, ich unternehme einen Krieg, für welchen ich keinen anderen Bundesgenossen habe, als Ihre Tapferkeit und keine Hilfsmittel als mein Glück. Erinnern Sie sich stets des unsterblichen Ruhms, den Ihre Vorfahren auf den Gefilden von Warschau und Fehrbellin erworben haben. Leben Sie wohl, brechen Sie auf zum Rendezvous des Ruhms, wohin ich Ihnen ungesäumt folgen werde.*[93] Von 1756 bis 1763 führte er den Siebenjährigen Krieg und besiegte Österreich nun endgültig. 1778 griff er noch in den Bayrischen Erbfolgekrieg ein.

Viele seiner 74 Lebensjahre verbrachte der große Preußenkönig im Krieg. Er war nicht einer jener Feldherren, die im Hintergrund auf einem Hügel standen, die Schlacht aus einiger Entfernung beobachteten und dabei ihre Kommandos gaben, sondern er ritt in vorderster Reihe und führte seine Soldaten, die ihren „alten Fritz“ mit der Zeit gerade deswegen abgöttisch liebten, höchstpersönlich in den Kampf. In der Schlacht bei Kunersdorf, im Jahre 1759, wurden beispielsweise nicht weniger als drei Pferde unter dem König erschossen. Es fehlte nicht viel und er wäre selbst getroffen worden.

Herzog Wilhelm August von Cumberland (1720–1765)

Gewann nur eine einzige Schlacht in seinem ganzen Leben

Der Lieblingssohn des englischen Königs Georg II. war, als sein Vater ihm 1745 befahl, die schottische Rebellion unter dem Stuartprinzen Karl Eduard niederzuschlagen, eigentlich bereits ein relativ erfahrener Feldherr. Er hatte sich auf den Schlachtfeldern von Flandern gegen große Gegner wie den französischen Marschall Moritz von Sachsen, der ja zu den fähigsten Feldherren seiner Zeit gehört hatte, ausgezeichnet. Doch diese Erfahrungen konnte er bis auf eine einzige Ausnahme nie nutzbringend umsetzen. Wilhelm August war ein überaus fettleibiger, äußerst kaltblütiger junger Prinz, ganz ohne Skrupel und Gewissen. Doch er blieb trotz dieser Eigenschaften, die ihm vielleicht im Kampf genutzt hätten, sieglos.

Die einzige Schlacht, die er in seinem ganzen Leben gewann, war jene am 16. April 1746 gegen die rebellischen Schotten. Und selbst in diesem einen Fall hatte er mehr Glück als Verstand. Denn einen Tag vor dem Kampf, also am 15. April, ließ er, weil er Geburtstag hatte, zur Feier des Tages Branntwein an seine Soldaten ausgeben, damit sie auf sein Wohl trinken konnten. Eine Wahnsinnstat, angesichts der Tatsache, dass der Feind nur wenige Kilometer entfernt lagerte und die große entscheidende Schlacht für den nächsten Tag geplant war. Wen wundert es also, wenn er nie gewann?

Bei dieser Schlacht von Culloden aber verhielten sich – zum Glück des Herzogs von Cumberland – die Schotten noch dümmer als er selbst und nur deswegen konnte er sich diesen großen Sieg an die Fahnen heften. Nichtsdestotrotz hielt er in London bald danach triumphal Einzug und ließ seinen Sieg in vielen Gemälden verherrlichen.

Herzog Carl Eugen von Württemberg (1728–1793)

Wäre fast während eines Balles im Feldlager gefangen genommen worden

Als der verschwenderische, prunkliebende und genusssüchtige Herzog Carl Eugen von Württemberg 1759 im den Siebenjährigen Krieg auf der Seite der Habsburger kämpfte, passierte ihm ein verhängnisvolles Missgeschick. Am 30. November 1759, Carl Eugen befand sich in seinem Feldlager, ließ er es sich nicht nehmen, der „Schönheit und Mode“ zu Ehren einen Ball zu veranstalten. Den Feind wähnte er weit weg. Und wie er sich so auf seinem Ball mit den Damen, die er mitgebracht hatte, amüsierte, sprengten plötzlich Reiter ins Lager, die verkündeten, dass die Preußen im Anmarsch wären. Schon fielen die ersten Schüsse und tatsächlich stand der preußische General, es war Erbprinz Karl von Braunschweig, nach kürzester Zeit mit seinen Truppen im württembergischen Lager. Carl Eugen ergriff in Panik die Flucht und konnte sich gerade noch retten. Natürlich lachte ganz Europa über den vergnügungssüchtigen württembergischen Herzog.

Francisco Solano López, Präsident von Paraguay (1827–1870)

Opferte für einen Krieg fast seine gesamte Bevölkerung

Dieses Mal ist es ausnahmsweise kein Kaiser oder König, der wahnsinnig war, sondern ein Präsident, was im Falle des Francisco Solano López jedoch nur ein rein begrifflicher Unterschied war. Denn wäre es sein Wunsch gewesen, Kaiser oder König zu werden, hätte niemand ihn davon abhalten können.

In der Militärgeschichte ist er einzigartig. Kein Feldherr hatte bisher einen Krieg bis zu einem Zeitpunkt hingezogen, wo nicht nur die gesamte Armee, sondern sogar nahezu die gesamte Zivilbevölkerung ausgelöscht war. Dies schaffte jedoch dieser paraguayische Präsident. Der an Selbstüberschätzung und Größenwahn leidende Solano López stürzte sich in den so genannten Krieg der Tripelallianz, in dem Paraguay es gleichzeitig mit Argentinien, Brasilien und Uruguay aufnehmen musste. Von den 1337000 Einwohnern Paraguays vor dem Krieg blieben nach dem Krieg noch ganze 221000 übrig. Davon nur 28000 männliche Erwachsene. Andere Quellen sprechen von einem Verlust von 80 % der männlichen Bevölkerung. So verheerend wütete der Krieg des Präsidenten Francisco Solano López.

Sein Motto lautete „Sieg oder Tod". Bereits in der Vorbereitung ließ er seine Soldaten dermaßen schleifen, dass viele die Grundausbildung nicht überlebten. Zudem durfte sich keiner der Soldaten jemals ergeben. Als sich einmal die Kommandanten eines von den Alliierten belagerten Forts nach tagelangem, aussichtslosem Kampf retten und sich durch Sumpf und Dschungel zu Solano López durchschlagen konnten, war dessen Wut so groß, dass er nicht nur diese Männer foltern und erschießen ließ – sondern deren Familien gleich mit.

Sein Wahnsinn kannte keine Grenzen mehr. Er hinterließ riesige unvollendete Gebäude und forderte Männer und Frauen seiner Umgebung auf, in seiner Gegenwart Geschlechtsverkehr zu vollziehen. Einmal wollte er heilig gesprochen werden, ein anderes Mal forderte er seine gesamten „Untertanen" zum kollektiven Selbstmord auf, sollte er den Krieg verlieren. 1870 fiel er selbst in einer Schlacht gegen die Brasilianer durch eine Speerspitze eines brasilianischen Soldaten, nachdem er das Todesurteil für seine Mutter unterschrieben hatte. So fand der „paraguayische Caligula", der selbst ernannte „südamerikanische Napoleon", sein verdientes Ende.

Graf Karl Alexander von Württemberg (1839–1876)

Der Fremdenlegionär

Der aus der württembergischen Seitenlinie „Urach" stammende Graf absolvierte die Offiziersschule in Ludwigsburg. 1857 erwarb er sein Patent und wurde zum Leutnant ernannt. 1862 wurde er Oberleutnant und ging dann auf ausgedehnte Reisen. 1863 entließ man ihn bereits wegen hoher Schulden wieder aus dem Militärdienst. Im Jahre 1865 waren diese Schulden so hoch, dass er flüchten musste. Trotzdem versuchte er sich noch in einem Ingenieurstudium.

In den Hof- und Besoldungslisten des württembergischen Königs wurde er noch bis 1869 geführt. Ab diesem Zeitpunkt jedoch nicht mehr, weil er 1868 als „Albert Werner" der Fremdenlegion beigetreten war und in Algerien Dienst tat. Jedoch schon 1872 entließ man ihn – auf seine Bitte hin und durch Intervention des Deutschen Kaisers – vorzeitig. Am 30. November 1872 bekam er vom württembergischen König rechtskräftig seinen Wahlnamen „Albert Werner" verliehen und starb bald darauf in der Schweiz.

König im zweiten Bildungsweg

Nicht jedes Königs- oder Fürstenkind schaffte es ins Erwachsenenleben und später vielleicht auch auf den Thron. Viele verstarben schon im Kindesalter und somit rückte dann der nächstgeborene Sohn und manchmal sogar die Tochter in der Thronfolge nach. Diese Nachfolger waren oft nicht einmal auf ihr Amt vorbereitet, weil sie eigentlich für den geistlichen Stand bestimmt gewesen waren. Man kann deswegen wirklich sagen, dass so mancher Herrscher den Thron im zweiten Bildungsweg bestieg.

König Heinrich VIII. von England (1491–1547)

Nur zweite Wahl

König Heinrich VIII. von England war nicht die erste Wahl. Er hatte einen älteren Bruder mit Namen Arthur, der eigentlich seinem Vater, Heinrich VII., hätte nachfolgen müssen. Heinrich war ursprünglich für den geistlichen Stand bestimmt gewesen und nicht für die Thronfolge. Doch dieser Prinz Arthur starb im Jahre 1502 an Tuberkulose, während er sich in Wales aufhielt, um die dortige Regentschaft im Namen seines Vaters zu kontrollieren. Heinrich rückte somit in der Thronfolge nach und wurde einer der berühmtesten Könige Englands.

König Karl I. von England (1600–1649)

Der kränkliche zweite Sohn

Der englische König Karl I. hatte einen älteren Bruder namens Heinrich, den Prinzen von Wales, der allerdings am 6. November 1612 unerwartet einer Typhusinfektion erlag. Karl, der bis dahin völlig im Schatten seines Bruders gestanden hatte und sich ebenfalls nicht bester Gesundheit erfreute, wurde nun der neue Prinz von Wales und konnte letztlich nach dem Tod seines Vaters im Jahre 1625 als Karl I. den englischen, irischen und schottischen Thron besteigen.

Kaiser Leopold I. (1640–1705)

Überraschend Thronfolger

Der spätere Kaiser des Heiligen Römischen Reiches Leopold I. war von seinem Vater, Kaiser Ferdinand III., ursprünglich für den geistlichen Stand vorgesehen gewesen. Die Nachfolge sollte

Ferdinands ältester Sohn, der den gleichen Namen wie sein Vater trug, antreten. Dieser wurde auch tatsächlich im Jahre 1653 als Ferdinand IV. zum Römischen König gewählt. Doch noch vor seiner Kaiserkrönung, folglich auch vor dem Tod seines Vaters, verstarb er völlig überraschend. So kam es, dass der für dieses Amt überhaupt nicht vorbereitete Leopold neuer Kaiser wurde.

König Friedrich I. von Preußen (1657–1713)

Der ungeliebte zweite Sohn

Der spätere preußische König Friedrich I. hatte, als noch sein Vater, der Große Kurfürst Friedrich Wilhelm regierte, einen älteren Bruder namens Karl Emil, den Friedrich Wilhelm über alles liebte. Doch dieser Karl Emil starb 1674, knapp 22-jährig, während eines Feldzuges an einer Lagerseuche. Somit wurde der ungeliebte und missgebildete Friedrich neuer Kurprinz.

Später sagte Friedrich der Große einmal, dass, wenn er einen Sohn gehabt, er ihn „Emil" genannt hätte, eben wegen dieses Lieblingssohnes des Großen Kurfürsten.

Ludwig von Frankreich, le Grand-Dauphin (1661–1711)

Auch der dritte Sohn schaffte es nicht auf den Thron

Der einzige Sohn des Sonnenkönigs, der auf den Namen seines Vaters getauft worden war und auch das Erwachsenenalter erreichte, war eigentlich schon der dritte Sohn. Vorher waren dem „größten" König des damaligen Europas bereits zwei Söhne geschenkt worden. Philipp, das erste Kind, wurde gerade einmal nur drei Jahre alt und Ludwig Franz überlebte wiederum nur fünf Monate. Aber auch Ludwig als dritter Sohn konnte nicht die Nachfolge seines Vaters antreten, da er vier Jahre vor diesem verstarb. Neuer Thronfolger wurde der Sohn des Grand Dauphins.

Kaiser Joseph I. (1678–1711)

Beide Brüder starben als Säuglinge

Der Sohn und Nachfolger Leopolds I., Joseph, war eigentlich der dritte Sohn des Kaisers des Heiligen Römischen Reiches. Bereits 1667 wurde Leopold ein Sohn namens Ferdinand Wenzel geboren, der jedoch bereits ein Jahr später verstarb. Es folgte glücklicherweise 1670 noch ein weiterer Sohn, der auf den Namen Johann Leopold getauft wurde. Doch auch dieses Kind sollte nicht lange leben. Es verschied noch im Jahr seiner Geburt. Erst der 1678 geborene Joseph überlebte und konnte 1705 die Nachfolge seines Vaters antreten.

König Friedrich Wilhelm I. von Preußen (1688–1740)
Zweiter Sohn
Auch der Soldatenkönig war wie sein Vater vor ihm und sein Sohn nach ihm nicht der rechtmäßige, erstgeborene Erbe Preußens. Im Jahre 1685 wurde dem damaligen Kurfürsten Friedrich III., dem späteren ersten König Preußens, ein Sohn geboren, der auf die Namen Friedrich August getauft wurde. Dieser Friedrich August starb jedoch schon wieder ein Jahr später.

Kaiser Karl VII. (1697–1745)
Tod des Bruders löste den Spanischen Erbfolgekrieg aus
Kurfürst Karl Albrecht, der später als Karl VII. sogar Kaiser des Heiligen Römischen Reiches wurde, war der zweite Sohn seines Vaters, des Kurfürsten Max Emanuel. Sein älterer Bruder, der eigentliche Thronerbe, hieß Joseph Ferdinand. Er war jener berühmte Joseph Ferdinand, den der letzte spanische Habsburger Karl II. als Thronerben eingesetzt hatte und dessen verfrühter Tod den Spanischen Erbfolgekrieg auslöste.

König Friedrich II., der Große, von Preußen (1712–1786)
Hatte zwei ältere Brüder
Auch Friedrich der Große wäre nicht König geworden, hätten seine älteren Brüder überlebt. Dem Soldatenkönig Friedrich Wilhelm I. wurde im Jahre 1707 ein Sohn mit Namen Friedrich geboren, der jedoch ein Jahr später bereits wieder verstarb. Ferner erblickte 1710 ein weiterer Sohn das Licht der Welt, der auf die Namen seines Vaters getauft wurde. Doch auch dieser erlebte nicht einmal seinen zweiten Geburtstag.

So kam es, dass der 1712 eigentlich erst als dritter Sohn geborene Friedrich zu einem der größten Könige der zweiten Hälfte des 18. Jahrhunderts werden konnte.

König Ludwig XVI. von Frankreich (1754–1793)

Sein Bruder starb an den „Skrofeln“

Dem ältesten Sohn Ludwigs XV. und seiner sächsischen Gemahlin Maria Josepha wurde 1751 ein kräftiger und gesunder Junge geboren, der, wie viele seiner Dynastie, den Namen Ludwig erhielt und den Titel eines Herzogs von Burgund verliehen bekam. 1753 folgte ein zweiter Sohn, der jedoch bald an Keuchhusten starb. Am 23. August 1754 schließlich kam der dritte Sohn des Kronprinzenpaares mit Namen Ludwig zur Welt, der den Titel eines Herzogs von Berry erhielt und der später als Ludwig XVI. den französischen Thron besteigen sollte.

Die Frage ist lediglich, was seinem älteren Bruder, dem als kräftig und gesund beschriebenen Herzog von Burgund, zugestoßen war. Im April 1760 bekam dieser plötzlich ein Geschwür an der Hüfte und begann zu hinken. Die Leibchirurgen des Königs führten sofort eine lange und schmerzhafte Operation durch, die ihn jedoch nicht heilte. Der Junge litt an Knochentuberkulose und an einer Erkrankung der Lymphknoten, ein Leiden, das damals als „Skrofeln“ bezeichnet wurde. Am Karsamstag des Jahres 1761 starb der älteste Sohn des französischen Dauphins und der „Herzog von Berry“ wurde der neue Thronerbe.

König Georg V. von England (1865–1936)

Überlebte den Herzog von Clarence

Wie Heinrich VIII. hatte auch Georg V. von England einen älteren Bruder mit Namen Albert Victor. Dieser Albert, der „Herzog von Clarence“ – er war noch nicht Prinz von Wales, da dieses Amt noch sein Vater, der spätere Eduard VII., innehatte –, starb völlig unerwartet. Ihn ereilte somit dasselbe Schicksal wie den älteren Bruder Heinrichs VIII. Statt Albert wurde der jüngere Bruder Georg neuer Thronfolger.

König Georg VI. von England (1895–1952)

Zweiter Sohn

Der spätere englische König Georg VI. war der zweite Sohn Georgs V. Sein Bruder – der eigentliche Thronerbe – bestieg nach dem Tod seines Vaters als Eduard VIII. 1936 auch den englischen Thron. Doch nach einer Regierungszeit von weniger als elf Monaten musste er abdanken. Sein Thronverzicht resultierte aus seinem Wunsch, die bereits zweimal geschiedene Amerikanerin Wallis Simpson zu heiraten. Die Kirche von England war verständlicherweise gegen diese Heirat und stellte den König vor die Wahl: entweder Thron oder Wallis Simpson. Nach einer qualvollen Zeit der Ungewissheit entschied er sich für die Amerikanerin und dankte offiziell am 10. Dezember 1936 ab. Gerüchte verstummten nie, dass Eduard VIII. zu sehr mit Hitler und seinem Regime sympathisiert hatte und in Wirklichkeit deswegen abdanken musste. Die Heirat mit Wallis Simpson war angeblich nur vorgeschoben gewesen.

Diesem Umstand, der Abdankung Eduards, verdankt die jetzige Königin Elisabeth II., Tochter Georgs VI., ihre Regentschaft. Der Ex-König Eduard VIII. starb erst lange nach seinem Bruder im Jahre 1972 als „Herzog von Windsor".

König unter anderem Namen

Fürstenkinder bekommen in der Regel mehr als nur einen Vornamen. Wenn dann für sie der Tag kommt, an dem sie die Herrschaft antreten, müssen sie den Vornamen bekannt geben, unter dem sie künftig herrschen wollen. Für die endgültige Wahl des Namens konnte es die unterschiedlichsten und zum Teil erstaunlichsten Gründe geben.

Pharao Echnaton von Ägypten (1353–1335 v. Chr.)

Der Begründer der ersten monotheistischen Religion

Der gleichnamige Sohn Amenophis' III. führte gleich nach seiner Thronbesteigung weit reichende politische und religiöse Reformen durch. Er verlegte seine Residenz in die neu erbaute Hauptstadt Achet-Aton, die er zum Zentrum seiner neuen Religion machte. Er rief den Kult um den Sonnengott Aton ins Leben, der nur vom Pharao und seiner Frau Nofretete betrieben werden konnte. Als ein äußeres Zeichen für seine neue Aton-Religon benannte er sich in Echn-Aton – „Echnaton" – um. Die neue Religion konnte sich jedoch nicht über seinen Tod hinaus halten. Dennoch verdient sie erwähnt zu werden, war sie doch die erste der Weltgeschichte mit rein monotheistischem Charakter.

Sein minderjähriger Nachfolger Tut-Ench-Aton musste die Residenz auf Drängen der Priester wieder in die alte Hauptstadt zurückverlegen, nahm den Namen der alten Amun-Religion wieder an und ging so als „Tutenchamun" in die Geschichte ein.

Kaiser Karl IV. (1316–1378)

Wollte wie Karl der Große sein

Der Kaiser des Heiligen Römischen Reiches Karl IV. aus dem Hause Luxemburg, Sohn König Johanns von Böhmen, kam eigentlich als „Wenzel" auf die Welt. Als er aber Kaiser wurde, nannte er sich nach seinem Oheim, dem französischen König Karl IV. Mit diesem Namen wollte er dem Inbegriff des Kaisertums schlechthin, dem legendären Frankenkönig und Kaiser, Karl I., „dem Großen", nacheifern.

König August II., der Starke, von Sachsen-Polen (1670–1733)

Friedrich August

Der sächsische Kurfürst Friedrich August I., der wegen seiner enormen Körperkräfte den Beinamen „der Starke“ erhielt, bestieg als August II. 1697 den polnischen Thron.

Auch sein Sohn, Kurfürst Friedrich August II., ein kunstsinniger und musisch interessierter Fürst, der wegen der Gegensätzlichkeit zu seinem Vater mit dem Spitznamen „der Schwache“ gestraft wurde, bestieg als August III. den Thron Polens.

Zarin Katharina II., die Große, von Rußland (1729–1796)

Mit neuer Religion neuer Name

Die spätere Zarin Russlands Katharina II. hieß vor ihrer Heirat Prinzessin Sophie Auguste Friederike von Anhalt-Zerbst. Als sie den russischen Thronfolger Peter ehelichte, musste sie zum russisch-orthodoxen Glauben übertreten und nahm den Namen Katharina Alexejewna an. Nachdem sie ihren Mann Peter III. entmachtet hatte – später ließ sie ihn ermorden – bestieg sie als Katharina II. den russischen Thron.

König Karl XIV. Johann von Schweden (1763–1844)

Vom schwedischen König adoptiert

Jean-Baptiste Bernadotte machte unter der Herrschaft Napoleon Bonapartes Karriere. 1797 kämpfte der Sohn eines katholischen Anwaltes für den großen Korsen in Italien und wurde anschließend französischer Botschafter in Wien. 1799 kehrte er nach Frankreich zurück und wurde Kriegsminister. Durch die Heirat mit Désirée Clary, der Schwägerin von Joseph Bonaparte, kam er in die Gunst Napoleons. 1804 wurde er nach der Kaiserkrönung des Korsen „Marschall von Frankreich“. Zwei Jahre später erhielt er das Fürstentum Ponte Corve. Doch 1809 fiel er schließlich wegen militärischer Untüchtigkeit bei Napoleon in Ungnade.

1810 schlug ihn überaschend der junge schwedische Baron Karl-Otto von Mörner auf eigene Faust als Nachfolger für den kinderlosen schwedischen König Karl XIII. vor. Auf dem Reichstag von Örebro wurde er auch tatsächlich zum schwedischen Thronfolger ernannt und Karl XIII. adoptierte ihn. Jean-Baptiste trat zum lutherischen Glauben über und nannte sich Karl Johann. 1818 trat er als Karl XIV. Johann die Nachfolge seines Adoptivvaters an.

Prinz Louis Ferdinand von Preußen (1772–1806)
Als Louis Ferdinand erfolgreich gegen Napoleon kämpfte
Der bedeutende preußische Feldherr und Neffe Friedrichs des Großen hieß eigentlich Friedrich Ludwig Christian. Da man damals aber am Berliner Hof allgemein Französisch sprach, wurde er statt Ludwig „Louis“ gerufen. Als dann noch der Kronprinz einen Sohn bekam und ihn auch Ludwig taufte, nannte man Louis, um Verwechslungen zu vermeiden, „Louis Ferdinand“. „Ferdinand“ als Zeichen für die Zugehörigkeit zu seinem Vater August Ferdinand. Unter dem Namen Louis Ferdinand wurde er schließlich einer der berühmtesten und erfolgreichsten Heerführer im Kampf gegen Napoleon. Leider starb der glorreiche Prinz bereits im Alter von 34 Jahren in der Schlacht bei Saalfeld am 10. Oktober 1806.

Napoleon III. – Kaiser der Franzosen (1808–1873)
Louis Napoleon
Das Mitglied des Hauses Bonaparte, das 1852 Kaiser aller Franzosen wurde, hieß eigentlich Ludwig mit erstem Namen und Napoleon mit dem zweiten. Natürlich huldigte er seinem berühmten Onkel, dem ersten Napoleon, indem er seinen zweiten Namen als Königsnamen wählte und sich von da an Napoleon III. nannte.

Prinz Albert von Sachsen-Coburg (1819–1861)
Kein königlicher Pate – kein Name
Der Prinzgemahl der englischen Königin Viktoria wurde eigentlich auf die Namen Franz August Carl Albrecht Emanuel getauft. In seiner Familie nannte man ihn jedoch von Anfang an Albert. Unter diesem Namen ging er auch in die Geschichte ein. Der Name Albert war eine Mischung aus den Namen (Alb)recht und (Er)ns(t), den beiden Gründern seines sächsischen Familienzweiges.

Es stellt sich natürlich die Frage, warum man den Jungen nicht gleich Albert getauft hatte. Die Erklärung findet sich im

Protokollwesen der Herrscherfamilien. Die Namen wurden zumeist nach den fürstlichen Paten ausgesucht. Wenn man nun seinem neugeborenen Prinzen den Namen Albert geben wollte, es aber keinen regierenden Herrscher mit diesem Namen gab – und nach diesem Kriterium wurden die Paten meistens ausgesucht – hatte man Pech. Der Name „Franz" wurde dem jungen Albert beispielsweise nach dem österreichischen Kaiser Franz I. gegeben, der ebenfalls einer seiner Paten war.

König Eduard VII. von England (1841–1910)

Wegen Hass auf Vater Name geändert

Wie bereits gesagt wurde, hieß Eduard VII. von England eigentlich Albert Eduard. In seiner Familie wurde er auch stets liebevoll „Bertie" genannt. Als er aber König wurde, nannte er sich Eduard, da er seinen Vater Albert, den Prinzgemahl von Sachsen-Coburg-Gotha, so hasste. Er wollte auf keinen Fall durch den Namen Albert an seinen Vater erinnern und erwählte deswegen seinen zweiten Namen als denjenigen, mit dem er in die Geschichte eingehen wollte.

König Georg I. von Griechenland (1845–1913)

Der König der Hellenen

Der dänische Prinz Wilhelm, Sohn Christians IX., wurde im Jahre 1863 zum Nachfolger Ottos I., eines Wittelsbachers, auf dem griechischen Thron gewählt. Dies war Grund genug sich umzubenennen. Sein neuer Wahlname lautete Georg I. mit dem Zusatz „König der Hellenen".

Kaiser Wilhelm II. von Deutschland (1859–1941)

Nannte sich nach dem Großvater

Der deutsche Kaiser und König von Preußen Wilhelm II. hieß eigentlich Friedrich Wilhelm. Er nannte sich aber, weil er seinen Vater Friedrich III. über alle Maßen verabscheute, Wilhelm. Dies war der Name seines Großvaters Wilhelm I. gewesen, den Friedrich Wilhelm wiederum sehr verehrte.

König Haakon VII. von Norwegen (1872–1957)
Ein geborener Carl

Der dänische Prinz Carl, Sohn Friedrichs VIII., wurde im Jahre 1905, nach Beendigung der Union zwischen Schweden und Norwegen zum neuen norwegischen König gewählt. Er nahm einen neuen Namen an und bestieg als Haakon VII. den norwegischen Thron.

Prinz Charles, Thronfolger Englands (*1948)
Ein zukünftiger George VII.?

Der englische Thronfolger Charles, aktueller Prinz von Wales, der mit vollem Namen „Charles Philipp Arthur George" heißt, ließ bereits jetzt verlautbaren, dass er sich, wenn er den Thron einmal übernimmt, nicht Charles (III.), sondern George (VII.) nennen wird.

Sucht, Krankheit, Wahnsinn

Körperliche Gebrechen und geistige Schwächen

Mit körperlichen Gebrechen und geistigen Schwächen mussten sich auch adelige Familien herumplagen. Manche Fürsten waren so schwach, dass sie sich nicht einmal auf den Beinen halten konnten, andere wiederum verloren durch Kriege oder Krankheiten ihr Augenlicht. So mancher Herrscher lebte wegen der Folgen der Inzucht in völliger geistiger Verwirrung, war taub und stumm. Doch es gab einige, die sich von ihren körperlichen Schwächen nicht besiegen ließen und dadurch herausragende Persönlichkeiten wurden.

Kaiser Claudius (10 v. Chr. – 54 n. Chr.)
Ihm wackelte beim Gehen der Kopf
Der römische Kaiser Claudius hatte im Laufe seines Lebens unzählige Krankheiten – darunter auch die Kinderlähmung – zu überstehen. Durch die vielen Leiden wurde mit der Zeit sein Körper sehr geschwächt. Er bekam so dünne Beine, dass ihm beim Gehen ständig der Kopf wackelte. Dementsprechend unsicher wirkten auch seine Schritte. Nebenbei stotterte der arme Mann noch ein wenig.

Herzog Wilhelm, der Jüngere, von Braunschweig-Lüneburg (1535–1592)
Blind
Herzog Wilhelm, genannt „der Jüngere", litt unter einer schweren Geisteskrankheit. Mit der Zeit wurde diese so schlimm, dass der schon gezeichnete Herzog Wilhelm auch noch immer mehr an Sehkraft verlor. Die Krankheit besserte sich nicht und Wilhelm der Jüngere verlor sein Augenlicht. Er blieb bis zu seinem Tode blind.

König Jakob I. von England (1566–1625)

Stottern

Jakobs I. großer Makel war seine Sprache. Er galt als leicht sprachbehindert und stotterte infolgedessen leicht. Doch nicht nur das Stottern machte ihm zu schaffen. Generell konnte er sich nicht gut ausdrücken und seine Sprache wurde von Zeitgenossen als „unartikuliert“ beschrieben.

König Karl I. von England (1600–1649)

Konnte sein Stottern nie überwinden

Der spätere englische König Karl I. war bei seiner Geburt so schwach, dass man annahm, er würde nur wenige Tage überleben. Aus diesem Grund beachtete man ihn vorerst auch kaum. Doch wie durch ein Wunder starb er nicht. Seine Gouvernante Lady Ochiltree kümmerte sich daraufhin liebevollst um ihn und sorgte dafür, dass Karl seine Kindheit überstand. Richtig gut ging es mit seiner Entwicklung aber trotzdem nicht voran. Erst mit vier Jahren lernte er laufen und sprechen. In der Pubertät konnte er zwar alle körperlichen Schwächen ausmerzen und ein guter Sportler werden, doch er litt bis an sein Lebensende an einer Sprachbehinderung, die sich in Stottern äußerte. Gegenüber anderen Menschen fühlte er sich deswegen oft gehemmt – im Unterschied zu seinem Vater Jakob I., der zwar auch stotterte, sich aber nicht so viel daraus machte. 1649 wurde Karl I. von der Revolutionsregierung des Oliver Cromwell enthauptet.

König Alfons VI. von Portugal (1643–1683)

Trotz Impotenz zügelloses Leben

Alfons VI. war ein Mensch, der ausgesprochen stark unter den Folgen der Inzuchtspraktik seiner Vorfahren zu leiden hatte. Er war der sechste Sohn König Johanns IV. und wurde mit zehn Jahren, nach dem Tod seines Bruders Theodosius, neuer Thronerbe. Er erhielt im Zuge dessen die Titel „Prinz von Brasilien“ und „Herzog von Braganza“.

Alfons VI. war geistig jedoch weit zurückgeblieben. Eine Hand war gelähmt und ein Fuß war missgebildet, so dass er hinkte. Darüber hinaus litt er noch unter einem Sprachfehler und unter völliger Impotenz. Ab und an wurde er von schweren Anfällen gepackt, auf die Bewusstlosigkeit und bisweilen völlige Apathie folgten.

Trotz seiner Schwächen war Alfons in jeder Hinsicht ein zügelloser Mensch, der alle Arten von Ausschweifungen – zumindest soweit es ihm möglich war – auslebte. Er umgab sich ständig mit Taugenichtsen und Menschen von nicht-adeliger Herkunft, die ihn nur ausnutzten. Am Tage seiner Hochzeit mit der schönen Prinzessin Maria Franziska von Savoyen weigerte er sich sogar, noch zu den anschließenden Feierlichkeiten zu erscheinen.

Als seine Nonkonformitäten nicht mehr kontrollierbare Ausmaße annahmen, wurde er von seinem Bruder Peter entmachtet, gefangen gesetzt und starb letztlich am 12. September 1683 in Sintra, seinem Kerker.

Zar Iwan V. von Russland (1666–1696)

Geistig behindert

Der nach dem Tod seines Bruders Fjodor III. von seiner Schwester Sofia kurz zum Zaren ausgerufene Iwan V. war geistig behindert. Er heiratete aber trotzdem und hatte mit seiner Frau Praxowija Naryschina zwei Töchter, Anna und Katharina.

Kronprinz Philipp Anton von Neapel-Sizilien (1747–1777)

Wegen Taubstummheit von Erbfolge ausgeschlossen

Philipp Anton, den „Herzog von Kalabrien" und ältesten Sohn König Karls III. von Neapel-Sizilien, schloss man im Jahre 1759, als sein Vater König von Spanien wurde, von der Thronfolge aus, da er taubstumm und körperlich so schwach war, dass er nicht einmal richtig stehen konnte. Nachfolger seines Vaters wurde Philipps jüngerer Bruder Ferdinand I.

Prinz Ludwig von Frankreich (1751–1761)

Litt an „Skrofeln"

Ludwig, der Herzog von Burgund und Enkel Ludwigs XV., galt als hoffnungsvoller Thronfolger, bis er im April 1760 plötzlich ein Geschwür an der Hüfte bekam. Auch eine schnell angesetzte Operation wollte nicht helfen. Der Prinz litt an Knochentuberkulose und an einer damit einhergehenden Erkrankung der Lymphknoten, die man damals als „Skrofeln" oder „Königskrankheit" bezeichnete. Der Legende nach konnte diese Krankheit durch die Berührung eines Königs geheilt werden, woher auch der Name „Königskrankheit“ stammte. Leider schlug diese wunderhafte Behandlung nicht bei dem jungen Prinzen Ludwig an. Fortan musste der Herzog von Burgund seine Zeit im Bett oder im Rollstuhl verbringen.

Am Karsamstag des Jahres 1761 starb der junge Prinz schließlich mit knapp zehn Jahren an dieser furchtbaren Krankheit. Sein gleichnamiger Bruder, der spätere Ludwig XVI., wurde neuer Thronfolger.

König Ludwig XVIII. von Frankreich (1755–1824)

Hüftleiden hinderte ihn am Reiten

Den späteren König Ludwig XVIII. von Frankreich, der am Hofe seines Bruders, Ludwigs XVI., schlicht den Namen „Monsieur“ geführt hatte, quälte zeitlebens ein angeborenes Hüftleiden. Es schränkte ihn so in seiner Bewegungsfreiheit ein, dass er auch dem Reitsport nicht nachgehen konnte. Trotz seines Leidens entzückte er den Hof durch seine Intelligenz, seinen Witz und seine Schlagfertigkeit.

König Ernst August II. von Hannover (1771–1851)

Verlor im Kampf ein Auge

Ernst August von Hannover, der fünfte Sohn des englischen Königs Georgs III., kämpfte in der Schlacht bei Famars so tollkühn, dass er durch einen feindlichen Säbelhieb, der quer über sein Gesicht verlief, sein rechtes Auge verlor.

König Georg V. von Hannover (1819–1878)

War auch blind ein stolzer König

Georg V. von Hannover, Sohn Ernst Augusts II., verlor in seiner Jugend durch eine Krankheit sein linkes Augenlicht. Im Zuge eines Unglücksfalles büßte er jedoch auch noch sein rechtes Auge ein. Trotzdem übte er sein Königsamt mit Stolz und Würde aus. Er war ein grandioser Pianist sowie Komponist, ein bedeutender Kunstkenner und galt darüber hinaus als sehr belesen und gebildet.

Als er sich aber 1866 im Preußisch-Österreichischen Krieg auf die Seite der Österreicher stellte und mit diesen in der Schlacht bei Königgrätz unterging, wurde er als „Feind Preußens“ entmachtet und musste ins österreichische Exil gehen. Er starb in der Nähe Wiens. Sein Königreich Hannover hörte zu existieren auf und wurde kurzerhand Preußen einverleibt. Der preußische Kanzler Bismarck verwendete das gesamte Vermögen der Dynastie Georgs, den sogenannten „Welfenfonds", um den bayrischen König Ludwig II. mit großen Summen dazu zu bewegen, einem deutschen Kaiserreich unter der Führung der Hohenzollern zuzustimmen. Dieser nahm natürlich gerne an und finanzierte damit seine gewaltigen Schlossbauten.

Kaiser Wilhelm II. von Deutschland (1859–1941)

Verkrüppelt von Geburt an

Die Geburt des späteren Kaisers Wilhelm II. verlief äußerst kritisch. Mehrere Stunden lang hing das Leben der Mutter und des Prinzen am seidenen Faden. Der Grund war die komplizierte Lage des Kindes im Mutterleib. Als man den Säugling mit Zangen auf die Welt holte, ging das nicht ohne schlimme Verletzungen vor sich. Wilhelm erlitt durch die schwere Geburt eine Verrenkung des linken Ellenbogengelenkes und eine Dislokation der Gelenkpfanne in der linken Schulter. Der linke Arm des Prinzen und späteren Kaisers blieb zeit seines Lebens missgebildet, was er selbst immer wieder als sein größtes Hemmnis bezeichnete.

König Georg VI. von England (1895–1952)

Führte England durch den Zweiten Weltkrieg

Der Vater der jetzigen Königin Elisabeth II. wollte eigentlich nie König werden und wäre am liebsten im Hintergrund geblieben. Doch nach der Abdankung seines Bruders, Eduards VIII., musste Georg den Thron besteigen. Sein Wunsch, unbemerkt zu bleiben, hing vielleicht auch damit zusammen, dass er leicht stotterte. Trotz seiner Hemmungen und teilweisen Unbeholfenheit in der Öffentlichkeit meisterte er – auch gestützt von seiner energischen Gemahlin Elisabeth – sein hohes Amt mit Bravour und führte England durch die schwierigen und harten Jahre des Zweiten Weltkrieges.

Auch einer Ratte kann man den Prozess machen

Durch die engen verwandtschaftlichen Ehen in adeligen Häusern kam es zu manchen unangenehmen Folgen. Viele Mitglieder blaublütiger Familien hatten mit den psychischen und physischen Auswirkungen der Inzucht zu kämpfen. Wenn sie nicht schon von Geburt an in einem Zustand geistiger Umnachtung lebten, dann passierte es oft, dass sie im Laufe ihres Lebens wahnsinnig wurden oder schwere Depressionen bekamen. Und damals gab es dafür noch keine vernünftigen Behandlungsmethoden. Oft wurde die Krankheit durch die Mitmenschen, die damit nicht umgehen konnten, noch verschlimmert. Nur in den seltensten Fällen fand ein Verwandter ein Mittel, dem Betroffenen aus seiner Krise zu helfen.

Kaiser Domitian (51–96)

Sein Verfolgungswahn kostete zahlreiche Leben

Der letzte flavische Kaiser Roms wurde vom Historiker Sueton als groß gewachsener Mann beschrieben, der ein rötliches Gesicht, schlechte Augen, spindeldürre Beine, Hammerzehen und einen kahlen Kopf hatte.

Mit dem Alter wurden seine Eigenheiten, deren er schon vorher nicht wenige besessen hatte, immer zahlreicher, weshalb angenommen wird, dass er zunehmend einer Geisteskrankheit verfiel. Domitian litt an Verfolgungswahn und hatte permanente Angst vor Anschlägen. Er wurde völlig unberechenbar, so dass niemand in seiner Umgebung abschätzen konnte, was Domitian als Nächstes tun würde. Völlig willkürlich ließ er Menschen grausam ermorden. Zu Recht sprechen die Historiker seiner Zeit von einer Schreckensherrschaft. Als sein Verhalten nicht mehr tragbar war, ließen ihn seine Günstlinge ermorden.

Domitian starb zur Mittagszeit des 18. September 96 durch den Dolch eines Verschwörers. Der Mörder wurde zu ihm vorgelassen, weil er vorgab, eine wichtige Botschaft überbringen zu müssen. Der Kaiser war knapp 44 Jahre alt.

Kaiser Commodus (161–192)
Ging in die Gladiatorenschule

Kaiser Commodus gehörte zu den wohl schwächsten römischen Kaisern. Unter ihm verschlechterte sich durch seine kostspielige Hofhaltung die finanzielle Situation des Reiches. Noch dazu schien Commodus unter „Cäsarenwahn" gelitten zu haben. Er sah sich selbst als Gladiator und als Inkarnation des Herakles.

Besonders das Gladiatorentum hatte es ihm angetan. Schon in seiner Jugend entwickelte er ein so großes Geschick im Schwertkampf und Bogenschießen, dass er eines Tages beschloss, auch in Spielen – und damit öffentlich – aufzutreten. Zu diesem Zweck verließ er für eine Weile seinen kaiserlichen Palast und quartierte sich – zur Perfektionierung seiner Künste sozusagen – in einer Gladiatorenschule ein. Anschließend bestritt er waghalsige Wagenrennen und kämpfte in der Arena gegen Tiere und Menschen. Nicht selten trat er noch vor dem Frühstück ohne fremde Hilfe gegen ein Nilpferd, einen Elefanten oder gar einen Tiger an. Vermutlich war jedoch vorher dafür gesorgt worden, dass der Kaiser als Sieger aus den Schauspielen hervorging.

Mit dem Bogen konnte er so gut umgehen, dass er angeblich einmal bei einer einzigen Vorführung mit hundert Pfeilen hundert Tiger erschoss. Manchmal machte er sich einen Spaß daraus, einen Panther auf einen zum Tode Verurteilten loszulassen und den Panther, kurz bevor dieser sich auf den Delinquenten stürzte, mit nur einem Pfeil niederzustrecken. So unerbittlich er gegen Tiere vorging, so grausam war er auch gegen Menschen. Während seiner Regierungszeit ließ er viele Senatoren und Widersacher hinrichten. Als die Situation schließlich unerträglich geworden war, wurde er selbst ermordet.

Königin Johanna, die Wahnsinnige, von Kastilien (1479–1555)
Wahnsinnig vor Liebe

Johanna die Wahnsinnige, eine ungewöhnlich hübsche und stille Prinzessin, verhielt sich bereits in ihrer Jugend manchmal äußerst wunderlich. Richtig bedenklich wurde ihr Geisteszustand aber erst während und vor allem nach der Ehe mit Philipp dem Schönen. So soll sie während dieser Zeit oft schlimme Eifersuchtsanfälle gehabt haben. Einmal zog sie eine vermeintliche Rivalin kräftig an den Haaren und schnitt ihr die Zöpfe ab. Danach zerkratzte sie ihr noch mit einer Schere das Gesicht, worauf Johanna von ihrem Mann verprügelt wurde. Als jedoch er, den sie über alles liebte, unerwartet starb, verschlechterte sich ihre Geisteskrankheit immens. Die Symptome sind von Zeitgenossen ausführlich beschrieben worden. Sie dokumentierten, dass Johanna beispielsweise tagelang bewegungslos vor sich hinstarrte. Sie schlief schlecht und verweigerte oft das Sprechen. Den Leichnam ihres Mannes nahm sie mit auf Reisen, bis sie schlussendlich in ein Kloster gesteckt wurde, wo sie bis zu ihrem Tode lebte.

Herzogin Hedwig von Württemberg (1667–1715)

Glaubte felsenfest mit Karl XII. von Schweden verlobt zu sein

Diese Tochter Herzog Georgs II. von Württemberg aus der Seitenlinie „Mömpelgard" glaubte ihr ganzes Leben lang, mit dem schwedischen König Karl XII. verlobt zu sein. Sie schrieb ihrem Idol glühende Liebesbriefe, die ihre Dienerschaft jedoch nicht abschickte. Nach vielen Exzessen in ihrer Familie starb sie 1715 in Schlesien, dem Wohnsitz ihrer Schwester.

König Philipp V. von Spanien (1683–1746)

Wusch sich eineinhalb Jahre lang nicht

Der Sieger des Spanischen Erbfolgekrieges, der Bourbonenprinz Philipp von Anjou, der 1701 als Philipp V. den spanischen Thron besteigen konnte, fiel im Laufe seines langen Lebens immer wieder in tiefe Depressionsphasen.

Schon 1724 dankte er zugunsten seines ältesten Sohnes Ludwig I. ab. Dieser starb jedoch noch im selben Jahr an den Pocken und so musste Philipp ein zweites Mal die Regierung übernehmen. Der Tod seines Sohnes verschlechterte seinen ohnehin labilen Geisteszustand und löste ein langes Siechtum aus. Die Liste seiner Eigenheiten in jenen Phasen ist endlos. So hielt er sich zuweilen für tot und sprach tagelang kein einziges Wort. In der schlimmsten Zeit aß er nichts mehr und warf seinen Dienern die Teller an die Köpfe, steckte sich das Tischtuch in den Mund und verharrte so mehrere Stunden oder er starrte einfach nur auf den Fußboden. Dann folgten zwischendurch wieder Momente, in denen er völlig normal war.

Einmal, anlässlich des traditionellen Handkusses zum Geburtstag der Prinzessin von Asturien, der Gemahlin des Thronfolgers, ließ er den versammelten Hof mehr als fünf Stunden warten, ehe er, in schmutzige Lumpen gehüllt, nur etwa 20 von 400 Personen seine Hand zum Kuss reichte. Dann verschwand er wieder in seinen Gemächern.

Am schlimmsten für seine Mitmenschen, besonders aber für seine Frau Elisabeth Farnese, gestaltete sich sein körperlicher Verfall. Philipp V. verzichtete in den depressiven Phasen auf jegliche Hygiene. So ließ er sich monatelang nicht waschen noch die Haare und Fingernägel schneiden und vegetierte so vor sich hin. Er weigerte sich außerdem, seine Kleidung zu wechseln, und der Hof litt unter dem fürchterlichen Gestank, den er ausströmte. Seine längste Depression zog sich über anderthalb Jahre hin.

In dieser schlimmen Zeit fürchtete Elisabeth Farnese ständig um ihre Stellung. Sie wusste, wenn Philipp nicht mehr regierungsfähig wäre, würde ihr Stiefsohn Ferdinand, ein Sohn aus Philipps erster Ehe, den Thron besteigen. Für Elisabeth war es klar, dass er sie – weil sie immer gegen ihn intrigiert hatte – sofort vom Hofe verbannen würde. Um dem entgegenzuwirken, achtete sie einerseits darauf, dass niemals Papier und Tinte in der Nähe ihres königlichen Gemahls zu finden waren, damit dieser nicht aus einer Laune heraus abdanken konnte, und andererseits griff sie noch zu einer weiteren List: Sie holte den damals größten Sänger Europas, den Kastraten Farinelli an den spanischen Hof, in der Hoffnung, sein Gesang würde Philipp von seinen Depressionen erlösen. Farinelli traf am 25. August 1737 in Madrid ein und wurde sofort in ein Vorzimmer von Philipps Schlafgemach gebeten, wo er eine seiner schönsten Arien zum Besten gab. Und tatsächlich, Philipp war so begeistert vom überirdischen Gesang des größten Sängers dieser Zeit, dass er ihn sofort zu sich rufen ließ und ihm einen Wunsch gewährte. Farinelli, der offenbar schon vorher von Elisabeth Farnese genaue Instruktionen erhalten hatte, wünschte sich nur eines vom König, nämlich dass er sich rasieren, waschen, sich ferner die Haare und Nägel schneiden ließe und dass er schließlich die Regierungsgeschäfte wieder aufnähme. Der König willfahrte seiner Bitte.

Der Kastrat Farinelli blieb die folgenden 22 Jahre am spanischen Hof, sang für den König täglich die gleichen vier Arien und verhalf Philipp so zu einer verhältnismäßig langen Regierungszeit. Philipp starb erst etwa zehn Jahre später am 9. Juli 1746. Farinelli blieb auch nach seinem Tod noch in Spanien und sang für Philipps Nachfolger.

Königin Sophie Luise von Preußen (1685–1735)

Erschreckte Ehemann zu Tode

Die dritte Gemahlin des ersten preußischen Königs, Friedrichs I., verhielt sich in vielerlei Hinsicht sonderbar. Oft tobte sie während ihrer Wahnvorstellungen in ihren Gemächern, riss sich die Haare aus und die Kleider vom Leib.

In einem dieser Zustände der geistigen Verwirrung rannte sie eines Nachts in eine Glastür des Berliner Schlosses Charlottenburg, der Residenz ihres Mannes. Blutüberströmt betrat sie das Schlafgemach ihres Gemahls und weckte ihn. Der König glaubte ein Gespenst vor sich und bekam einen solchen Schock, dass er an einem schweren Fieber erkrankte und sechs Wochen später starb.

Zar Peter III. von Russland (1728–1762)

Machte einer Ratte einen Kriegsverbrecherprozess

Der Nachfolger Elisabeths I., Zar Peter III. von Russland, liebte alles Militärische. Seine Vorliebe für den großen Preußenkönig Friedrich II. war allgemein bekannt, und so wunderte es niemanden, dass der erwachsene Kronprinz Peter noch ständig mit seiner Spielzeugarmee spielte und einmal sogar einen Kriegsverbrecherprozess gegen eine Ratte anstrengte, wie seine Frau, die spätere Zarin Katharina II., in ihren Memoiren überlieferte: *Als ich eines Tages wieder einmal (...) das Zimmer des Großfürsten (Peter, Anm. d. Verf.) betrat, fiel mein Blick auf eine große Ratte, die er mit der ganzen zu einer Hinrichtung gehörigen Umständlichkeit in der Mitte eines durch eine Bretterwand gebildeten Kabinetts hatte aufhängen lassen. Ich fragte ihn, was das zu bedeuten habe, und er erwiderte, die Ratte habe ein Verbrechen begangen und verdiene nach den Kriegsgesetzen die härteste Todesstrafe. Sie sei über die Wälle einer Festung aus Pappe geklettert, welche in dem Kabinett auf dem Tische stand, und habe zwei Schildwachen aus Stärkemehl, die auf den Wällen*

Dienst taten, aufgefressen. Er habe daher den Verbrecher nach den Kriegsgesetzen verurteilen lassen. Sein Vorstehhund habe die Ratte erwischt, und wie ich sehe, sei sie sofort aufgehängt worden und solle als warnendes Beispiel drei Tage öffentlich zur Schau ausgestellt bleiben.[94] Bei dieser Episode war der Großfürst Peter, wie man es aufgrund seines kindischen Verhaltens nicht vermutet hätte, schon 25 Jahre alt.

König Georg III. von England (1738–1820)
Sprach mit einem Baum

Nach dem frühen Tod seines Vaters, des Prinzen von Wales Friedrich Ludwig, im Jahre 1751 wurde Georg neuer Thronerbe. 1760 bestieg er als Georg III. den englischen Thron und wurde so zum dritten König des Hauses Hannover. Er war der erste rein englische König, der sein Kurfürstentum Hannover nie besucht hatte. Der oft überforderte Regent musste den Verlust der amerikanischen Kolonien verkraften. Doch wenigstens seine Ehe verlief glücklich. Er lebte mit seiner Frau, Charlotte von Mecklenburg-Strelitz, in völliger Harmonie zusammen.

Ab 1788 wurde der König zunehmend seltsamer. Einmal soll er sogar mit einem Baum gesprochen haben, weil er ihn für den König von Preußen hielt. Sein gleichnamiger ältester Sohn und Thronerbe, der spätere König Georg IV., hasste seinen Vater über alle Maßen und versuchte nun die Macht an sich zu reißen. Er plante, als Prinzregent die Regierung zu übernehmen. Georg III. wurde interniert und grausamen Behandlungsmethoden unterzogen. Er erholte sich zwar, bekam jedoch ständig Rückfälle. 1810 wurde er für völlig geisteskrank erklärt und die Pläne seines Sohnes gingen endlich auf. Er übernahm als Prinzregent bis zum Tod seines Vaters die Regierung. Georg III. starb jedoch erst zehn Jahre später am 29. Januar 1820 hochbetagt im 81. Lebensjahr.

König Christian VII. von Dänemark (1749–1808)
Zertrümmerte im Wahn die Einrichtung

Christian VII. von Dänemark wurde mit zunehmendem Alter immer verhaltensauffälliger. Bald wusste man nicht mehr, ob er halbwegs bei sich war oder gerade wieder eine Phase geistiger Umnachtung hatte. Sein Gemütszustand war völlig unberechenbar. Einmal stand er während des Essens plötzlich auf, warf seine Serviette nieder und begann seinen Lieblingsdichter Klopstock zu zitieren – und zwar mit vollem Mund. Genauso abrupt hörte er wieder damit auf und rannte schreiend aus dem Speisesaal des Kopenhagener Stadtschlosses, um im nächsten Raum wahllos Möbel, Bilder und Porzellan zu zertrümmern. 1784 entmachtete Kronprinz Frederick seinen schwachsinnigen Vater und übernahm als 16-jähriger Prinzregent die Regierungsgeschäfte.

Zar Paul I. von Russland (1754–1801)

Hatte Angst vor Geistern

Paul I. litt zeit seines Lebens unter Wahnvorstellungen. So hatte er panische Angst davor, nachts von seinem berühmten Vorfahren, dem Zaren Peter dem Großen, besucht zu werden. Als er 1796 mit 42 Jahren den Thron bestieg, war er bereits nahe daran, völlig den Verstand zu verlieren. Nur fünf Jahre später wurde er, wie sein Vater Peter III., wegen Untragbarkeit vom russischen Adel unter der Führung seines Sohnes und Erben ermordet.

Prinz Friedrich Wilhelm Karl von Preußen (1783–1851)

Existenzangst

Der Bruder des preußischen Königs Friedrich Wilhelms III. wurde sein ganzes Leben von einer Angst gequält, die man bei einem Adeligen in allerhöchsten Kreisen wohl nicht vermuten würde. Ständig litt er unter der völlig unbegründeten Panik, dass er mit seiner monatlichen Apanage nicht auskommen würde und verarmen müsse.

Kaiser Ferdinand I., der Gütige (1793–1875)

Der gütige und einfältige Kaiser

1835 folgte Ferdinand seinem Vater, dem Kaiser Franz II./I. dem Guten, auf den österreichischen Thron nach. Ohne Zweifel belasteten Ferdinand die erblichen Folgen der Inzucht besonders stark. Ferdinand war Epileptiker, schwächlich, einfältig und nicht regierungsfähig. Seine Naivität spiegelt sich in zahlreichen Anekdoten wieder. So soll er einmal, als er mit Hilfe seiner Hofjäger einen Adler erlegt hatte, beim Anblick des Vogels gefragt haben, warum er nicht zwei Köpfe habe; ein

Adler habe doch zwei Köpfe, so seine Meinung. Doch neben seinen Schwächen verfügte er auch über viele Talente und Interessen. Seine Liebe galt den Pflanzen, er war ein leidenschaftlicher Gärtner. Auch auf dem Gebiet der Musik und der Heraldik kannte er sich gut aus. Ferdinand I. beherrschte fünf Sprachen und war ausgesprochen wohltätig, was ihm auch seinen Beinamen einbrachte. Er sah selbst ein, dass er sein Amt nicht vollständig ausüben konnte, und überließ die Regierungsgeschäfte dem allmächtigen Fürsten Metternich und dem Grafen Kolowrat.

1848, im Zuge der Revolution, musste er zugunsten seines Neffen Franz Joseph abdanken und lebte mit einer Staatspension bis zu seinem Tod im Jahr 1875 in Prag. Bei der offiziellen Abdankungszeremonie soll er zu seinem Nachfolger gesagt haben: „Es is' gern g'schehen, sei brav!"

Prinzessin Alexandra Amalia von Bayern (1826–1875)

Glaubte ein Klavier verschluckt zu haben

Die Schwester des bayrischen Königs Maximilian II. glaubte zeit ihres Lebens felsenfest, trotz großer musikalischer Begabung und teilweiser geistiger Klarheit, ein gläsernes Klavier verschluckt zu haben.

König Ludwig II. von Bayern (1845–1886)

Schizophrenie?

Die Historiker sind sich bis heute nicht über den Grad oder die Art der Geisteskrankheit Ludwigs II. einig. Fest steht für alle lediglich, dass sein Verhalten gegen Ende seines Lebens nicht ganz normal war.

Ein aktuelles Gutachten sagt Folgendes über die Geisteskrankheit des Bayernkönigs: *Die Krankheit Ludwigs II., die Dr. Gudden 1886 diagnostizierte, hatte zwanzig Jahre zuvor der Psychiater Karl Ludwig Kahlbaum beschrieben. Nach dessen Definition war Paranoia eine Geistesstörung, die zu Wahnvorstellungen und Verfolgungsängsten führte. Als die Ärzte den Kopf des Königs sezierten und anatomische Veränderungen an Gehirn und Schädel feststellten, waren sie überzeugt, die Ursache der Krankheit gefunden zu haben.*

Doch schon zwei Jahrzehnte später waren sich die Ärzte nicht mehr sicher. Die Schizophrenie war entdeckt worden, und Paranoia galt nun als eine seltene Sonderform dieser Geisteskrankheit. Mittlerweile sprechen Psychiater, die schizophrene Patienten behandeln, nicht mehr von Paranoia, sondern von ‚Wahnvorstellungen'. War Ludwig also schizophren? Schwer zu sagen. Die Zeugenaussagen, die von der Regierung Lutz gesammelt wurden, sind parteiisch, und der Sektionsbefund ist nach Ansicht des Psychiaters Dr. Johannes Kemper ‚aus heutiger Sicht völlig unhaltbar'. Die beschriebenen anatomischen Veränderungen des Gehirns hält er für irrelevant.

Kemper hat sich zusammen mit dem Psychoanalytiker Wolfgang Schmidbauer mit dem Fall Ludwig II. beschäftigt. In ihrem Buch ‚Ein ewiges Rätsel will ich bleiben, mir und anderen' vertreten sie die Meinung, der König habe vor allem darunter gelitten, ‚dass sein natürliches sexuelles Verhalten mit negativen moralischen Begriffen besetzt wurde'. Er habe sich wegen seiner sexuellen Bedürfnisse ‚zutiefst schuldig' gefühlt, gleichzeitig aber andere Menschen – Männer wie Frauen – idealisiert. Die Folge: eine zunehmende Vereinsamung.

Was aber waren diese sexuellen Bedürfnisse? Schmidbauer und Kemper vermuten, Ludwig habe schlicht masturbiert. Wie seine Zeitgenossen sah er Masturbation allerdings nicht als natürliche Triebbefriedigung, sondern als schwere Sünde, die zahlreiche körperliche Leiden wie Epilepsie, Melancholie und Homosexualität nach sich zog und sogar zum Suizid führen konnte.[95]

König Otto I. von Bayern (1848–1916)

Warf sich zu Fronleichnam auf den Hochaltar

Nach dem Tod seines Bruders Ludwig II. im Jahre 1886 wurde Otto, rein formell, der neue König Bayerns. Rein formell deswegen, weil er zu diesem Zeitpunkt längst in völliger geistiger Verwirrung auf Schloss Fürstenried lebte. Sein Onkel Luitpold leitete die Regierungsgeschäfte als Prinzregent.

Dabei fing alles so gut an. Otto galt als galanter Offizier, der mit seinen blonden Haaren und seinem hübschen Äußeren eine recht ansehnliche Erscheinung darstellte. Er war lebenslustig und sehr geschwätzig. In jeder Runde war er willkommen, denn Otto war witzig und sorgte selbst bei den trostlosesten und steifsten Familienzusammenkünften für Heiterkeit.

Ab etwa 1870 wurde sein Verhalten aber immer seltsamer. Plötzlich war er melancholisch, weinerlich und übertrieben furchtsam. 1873 waren seine Eskapaden bereits so schlimm, dass er auf Schloss Nymphenburg unter leichter Bewachung gehalten wurde. Am Fronleichnamstag desselben Jahres entzog er sich aber dieser Aufsicht und fuhr zur Münchner Frauenkirche, wo der Erzbischof gerade sein Hochamt hielt. Otto rannte hinein, warf sich auf den Hochaltar und bezichtigte sich selbst zahlreicher Sünden, die er angeblich begangen haben sollte. Und dies tat er laut schreiend.

Ab diesem Zeitpunkt gab man ihn auf, verstärkte seine Bewachung und internierte ihn lebenslang auf Schloss Fürstenried. Ludwig II., der Sohn des Prinzregenten Luitpold, der sich 1913 zum König hatte krönen lassen, besuchte Otto oft und untersagte jede Art von gewaltsamer Behandlung. Waren die Anfälle zu stark und ließ sich Otto überhaupt nicht beruhigen, fuhr der König selbst mitten in der Nacht nach Fürstenried und brachte ihn durch seine ruhige und vertraute Stimme wieder halbwegs zur Besinnung. Da diese Besuche aber mit der Zeit Ludwig selbst sehr zu schaffen machten, kam er immer seltener auf Besuch. Otto verschwand in völliger Bedeutungslosigkeit.

Kaiser Wilhelm II. von Deutschland (1859–1941)

„Mehr Ansprachen, mehr Paraden!"

Der stets übertrieben militärisch und forsch auftretende deutsche Kaiser Wilhelm II., dem Uniformen und militärische Aufzüge alles bedeuteten, riet seinem Cousin, dem russischen Zaren Nikolaus II., der häufig Angst vor seinen rebellischen Untertanen hatte, während er ihm auf die Schultern klopfte: „Mein Rat ist: mehr Ansprachen, mehr Paraden, mehr Ansprachen, mehr Paraden!"[96] Für Wilhelm II., der genau das übertrieben praktizierte, war diese Methode das einzig probate Mittel, um Recht und Ordnung im Land aufrechtzuerhalten und das Volk von dummen Gedanken abzulenken.

Wilhelm II. ließ außerdem regelmäßig, wenn er mit seiner geliebten Jacht „Hohenzollern" eine Kreuzfahrt unternahm, zu seiner persönlichen Belustigung Ballettaufführungen veranstalten. Zu diesem Zweck mussten seine Generäle und Admiräle – alles verdiente und hoch dekorierte Offiziere – in zarte Ballettröckchen gezwängt vor dem Kaiser tanzen. Es begleitete sie dabei eine Marinekapelle, die hierfür extra Frauenkleider tragen musste.

Adelige Säufer und königliche Süchtige

Es ist unglaublich, welche Mengen von Alkohol so mancher Zar oder Kaiser vertrug. Vielen war es auch eine große Freude, riesige, orgienhafte Saufgelage zu veranstalten, an denen dann jedes Mitglied des Hofes teilnehmen musste. Doch der Preis, der dafür zu bezahlen war, war hoch. So mancher Adelige wurde schon in jungen Jahren zum schweren Alkoholiker und starb letzten Endes auch an den Folgen seiner Sucht.

König Karl VIII. von Frankreich (1470–1498)

Schlug sich im Vollrausch selbst den Schädel ein

Karl VIII. bestieg, nach dem Tod seines Vaters Ludwig XI., 1483 den französischen Thron. Er starb, nachdem er sich im volltrunkenen Zustand auf dem Weg zu einem Ballspiel im Burggraben von Amboise an einem niedrigen Türbalken den Schädel eingeschlagen hatte. Zu diesem Zeitpunkt war er erst knapp 28 Jahre alt.

Kurfürst Friedrich IV. von der Pfalz (1574–1610)

Buchstäblich zu Tode gesoffen

Viele kennen vielleicht noch das alte Studentenlied: „Wütend wälzt' sich einst im Bette Kurfürst Friedrich von der Pfalz", in dem ein trinkfreudiger Kurfürst ein bisschen aufs Korn genommen wird. Der Refrain des Liedes endet immer mit den Worten, die dieser oft gesagt haben soll: „Wie kam gestern ich ins Nest? Bin scheint's wieder voll gewest!"

Der Mann, von dem in diesem Lied die Rede ist, war Friedrich IV. von der Pfalz, dessen Alkoholkonsum in jungen Jahren schon so groß war, dass er bereits mit nur 36 Jahren an den Folgen seiner Trunksucht aus dem Leben schied.

Kurfürst Carl Philipp von der Pfalz-Neuburg (1661–1742)

Ein echter Säufer

Wie sein „Zwerg" und Hofnarr Perkeo, so war auch der Landesherr und Kurfürst Carl Philipp sehr trinkfreudig. Der kleinwüchsige Perkeo war eine Besonderheit am pfälzischen Hof in Heidelberg. Kurfürst Carl Philipp, der im Namen des habsburgischen Kaisers zeitweise Statthalter in Tirol war, lernte den nur 1,10 Meter großen Knopfmacher Clemens dort kennen. Als er wieder in seine Residenz Heidelberg zurückkehrte, nahm er ihn als Hofnarren mit und bestimmte ihn – der täglich bis zu 20 Flaschen Wein trank – zum Hüter des „Gargantua-Fasses“, eines riesigen, 7 Meter hohen und 8,5 Meter breiten Weinfasses.

Der Name „Perkeo“ wurde ihm, so die Überlieferung, gegeben, weil er angeblich auf die Frage, ob er noch einen Humpen Bier trinken könne, stets geantwortet habe: „Perché no?“, also „Warum nicht?“.

Der trinkfeste Kleinwüchsige soll bereits im Alter von nur 35 Jahren im Säuferwahnsinn verstorben sein. Über Carl Philipp schrieb eine Verwandte, die berühmte Liselotte von der Pfalz, dass ihm durch das ewige Saufen sein Hirn ganz verdreht sei und dass er auch unter anderem deswegen nicht mehr in Heidelberg bleiben wollte. Carl Philipp verlegte nämlich seine Residenz von Heidelberg nach Mannheim, sehr zum Leidwesen Liselottes von der Pfalz, die aus Heidelberg stammte.

König August II., der Starke, von Sachsen-Polen (1670–1733)

Bis zu acht Flaschen Wein pro Tag

Von August dem Starken ist bekannt, dass er täglich bis zu acht Flaschen Wein trank. Die preußische Königstochter Wilhelmine schrieb über ihn: *Eine zu große Verschwendungssucht ließ ihn das Wohl seines Staates und seiner Untertanen vernachlässigen, und seine Trinksucht verleitete ihn zu Unwürdigkeiten, deren er sich im trunkenen Zustand schuldig machte und die auf immer seinen Namen schädigen werden.*[97] Im Alter erkrankte er wegen seiner Alkoholsucht auch an Diabetes, an der er letztlich auch im Jahre 1733 starb.

Zar Peter I., der Große, von Russland (1672–1725)

Trank zum Frühstück ein Glas Wodka

Der Alkoholkonsum Peters der Großen war wohl einzigartig. Nicht nur, dass der über zwei Meter große Zar täglich nach dem Aufstehen erst einmal ein Glas Wodka zu sich nahm, um richtig wach zu werden, nein, er veranstaltete zusätzlich mit Regelmäßigkeit riesige Saufgelage. Diese tage- und nächtelangen Besäufnisse waren seine ganze Freude. Peter, der selbst

Unmengen Wodka vertrug, betrank sich sinnlos und verlangte dies auch von seinen Gästen. Im März 1715 zwang er beispielsweise seine Saufkumpanen dermaßen viel zu trinken, dass „sie sich dem Schlummer überließen, die einen im Garten, die anderen im Walde."[98] Um vier Uhr nachmittags wurden sie geweckt und Zar Peter bat sie, mit ihm Holz fällen zu gehen. Nach drei Stunden harter Arbeit waren alle wiederum so mit Schnaps abgefüllt, dass sie abermals einschliefen. Weigerte sich eine der armen Seelen und wollte sie sich vielleicht gar dann auch noch wegstehlen, wurde sie von den Schildwachen des Zaren sofort aufgehalten und an der Flucht gehindert.

Bis zu 1000 Gäste waren bei diesen rituellen Besäufnissen dabei, in denen nicht selten Scheinprozesse geführt oder Gottesdienste verspottet wurden. Peter wirkte oft selbst – als Schiffstrommler oder friesischer Handwerker verkleidet – bei solchen Inszenierungen mit. Narren, Kleinwüchsige und Harlekine aller Arten sprangen zwischen den zumeist adeligen Zechern umher und belustigten diese, am meisten natürlich den Zaren selbst. Fiel ein betrunkener Kleinwüchsiger plötzlich um, konnte sich Peter vor Lachen kaum halten. Der oft grausame und gewalttätige Zar war, was das Trinken betrifft, einfach gnadenlos. Einmal, als eine Hofdame sich weigerte, ein Riesenglas Wodka zu leeren, ohrfeigte er sie vor allen Gästen und beschimpfte sie als „unverschämte Judenbraut"[99]. Der schwere Alkoholiker starb 1725 wenig überraschend im Delirium tremens.

König Friedrich Wilhelm I., der Soldatenkönig, von Preußen (1688–1740)

Allabendliche Trinkgelage

Mit dem Regierungsantritt Friedrich Wilhelms I. dominierte in Preußen das Militär. Der König war ein begeisterter Soldat und umsorgte seine Armee wie sein eigenes Kind. Neben dem Schießen und Exerzieren liebte er auch andere militärische Gepflogenheiten – wie zum Beispiel das Pfeiferauchen und das Trinken.

Der König traf sich jeden Abend nach der Jagd, die er übrigens auch sehr schätzte, mit einigen ausgesuchten Offizieren zum sogenannten Tabakskollegium. Dabei handelte es sich um einen Kreis zumeist alter Haudegen, die zusammen mit dem

König Starkbier tranken und aus langen weißen Tonpfeifen – ganz nach der Mode der Zeit – Tabak rauchten. Die Gespräche handelten entweder von der Jagd oder vom Militär. Selbst Nichtraucher, wie etwa der „Alte Dessauer", ein berühmter Fürst in Preußens Diensten, mussten die Tonpfeife vor sich liegen haben und ab und an in den Mund stecken, auch wenn kein Tabak darin war. Häufig endeten diese Tabakskollegien in einem völligen Besäufnis.

Herzog Karl August von Sachsen-Weimar (1757–1828)

Sauforgien mit Goethe

Als Goethe einer Einladung des jungen Herzogs von Sachsen-Weimar folgte, ahnte er vermutlich noch nicht, dass er bis an sein Lebensende dort bleiben würde. Der Herzog war ganz nach Goethes Geschmack und die beiden mochten einander auf Anhieb. Ob es sich um diverse Frauengeschichten oder derbe Späße aller Art handelte, der Herzog und Goethe waren immer mit von der Partie. Während Goethe zwar den Tabakrauch verabscheute, verstanden sich die beiden in einem nicht unwesentlichen Punkt hervorragend: dem Alkohol. Die zwei sollen regelrechte Saufgelage veranstaltet haben, bei denen manchmal die Gläser einfach auf die Straße geworfen wurden. Klopstock schrieb dazu an Goethe: „Wie soll das weitergehn? Der Herzog wird, wenn er sich fortwährend bis zum Krankwerden betrinkt, anstatt, wie er sagt, seinen Körper zu stärken, erliegen und nicht lange leben."[100]

Karl August führte eine Art immer währendes Studentenleben mit Streichen, Zechgelagen und Ausschweifungen. Vor allem bei der Liebe war Karl August sehr hemmungslos. Er hatte zahlreiche uneheliche Kinder, die man daran erkannte, dass er sie duzte, während er sonst alle mit „Er" ansprach. Noch nach dem Wiener Kongress, bei dem er zum Großherzog ernannt worden war, bezeichnete man ihn als den „Altburschen".

König Georg IV. von England (1762–1830)

Bereits mit 19 Jahren ein Trinker

Auch bei diesem Prinzen begann eigentlich alles sehr hoffnungsvoll. Trotz der harten Erziehung seines Vaters Georg III., die nicht selten aus einer Tracht Prügel mit einer langen Peitsche bestand, entwickelte sich der Thronfolger überraschend gut. Er lernte leicht, sang hübsch, beherrschte mehrere Sprachen und war witzig. Mit 16 Jahren galt er als „schön wie ein Cherubim“ [101] und „tanzte besser Menuett, als ich es jemals sah“ [102], wie die Hofdame Mrs. Delany schrieb.

Trotz allem blieb der Hass auf seinen Vater überirdisch groß, besonders nachdem Georg III. ihm eine militärische Laufbahn verweigert hatte. Der Kronprinz wurde rüde und frech. So schön er auch anzusehen war, sein Wesen wurde finster. Als die Auflehnung des Prinzen gegen seinen Vater immer offensichtlicher wurde, meinten dessen Berater, dass ein eigener Haushalt vielleicht etwas Ruhe in das angespannte Verhältnis der beiden bringen könnte. Gesagt – getan: Georg bekam einen Seitenflügel des Palastes von Buckingham und später Carlton-House als Domizil zugewiesen. Von der Gegenwart des Vaters befreit, geriet der junge Thronerbe nun völlig unter den Einfluss seines Onkels, des Herzogs von Cumberland, der den König mindestens ebenso hasste, wie sein Neffe es tat. Cumberland brachte Georg nun absichtlich auf die schiefe Bahn. Bald berichteten Diener, dass die „Gemächer des Prinzen eine Kombination aus Spielhölle, Leihhaus und Bordell“ [103] seien. Mit 19 Jahren führte Georg bereits einen derartig ausschweifenden Lebenswandel in punkto Alkohol, dass man ihn als echten Trinker bezeichnen konnte.

Kronprinz Erzherzog Rudolf von Österreich (1858–1889)
Champagner gegen Impotenz

Der österreichische Kronprinz Rudolf war gegen Ende seines kurzen Lebens ein schwer kranker Mann. Er litt unter zahlreichen Krankheiten und war auch psychisch sehr angeschlagen. Seine schweren Depressionen versuchte er durch Alkohol und Drogen zu verdrängen und benutzte diese Mittel gleichzeitig auch zum Aufputschen. So trank er etwa eine Mixtur aus Champagner und Cognac, um sich nachts wach zu halten, damit er neben seinem militärischen Hauptberuf auch noch seinen schriftstellerischen Aufgaben nachkommen konnte. Gegen die starken Schmerzen, die er wegen seiner Geschlechtskrankheit im Unterleib verspürte, nahm er eine fatale Mixtur aus Morphium und Kokain.

Seine Langzeitgeliebte, die aus Graz stammende Edelprostituierte Mizzi Caspar, berichtete den k. und k. Polizei-Agenten, die jeden Schritt des Thronfolgers überwachen mussten, dass der Kronprinz impotent und nur dann zum Beischlaf fähig sei, wenn er Champagner getrunken hatte. Mit der Zeit magerte Rudolf ab, bekam Gastritis, chronische Kopfschmerzen und Schlafstörungen.

Von mehr und weniger königlichen Krankheiten

Auch Kaiser und Könige blieben von Krankheiten nicht verschont. Zwar hatten sie vielleicht mehr Geld als die meisten Menschen, um sich einen Arzt zu leisten, doch viele medizinische Behandlungsmethoden der Vergangenheit richteten eigentlich nur noch mehr Schaden an, man denke nur an den Aderlass. Auch das Einnehmen von Quecksilberkugeln zur Bekämpfung der Syphilis und von Kehlkopfleiden, wie König Franz I. von Frankreich es versucht hatte, klingt aus heutiger Sicht eher schauerlich. Viele Krankheiten, die heute problemlos zu behandeln sind, bedeuteten damals oft das Todesurteil.

König Alfred, der Große, von England (848–899)
Epilepsie

Alfred der Große litt vermutlich an Epilepsie. Es ist überliefert, dass er während seiner eigenen Hochzeit einen sehr schweren Anfall durchlebte. Der Verlauf und die Symptome der Attacke, wie sie von den Quellen überliefert sind, deuten nach heutigen Erkenntnissen sehr stark auf die epileptische Krankheit hin.

Kaiser Otto III. (980–1002)
Die Malaria raffte ihn dahin

Im Jahre 994, als Otto III. gerade erst 15 Jahre alt geworden war, übernahm er bereits die Regierung. Während der wenigen Jahre, die ihm noch blieben, griff er unter anderem in die Streitigkeiten um die Papstkrone ein, besiegte die Elbslawen und führte ein am alten Rom orientiertes Hofzeremoniell ein.

Otto III. starb bereits im Januar 1002 in Palermo, weil er an der Malaria erkrankt war, die ihn auch schließlich das Leben kostete. Otto, der in seiner kurzen Lebensspanne so viele historisch bedeutende Taten vollbracht hatte, war noch nicht einmal 22 Jahre alt gewesen.

Herzog Leopold V. von Österreich (1157–1194)
Starb an den Folgen einer Amputation

Der Babenberger Herzog Leopold V. stürzte am 26. Dezember 1194 in Graz vom Pferd, als er über eine Burg aus Schnee springen wollte, die von seinen Pagen erbaut worden war. Der

Bruch, den er sich dabei zugezogen hatte, wurde von seinen Leibärzten für so unglücklich gehalten, dass sie sich zu einer Amputation entschlossen. Mit einem Jagdmesser wurde der Eingriff gleich an Ort und Stelle vorgenommen. Leopold starb daraufhin binnen weniger Tage an einer rasch fortschreitenden Blutvergiftung mit erst 37 Jahren.

König Balduin IV. von Jerusalem (1161–1185)

Kämpfte trotz Lepra gegen den berühmten Saladin

Balduin, der König des von Kreuzfahrern 1099 gegründeten Königreiches Jerusalem war, hatte ein nur sehr kurzes Leben. Wilhelm von Tyrus, der Chronist der Kreuzfahrer, berichtete über ihn: „Als er das Jünglingsalter erreicht hatte, erkannte man, daß der junge Mensch vom Aussatz befallen war.“ [104] Balduin IV. übernahm 1177 die Regierung zu einem Zeitpunkt, als er bereits schwer von der Lepra gezeichnet war: Seine Sehkraft ließ nach, hässliche Geschwüre entstellten seinen Körper, zwei Finger hatte er bereits verloren und sein faulender Leib verbreitete einen kaum zu ertragenden Gestank.

Im November 1177, in der Schlacht von Montgisard, kämpfte er trotzdem heldenhaft in den vordersten Reihen gegen die Truppen des Sultans Saladin. Nur noch aufrecht erhalten von den Arzneimitteln seines syrischen Leibarztes, erfocht er einen glänzenden Sieg.

Als er Weihnachten 1182 an der Malaria erkrankte, verschlimmerte sich auch die Lepraerkrankung. Völlig erblindet, hinter dichten Tüchern verborgen und kaum noch bewegungsfähig, wurde er von nur noch wenigen Treuen gepflegt, die wegen des unbeschreiblichen Geruches Essigmasken tragen mussten. Der arme König Balduin IV. starb letztlich im März des Jahres 1185.

Herzog Ottokar IV. von Steiermark (1163–1192)

Litt an Elefantiasis

Herzog Ottokar litt an einer unheilbaren Krankheit, die vermutlich von heimkehrenden Kreuzfahrern in die Steiermark eingeschleppt worden war. Er erkrankte an der Elefantiasis, die damals mit großer Wahrscheinlichkeit, so glaubt man zumindest heute, aus dem arabischen Raum gekommen war. Bei dieser Krankheit, die durch einen parasitären Wurm ausgelöst wird, schwellen die Gliedmaßen enorm an und die Haut wird trocken und rissig wie bei einem Elefanten – daher der Name. Ottokar war der Letzte seines Geschlechtes und vererbte sein Herzogtum nach seinem Tod den Babenbergern. So kam die Steiermark zu Österreich.

König Heinrich IV. von England (1367–1413)

Litt an einem heraustretenden Darm

Der englische König Heinrich IV. hatte kein sehr angenehmes Leben. Während seiner gesamten Regierungszeit litt er ständig unter Verleumdungen und Verschwörungen. Trost fand er lediglich im Studium der Philosophie und in der Beschäftigung mit Musik. Sein Ende war ebenso glanzlos und schauerlich wie sein ganzes Leben. Heinrich IV. starb 1413 qualvoll. Er hatte Aussatz, einen heraustretenden Darm und wurde zusätzlich noch von einer Geschlechtskrankheit geplagt.

Papst Julius II. (1443–1513)

Aß und trank zu viel

Dieser kriegerischste aller Päpste, der mit bürgerlichem Namen Giuliano della Rovere hieß, war eine durch und durch kraftvolle Natur. In Bezug auf seine kriegerischen Unternehmungen sagte man ihm eine regelrecht „dämonische" Energie nach. Der Neffe Papst Sixtus' IV., der übrigens auch viele uneheliche Kinder hinterlassen hatte, wurde im Alter von 27 Jahren Kardinal. Im Jahr 1503 wurde er zum Petrusnachfolger gewählt.

Ab dem Jahr 1513 war es aber mit seiner überdimensionalen Kraft vorbei. Ein Grund für die zunehmende Verschlechterung seines Gesundheitszustandes dürfte seine Unmäßigkeit bei Speis und Trank gewesen sein. Von einer Reihe kleinerer Krankheiten gequält – darunter auch einer venerischen –, verschied er letztlich am 20. Februar 1513.

Der große Soldat und Politiker auf dem päpstlichen Stuhl, der sich noch im Alter von 60 Jahren in seiner Rüstung wohler als im Priesterornat gefühlt hatte, ging als Erbauer des Petersdomes, als Befreier Italiens und als größter päpstlicher Kunstförderer in die Geschichte ein. Papst Julius II. hinterließ drei Töchter.

König Heinrich VIII. von England (1491–1547)
Syphilis

Heinrich VIII. war zeit seines Lebens der Damenwelt sehr zugetan, doch er war dabei nicht unbedingt immer sehr galant. Für den schrecklichen Umgang mit seinen sechs Ehefrauen ist er heute noch berühmt. 1514 holte er sich in Frankreich die Syphilis, die zu einer Schwellung der Beine, Fieber und den üblichen Geschwülsten führte.

König Heinrich VIII. litt mit zunehmendem Alter immer stärker an der nie ganz auskurierten Syphilisinfektion, welche die üblichen Verheerungen an seinem Körper anrichtete. Sein Beingeschwür widerstand erfolgreich der ärztlichen Kunst seiner Zeit. Sein einst so herrlicher Jünglingskörper war zu einer unförmigen Fleischmasse verkommen, die sich ohne Hilfe nicht einmal mehr von Raum zu Raum bewegen konnte. Seine ohnehin schon schreckliche Erscheinung wurde noch dadurch verschlimmert, dass seine Wangen über den Kiefer hingen und Fettpolster seine kleinen Schweinsaugen nahezu begruben. Letztlich starb Heinrich VIII. am 28. Januar 1547 an den Folgen seiner Syphiliserkrankung.

Kurfürst Georg Wilhelm von Brandenburg (1595–1640)
Offene Wunde am Bein

Der 1619 seinem Vater Johann Sigismund nachgefolgte Georg Wilhelm von Brandenburg holte sich bei einem Jagdunfall im Jahr 1620 eine offene Wunde am rechten Bein, die nicht und nicht verheilen wollte. Die Verletzung befand sich am Unterschenkel und zog mit der Zeit auch das andere Bein in Mitleidenschaft. Dadurch war der Kurfürst sehr stark in seiner Bewegungsfreiheit eingeschränkt. Er konnte sich nicht lange auf den Beinen halten und musste in einer Sänfte getragen werden.

Am 1. Dezember 1640 starb er nach langem Leiden an der Wassersucht in Königsberg, das zu seinem Herzogtum Preußen gehörte.

König Ludwig XIII. von Frankreich (1601–1643)
Tuberkulose und Darmentzündung

Der Vater des berühmten Sonnenkönigs wurde zu einem Zeitpunkt gezeugt, als sein Vater schon 48 Jahre alt und von sexuellen Ausschweifungen geschwächt war. Auch Ludwig war schwach und kränkelte zeit seines Lebens. Er litt unter anderem an Tuberkulose, einer Darmentzündung und einem lästigen Sprachfehler. Besonders interessant sind seine ungewöhnlichen Hobbys. Er spielte mehrere Instrumente, komponierte auch, züchtete Erbsen und stellte mit großer Begeisterung Eingemachtes her.

Königin Anne d'Autriche von Frankreich (1601–1666)
Brustkrebs

Die Habsburgerin war die Gemahlin des französischen Königs Ludwig XIII. und Mutter des Sonnenkönigs Ludwig XIV. Nach dem frühen Tod ihres Mannes führte sie gemeinsam mit Kardinal Mazarin, mit dem sie angeblich ein Liebesverhältnis unterhalten hatte, für den minderjährigen Ludwig XIV. die Regierungsgeschäfte bis zu dessen Volljährigkeit. Sie litt unter Brustkrebs, den man durch die Amputation einer Brust zu besiegen gehofft hatte. Doch die Methode wirkte nicht. Der Krebs breitete sich weiter aus und sie starb schließlich 1666.

König Ludwig XIV., der Sonnenkönig, von Frankreich (1638–1715)
Ein Klistier für den König

Im Jahre 1685 unterzog sich der französische König Ludwig XIV. einer schmerzhaften Extraktion aller Zähne seines linken Oberkiefers. Bei dieser qualvollen Prozedur wurde der Kieferknochen Ludwigs zerbrochen und teilweise mitentfernt. Der schreckliche Eingriff hatte zur Folge, dass nach dem Ausheilen der ausgebrannten Wunde, Flüssigkeiten, die der König zu sich nahm, durch seine Nase wieder herausflossen.

Die fehlenden Zähne hinderten Ludwig XIV. am ordentlichen Kauen seiner Speisen, was dem übermäßigen Esser, der immer – auch noch im hohen Alter – für zehn aß, nicht gut bekam. Er litt an enormen Verdauungsproblemen und musste deswegen in seinem Leben 1500 bis 2000 Abführkuren und mehrere hundert Klistiere über sich ergehen lassen.

Ferner laborierte er an einer Anal- oder Darmfistel, „zwei Finger weit vom Anus, ziemlich tief, unempfindlich bei Berührungen, ohne Schmerz, Rötung oder Klopfen.“[105] Da keine Behandlung half, unterzog man den König einer weiteren

Operation, die im November 1686 durchgeführt wurde. *Gegen acht Uhr morgens (...) führte Monsieur Félix eine Sonde, die am Ende eines eigens dafür hergestellten Messers saß, an der ganzen Länge der Fistel vorbei bis in den Darm, den er mit einem Finger der rechten Hand erfaßte, und die Sonde zurückziehend öffnete er die Fistel mit ziemlicher Leichtigkeit, worauf er die Schere in die Wunde im Innern einführte und den Darm ein wenig über der Öffnung abschnitt mit allen Bändern, die sich daran befanden, was alles der König mit äußerster Standhaftigkeit ertrug.*[106]

König Ferdinand IV. von Böhmen und Ungarn (1633–1654)
Pocken

Dieser älteste Sohn Kaiser Ferdinands III. aus dem Hause Habsburg war der ganze Stolz seines Vaters. Kaiser Ferdinand ließ seinen aufgeweckten Liebling schon früh an den Regierungsgeschäften teilnehmen. 1646 krönte man ihn bereits zum König von Böhmen und ein Jahr später auch zum König Ungarns. 1653 schließlich erfolgte seine Wahl zum „Römischen König", also zum zukünftigen Kaiser des Heiligen Römischen Reiches. Leider aber starb dieser hoffnungsvolle Prinz bereits am 9. Juli 1654, knapp 21-jährig, an einer Pockeninfektion.

Fürst Paul I. von Eszterházy (1635–1713)
Wurde das Opfer einer der letzten Pestepidemien Europas

Paul von Eszterházy starb, so unglaublich das Datum aus heutiger Sicht auch klingen mag, am 26. März 1713 in seiner Residenz in Eisenstadt an der Pest. Er fiel damit einer der letzten Pestepidemien Europas zum Opfer. Jahrhundertelang hatte diese Geißel der Menschheit Millionen das Leben gekostet.

Kurfürst Johann Georg III. von Sachsen (1647–1691)
Erlag dem „schwarzen Tod"

Der kriegerische Kurfürst Johann Georg III. von Sachsen hatte 1683 vor Wien gegen die Türken große militärische Tapferkeit bewiesen. Auch er erlag wie Fürst Paul I. von Eszterházy in Tübingen der Pest.

König Karl II. von Spanien (1661–1700)

Schwere Krankheiten als Folge der Inzucht

Karl II. war zeit seines kurzen Lebens ein wenig beneidenswerter Mensch. Der letzte spanische Habsburger war nie wirklich regierungsfähig und wurde ständig von Krankheiten geplagt. Karl konnte mit neun Jahren weder lesen noch schreiben, war infantil und ein angeblicher Herzfehler löste häufig Fieber- und Ohnmachtsanfälle bei ihm aus. Der Jagd – seiner großen Leidenschaft – konnte er wegen seiner zahlreichen körperlichen Gebrechen nie aktiv, sondern nur als klatschender Zuschauer beiwohnen. Er hatte außerdem noch einen Sprachfehler und eine Missbildung am Unterkiefer hinderte ihn an einer problemlosen Nahrungsaufnahme.

Zar Peter I., der Große, von Russland (1672–1725)

Nervöse Zuckungen und Nierensteine

Peter den Großen quälten viele unangenehme Krankheiten und Ticks. Zum Beispiel stotterte er, wenn er aufgeregt war. Als Kind hatte er den Mord an vielen seiner Verwandten und Freunde mit ansehen müssen und hatte davon einen schweren Nervenschock erlitten. Ab diesem Zeitpunkt plagten Peter für den Rest seines Lebens nervöse Zuckungen im Gesicht, die ihn entstellten. Zudem hatte er noch die Syphilis, Nierensteine, Koliken und Geschwülste an den Oberschenkeln.

Herzog Carl Alexander von Württemberg (1684–1737)

Terrorisierte Diener mit „Dosenmanöver"

Der spätere württembergische Herzog Carl Alexander zog sich, als er noch kaiserlicher Feldmarschall war, bei der Schlacht von Cassano im Jahr 1705 eine schwere Verwundung am Fuß zu. Die Wunde verheilte nie richtig, zeitlebens wurde der Herzog immer wieder von heftigen Schmerzen im Fuß geplagt. In diesen Phasen war er unerträglich und jeder Hofbedienstete musste fürchten, wenn die Schmerzen wieder einmal besonders schlimm waren, von ihm höchstpersönlich verprügelt zu werden. Angst und Schrecken verbreiteten auch seine „Dosenmanöver". Carl Alexander trug stets eine goldene Büchse mit sich. Wenn er auf diese schlug, war das immer die Ankündigung eines gewaltigen Donnerwetters. Die Bediensteten konnten sich dann auf einen großen Wutanfall oder noch Schlimmeres gefasst machen.

König Friedrich II., der Große, von Preußen (1712–1786)

Krankheiten, die für zwei gereicht hätten

Vermutlich wurde kaum ein Mensch der Geschichte von mehr Krankheiten geplagt als Friedrich der Große. Schon in seiner Jugend litt er an einem venerischen Samenausfluss. Kurz nach seiner Vermählung befreite man ihn durch einen chirurgischen Eingriff von seinem Leiden und er genoss sechs Monate lang auf Schloss Rheinsberg die Freuden der Ehe. Bald danach brach die Krankheit aber wieder aus und bereitete ihm unsagbare Schmerzen im Unterleib. Der Hof tarnte sein Leiden als pure Unpässlichkeit, in Wirklichkeit aber kämpfte Friedrich um sein Leben.

Ein Schnitt an einer bestimmten Stelle rettete ihn in letzter Sekunde vor dem Tod. Die Samenerzeugung wurde durch diesen Schnitt unterbunden und Friedrich somit zumindest von diesen Schmerzen erlöst. Denn es plagten ihn noch immer die Symptome einer Geschlechtskrankheit, die er sich vermutlich in Dresden geholt hatte. Aber damit nicht genug: Friedrich der Große litt zusätzlich ab seinem 28. Lebensjahr an Podagra und Hämorrhoiden, ab seinem 35. Geburtstag an einer halbseitigen Lähmung – möglicherweise ausgelöst durch einen Schlaganfall – und an Gichtanfällen, die ihn bis zu seinem Tode quälten. Er wurde außerdem noch von Magen-Darm-Koliken gepeinigt, die er sich durch seine Vorliebe für scharfe Gewürze und schwere Gerichte holte. Wenn man die damaligen medizinischen Möglichkeiten bedenkt, kann man nur noch Mitleid mit diesem Mann haben.

Zar Peter III. von Russland (1728–1762)

Vorhautverengung durch List beseitigt

Als der russische Großfürst Peter, der später als Peter III. Zar werden sollte, mit seiner Frau, der deutschen Prinzessin Katharina und späteren Zarin Katharina II., nach sieben Ehejahren noch immer keine Kinder hatte, machte sich der Hof langsam so seine Gedanken, genauer gesagt, die damals regierende Zarin Elisabeth. Sie wollte unbedingt einen Thronerben, um die Dynastie der Romanows zu erhalten, weshalb sie höchstpersönlich zu einer kleinen List griff. Sie wusste von der Zuneigung Katharinas zu ihrem Kammerherrn Sergej von Saltykow und erkor ihn aus, Katharina von ihrer Jungfernschaft zu erlösen. Saltykow machte der Prinzessin den Hof und tatsächlich wurde die Großfürstin Katharina bald darauf schwanger.

Doch was sollte man nun mit der schwangeren Katharina tun? Dass Großfürst Peter an einer Vorhautverengung litt, wusste man. Wie sollte man also dem Thronerben das Kind unterjubeln, wenn dieser gar nicht in der Lage war, Nachkommen zu zeugen? Auch da half die listige Zarin bald ab. Nach einem fürchterlichen Trinkgelage im Kreise seiner Offiziere (Peter schätzte diese Besäufnisse über alles) unterzog man den völlig betrunkenen Großfürsten einer kleinen Operation, die ihn nun zeugungsfähig machte. Eine ältere Hofdame führte ihn dann noch in die Geheimnisse der Liebe ein und so konnte nun Katharina ihrerseits den ehelichen Pflichten nachkommen. Allerdings erlitt sie eine Fehlgeburt, wurde aber bald darauf nochmals schwanger. Sie gebar einen Sohn, den späteren Zaren Paul I., der in Wirklichkeit jedoch das Kind von Saltykow gewesen sein dürfte. Peter hingegen fand sehr schnell Gefallen an seiner neu gewonnenen Fähigkeit und nahm sich bald darauf seine erste Mätresse.

König Ludwig XVI. von Frankreich (1754–1793)
Sex nur reine Pflichterfüllung

Als die Ehe Ludwigs XVI. mit der österreichischen Prinzessin Marie Antoinette nach sieben Jahren immer noch kinderlos geblieben war, gab es am Hofe schon reichlich Klatsch und Gerede. Hilfe brachte aber erst Kaiser Joseph II., der Bruder Marie Antoinettes, der im April 1777 für sechs Wochen das Königspaar in Versailles besuchte.

Seinem Bruder Leopold, dem späteren Kaiser Leopold II., schrieb er Folgendes über die Kinderlosigkeit des jungen Ehepaares: *Das Geheimnis liegt im Ehebett. Er hat ausgezeichnete Erektionen, führt sein Glied ein, verharrt dort regungslos vielleicht zwei Minuten lang, und ohne sich zu ergießen, zieht er sein immer noch aufrechtstehendes Glied zurück und wünscht seiner Frau Gutenacht. Das Ganze ist unbegreiflich, da er manchmal feuchte Träume hat. Er ist völlig zufrieden und gibt offen zu, daß er den*

Akt nur als Pflichterfüllung betrachtet und keinerlei Vergnügen daran findet. Ach, wenn ich nur einmal hätte dabeisein können, ich hätte es ihm schon beigebracht! Man sollte ihn auspeitschen wie einen Esel, damit er ejakuliert. Was meine Schwester betrifft, ist sie auch nicht gerade sinnlich veranlagt, und beide zusammen sind ein Paar von ausgemachten Stümpern.[107] Auf Anregung Josephs II. ließ sich Ludwig XVI. schließlich die Vorhaut entfernen.

Und tatsächlich, bereits 1778, knapp ein Jahr nach dem Besuch Josephs, wurde dem französischen Königspaar das erste Kind geboren, eine Tochter, die – wie könnte es anders sein – Marie Thérèse getauft wurde. Zwei weitere Kinder, beides Buben, sollten noch folgen.

Napoleon I. – Kaiser der Franzosen (1769–1821)

Epilepsie, Wetterfühligkeit und Magenkrebs

Der große Korse litt vermutlich an epileptischen Anfällen – zumindest zwei sind gut dokumentiert. Einen hatte er am 22. Mai 1809, nach der Schlacht bei Aspern, und einen weiteren erlitt er im August 1813 in Sachsen. Auch die Aussagen von Zeitzeugen, die angaben, Napoleon hätte oft an Krämpfen mit Schwinden des Bewusstseins, häufiger Benommenheit, Wadenkrämpfen bei Zornesausbrüchen und Muskelzuckungen gelitten, sprechen für diese Theorie. Als Ursache für die Epilepsie wird ein geringgradiger Wasserkopf vermutet. Nebenbei litt Napoleon noch an starker Wetterfühligkeit. Er starb letztlich an Magenkrebs und an einer hypertrophischen Leberverhärtung.

König Friedrich Wilhelm IV. von Preußen (1795–1861)

Sieben Schlaganfälle

Als Friedrich Wilhelm IV. 1857 an den Herbstmanövern bei Halle teilnahm, war er bereits ein schwer kranker Mann. Abgesehen von Gicht und Wassersucht, hatte er erst im Juli, bei einem Besuch auf Schloss Pillnitz (Sachsen), seinen ersten Schlaganfall erlitten, dem noch weitere sechs folgen sollten. Bereits ab Herbst 1859 war er halbseitig gelähmt und an den Rollstuhl gefesselt. Sein Bruder, Prinz Wilhelm, hatte schon ein Jahr vorher, 1858, als Regent die Regierung für seinen kranken Bruder übernehmen müssen.

Als Folge der Schlaganfälle plagten Friedrich Wilhelm IV. eine Hemmung des Sprachvermögens und ein Ausfall einiger weiterer Gehirnfunktionen. Erst sein letzter Schlaganfall, am 2. Januar 1861, erlöste ihn von seinem qualvollen Leiden und langem Siechtum.

Kaiser Friedrich III. von Deutschland (1831–1888)
Kehlkopfkrebs

Der preußische Kronprinz Friedrich Wilhelm war bei seiner Thronbesteigung im Jahre 1888 bereits todkrank. Er sollte auch schon kurze Zeit nach seiner Krönung, am 15. Juni 1888, an Kehlkopfkrebs sterben.

Friedrich III. musste so früh aus dem Leben scheiden, weil seine Ärzte lange Zeit eine falsche Diagnose gestellt hatten. Bereits Anfang des Jahres 1887 war die Stimme des Kronprinzen völlig heiser. Er selbst schrieb diesen Umstand einer normalen Erkältung zu. Der Arzt Professor Genhardt, der Friedrich Wilhelm untersuchte, stellte in der Folge ein kleines Knötchen im linken Stimmband fest. Alle Versuche es zu entfernen misslangen, das Geschwür kam immer und immer wieder. Am 15. Mai erkannte Genhardt, dass es bösartig war. Der Chirurg Dr. von Bergmann wurde hinzugezogen, diagnostizierte Krebs und empfahl eine sofortige Operation. Nun meinte aber der englische Arzt Mackenzie, der für die Durchführung der Operation eigens aus England geholt worden war, dass die Diagnose Krebs nicht gesichert sei.

Durch Gewebeanalysen verlor man wertvolle Zeit. Am 6. November 1887 lagen alle Auswertungen vor. Auf die Frage des Kronprinzen, ob es Krebs sei, antwortete Mackenzie, dass es dem sehr ähnlich sehe, man es aber nicht mit Sicherheit feststellen könne. Die Hustenanfälle Friedrichs wurden immer heftiger und er begann sogar Blut zu spucken. Dass es Krebs war, galt erst dann als gesichert, als Friedrich Wilhelm bereits Gewebeteile des Kehlkopfes auswarf. Zu diesem Zeitpunkt – es war Dezember 1887 – gab man ihm noch höchstens sechs Monate zu leben. Nach einer Regierungszeit von nur 99 Tagen starb Friedrich III. im „Neuen Palais“ in Potsdam, seiner Residenz.

Kronprinz Alexej von Russland (1904–1918)
Bluter

Zar Nikolaus II. hatte nur einen einzigen Sohn, den Thronfolger Alexej, und dieser war von Geburt an schwer krank. Alexej war Bluter. Sein ganzes Leben war von der Angst geprägt, dass er sich irgendwo verletzten könnte, denn selbst die kleinste Wunde konnte bei ihm wegen seiner Krankheit zum unweigerlichen Tod führen. Der russische Kronprinz hatte daher einen großen, starken Leibwächter, der Tag und Nacht auf ihn aufpassen musste und ihn vor möglichen Verletzungsgefahren beschützte.

Leider kam Alexej nicht mehr dazu, die Regierung zu übernehmen. Nachdem sein Vater abgedankt hatte, wurde er mit seiner gesamten Familie am 16. Juli 1918 von den Bolschewisten ermordet.

Letzte Wege

Stirb lieber ungewöhnlich

Ob durch eine brennende Zigarette oder eine Pilzvergiftung, manche adeligen Persönlichkeiten schieden auf recht ungewöhnliche Weise aus dem Leben. Es gab welche, die mit ihren Schiffen untergingen, und einen, der mit einem Pfeil im Auge noch neun Tage im Koma lag, bis sein Leiden ein Ende hatte.

König Alexander III., der Große, von Makedonien (356–323 v. Chr.)
Tod nach Alkoholexzess
Alexander der Große, der einzige Feldherr der Geschichte, der keine einzige Schlacht verloren hat, nahm ein sehr unrühmliches Ende. Als er im Jahre 323 v. Chr. nach Babylon zurückkehrte, schlug er seinen Offizieren eines Nachts einen Trinkwettbewerb vor. Daraufhin leerte sein Trinkkumpane Promachos nicht weniger als 14 Liter Wein und gewann den Wettbewerb – jedoch zu einem hohen Preis. Er starb drei Tage später an den Nachwirkungen. Einige Tage später leerte Alexander selbst bei einem ähnlichen Trinkspiel einen Pokal mit sieben Litern Wein und trank am darauf folgenden Tag nochmals exzessiv. Als jedoch ein plötzlicher Kälteeinbruch die Temperaturen in den Keller fallen ließ, bekam Alexander heftiges Fieber und starb elf Tage später im 33. Lebensjahr. Manche Historiker vermuten auch, er wäre an der Malaria gestorben.

König Harald II. von England (um 1020–1066)
Ein Pfeil im Auge
Der englische König Harald II. Godwinson fiel am 14. Oktober 1066 in der Schlacht bei Hastings, in der Wilhelm II., Herzog der Normandie, ihn und sein Heer vernichtete und so letztlich England erobern konnte.

Während der Schlacht, die fast einen ganzen Tag dauerte, wurde Harald von einem Pfeil, der sich in sein rechtes Auge bohrte, und daraufhin von einem Schwertstreich eines normannischen Ritters tödlich getroffen.

Der Mutter Harald Godwinsons versagte Wilhelm der Eroberer die Bitte, den Leichnam ihres Sohnes zu erhalten, um ihn ordentlich beerdigen zu können. Als „Eidbrecher" ließ Wilhelm die sterblichen Überreste des englischen Ex-Königs am Strand von Hastings verbrennen. Harald II. war der letzte angelsächsische König Englands.

Prinz Wilhelm von England (1102–1120)

Tod durch Ertrinken

Der Sohn des englischen Königs Heinrichs I. und Enkel Wilhelms des Eroberers starb, als er mit seinem königlichen Vater im November 1120 von der Normandie aus, wo Heinrich I. Krieg geführt hatte, per Schiff nach England zurückkehren wollte. Kronprinz Wilhelm Etheling fuhr auf dem so genannten „Weißen Schiff", dem Flaggschiff seines Vaters, das seinen Namen von seinen weißen Segeln herleitete, während Heinrich I. selbst auf einem kleineren Schiff die Überfahrt genießen wollte. Bereits am Nachmittag, noch vor dem Auslaufen, rief der Kronprinz im Hafen von Barfleur viele vornehme Ritter und Damen aus dem Gefolge seines Vates zu einem wilden Gelage auf sein Schiff. Bis zum Abend, als man schließlich auslief, waren alle an Bord – einschließlich der Matrosen und Offiziere – restlos betrunken. Da die Mannschaft wegen des übermäßigen Alkoholkonsums nicht mehr ganz fahrtüchtig war, kam es gleich nach dem Auslaufen zu einem folgenschweren Unfall. Dort, wo heute der Leuchtturm von Barfleur steht, krachte das „Weiße Schiff" auf einen Felsen und ging mit Mann und Maus unter, darunter auch mit Kronprinz Wilhelm Etheling. Es gab nur einen einzigen Überlebenden, einen Metzger namens Burold.

Kaiser Friedrich I. Barbarossa (1122–1190)

Ging in voller Rüstung baden

Friedrich I. Barbarossa hatte für einen Herrscher seiner Größe und seiner Stärke ein recht unrühmliches Ende. Als er auf dem 3. Kreuzzug das deutsche Kontingent ins Heilige Land führte, ertrank er am 10. Juni 1190 beim Baden im Fluss Saleph. Die genauen Umstände seines Todes konnten nie geklärt werden. Entweder fiel er bei glühender Hitze vom Pferd in den kalten Fluss und erlag einem Hitzschlag oder er wurde von der Strömung mitgerissen. Eine weitere Überlieferung besagt, dass er in voller Rüstung ein Bad nahm.

Seine Leiche wurde in Essig gelegt und nach Antiochia gebracht. Da dieses Konservierungsmittel aber versagte, begann die kaiserliche Leiche bald in der Sommerhitze zu stinken und man beeilte sich – als man endlich Antiochia erreicht hatte –, ihn in der dortigen Kathedrale zu bestatten.

Konradin – Der letzte Staufer (1252–1268)

Übermut tut selten gut

Konradin, der Enkel des großen Staufers Friedrich II. und Sohn König Konrads IV., unternahm einen spektakulären und theatralischen Italien-Feldzug im Alter von 16 Jahren. Er wollte das Reich seines Vaters, den er wegen dessen frühen Todes nie kennen gelernt hatte, mit Waffengewalt zurückerobern. Konrad hatte einst das Königreich „Beider Sizilien" an Karl von Anjou verloren. Doch der arme und übermütige Konradin fiel nach einer verlorenen Schlacht seinem Widersacher Karl von Anjou in die Hände und wurde letztlich am 29. Oktober 1268 in Neapel enthauptet.

Philipp IV., le Bel, von Frankreich (1268–1314)

„Der Schöne" König starb wie prophezeit

Seinen Beinamen „der Schöne" (franz. „le Bel") erhielt Philipp IV. wegen seiner hübschen Gestalt und seiner ebenmäßigen Gesichtszüge. 1311 ließ „der Schöne" den Templerorden in Frankreich verfolgen, um sich dessen Vermögen anzueignen. Der Großmeister dieses Ordens, Jacques de Molay, und viele andere Tempelritter fanden auf dem Scheiterhaufen ihr Ende. Der Großmeister wurde am 11. März 1314 auf kleiner Flamme geröstet und prophezeite Philipp dabei schicksalsschwanger, dieser würde ihm innerhalb eines Jahres in den Tod nachfolgen. Und so kam es auch: Philipp le Bel starb 1314 mit 46 Jahren.

König Eduard IV. von England (1442–1483)

Starb an einer Blinddarmentzündung

Eduard IV. bestieg mit 19 Jahren den Thron und galt als ruhigster König der Plantagenets. Er hatte Charme, Geschmack und war für damalige Verhältnisse überdurchschnittlich groß. Eduard starb vermutlich an einer schlichten Blinddarmentzündung.

König Franz I. von Frankreich (1494–1547)

Versuchte Kehlkopfleiden mit Quecksilber zu heilen

Franz I. aus dem Hause Valois war sein ganzes Leben lang ein König, der alle Vergnügungen auslebte, die sich ihm boten. Zu seinen vielen Mätressen zählten unter anderen geistvolle Frauen wie die Madame de Châteaubriant oder die Herzogin von Etampes. Er förderte die Wissenschaften und Künste, holte ferner Leonardo da Vinci an seinen Hof und beschäftigte große Baumeister, darunter Primaticcio, Serlio und Bernabei. Von Leonardo da Vinci erwarb er übrigens auch das Bildnis der berühmten „Mona Lisa".

1538 bekam er plötzlich ein Kehlkopfleiden, von dem er grässlich zu stottern begann. Da er es mit Quecksilberpillen zu kurieren suchte, dürfte es wohl die Syphilis gewesen sein. Zumindest entsprach diese Behandlungsmethode der damals üblichen Praxis. Die Krankheit wurde jedoch nicht besser, vielmehr gesellte sich noch ein übel riechender Abszess dazu, der ihn völlig zu Boden warf. Nach einem neunjährigen schweren Leidensweg starb er letztlich im 53. Lebensjahr.

König Heinrich II. von Frankreich (1519–1559)

Eine Lanzenspitze im Auge

Heinrich II. verschied an den Folgen einer Verletzung, die er sich während eines Ritterturnieres zugezogen hatte. Das Turnier fand am 29. Juni 1559 anlässlich der Hochzeit seiner Tochter Elisabeth mit Philipp II. statt. Als der König selbst sich als Ritter dem Turnierzweikampf stellte, bohrte sich die Lanze seines Gegners durch das Visier seines Helmes über ein Auge in sein Gehirn. Heinrich II. starb jedoch nicht sofort, sondern erst nach neun Tagen Koma mit 41 Jahren. Makaber ist, dass Nostradamus vorausgesagt hatte, dass Heinrich durch einen Turnierunfall sterben werde.

Heinrich Friedrich, Prinz von Böhmen und Pfalzgraf bei Rhein (1614–1629)

Ging mit einem Schiff unter

Heinrich Friedrich, der älteste Sohn des legendären Winterkönigs Friedrich von der Pfalz, starb auf tragische Weise vor den Augen seines Vaters. Er ging mit seinem Schiff unter und ertrank.

Kurfürst Johann Georg IV. von Sachsen (1668–1694)

Holte sich bei seiner Geliebten die Pocken

Johann Georg von Sachsen ist bekannt für seine Liebe zu der Mätresse Sibylla Magdalena von Neitschütz, der Tochter eines sächsischen Generals. Sie starb am 4. April 1694 an den Pocken. Da Johann Georg IV. in dieser Zeit mit ihr zusammengelebt hatte, darf man davon ausgehen, dass er sich bei ihr mit den Pocken infiziert hatte. Jedenfalls starb er am 27. April desselben Jahres an eben dieser Krankheit mit knapp 27 Jahren. Das Erbe trat sein Bruder Friedrich August an.

Herzog Johann Friedrich von Württemberg (1669–1693)

Im Duell erschossen

Dieser Sohn Herzog Eberhards III. aus seiner zweiten Ehe mit der Gräfin von Oettingen-Oettingen erhielt in seiner Jugend eine standesgemäße Erziehung am „Collegium Illustre“ in Tübingen, bevor er die damals übliche Kavalierstour unternahm. Ab Mai 1689 war er in kaiserlichen Militärdiensten und kämpfte am Mittelrhein, in den Niederlanden, am Oberrhein und am Neckar gegen die Franzosen.

Nach einem Streit mit dem Husarengeneral Pálffy, im Zuge dessen dieser ihn zum Duell auf Pistolen forderte, wurde Johann Friedrich erschossen. Das Duell fand bei Affstätt statt und Johanns Leiche wurde am 9. November 1693 in Herrenberg beigesetzt.

Kaiser Karl VI. (1685–1740)

Starb an einer Pilzvergiftung

Karl VI. starb am 20. Oktober 1740 qualvoll an einer simplen Pilzvergiftung. Er hatte vorher einer Jagd in der Nähe seines Schlosses Halbthurn beigewohnt und war danach in seine Sommerresidenz, die „Favorita“ in Wien (heutiges Theresianum, 4. Wiener Gemeindebezirk) zurückgekehrt. Dort bereiteten ihm seine Köche wie immer das Mahl, doch diesmal anscheinend nicht mit der üblichen Vorsicht. Karl bekam starke Schmerzen und musste für die Unaufmerksamkeit seiner unfähigen Köche, die ihm giftige Pilze serviert hatten, mit dem Leben bezahlen.

König Ferdinand VI. von Spanien (1713–1759)

Verhungerte vor vollem Teller

Der spanische König Ferdinand VI. neigte wie sein Vater, der Bourbone Philipp V., zu schweren Depressionen. Schon bei Philipp waren sie so stark gewesen, dass er sich monatelang nicht waschen und sich nicht die Haare oder Nägel schneiden ließ. Auch sonst tat er nichts, außer in seinem verdunkelten Schlafzimmer dahinzusiechen.

Ferdinand VI. hatte – besonders nach dem Tod seiner geliebten Gemahlin Maria Barbara von Portugal – nun ähnlich schwere Depressionen. Er war einfach nicht dazu zu bringen, etwas zu essen. Obwohl ihm täglich die vorzüglichsten Speisen dargeboten wurden, verhungerte er jämmerlich. Am 10. August 1759 starb er schlussendlich an den Folgen seiner Magersucht.

Kurfürst Friedrich Christian von Sachsen (1722–1763)

Pocken und Schlaganfall

Kurfürst Friedrich Christian, der Enkel Augusts des Starken und Sohn Friedrich Augusts II., ging als der Herrscher Sachsens in die Geschichte ein, der das Land am kürzesten von allen regiert hat. Seine Regierungszeit währte lediglich 74 Tage. In diesen wenigen Tagen versuchte er aber, nach dem finanziellen Chaos seiner beiden Vorgänger, einiges zu reformieren. Er war der Meinung, der Herrscher sei für das Volk da und nicht umgekehrt. Leider aber starb er, von den Pocken geschwächt, schon am 17. Dezember 1763 an den Folgen eines Schlaganfalles.

Herzogin Auguste Friederike Karoline von Württemberg (1764–1788)

Starb bei der Geburt ihres Kindes, weil kein Arzt kam

Mit 16 Jahren wurde diese Tochter Herzog Karls II. von Braunschweig-Lüneburg mit dem damaligen württembergischen Prinzen und späteren Herzog/Kurfürst/König Friedrich II./I. verheiratet. Da ihr Ehemann in russischem Militärdienst stand, lebte das Paar die meiste Zeit im großen Zarenreich. Dort gebar sie auch im September 1781 den Sohn Friedrich Wilhelm Karl, den späteren König Wilhelm I. von Württemberg, und einen zweiten Sohn mit Namen Paul.

Die Ehe war allerdings von Anfang an durch Eifersucht, Intrigen und Verleumdungen vergiftet. 1786 musste Friedrich Russland auf Befehl der Zarin Katharina II., die Sympathie für die unglückliche Herzogin empfand, verlassen und Auguste Friederike bekam von der Zarin das Schloss Lohde in Estland zugewiesen. Dort war sie dem vermeintlichen Schutz des Vertrauten und Hofjägermeisters der Zarin namens Pholmann ausgeliefert, von dem sie schwanger wurde. Da ihr beim Einsetzen der Wehen aus Angst vor dem öffentlichen Aufsehen von Pholmann kein Arzt geholt wurde, starb sie, unentbunden, am 27. September 1788 einen qualvollen Tod. Selbst die Bauern, die auf den Feldern um das Schloss herum arbeiteten, machten sich Sorgen wegen der lauten Schmerzensschreie, die sie aus dem Palast hören konnten. Offiziell starb sie an einem Blutsturz.

Erst 1819, als ihr Sohn, König Wilhelm I. von Württemberg, mit dem russischen Zaren Alexander I. die Überführung der Leiche seiner Mutter nach Württemberg vereinbart hatte, kam, als der Sarg geöffnet wurde, der traurige Umstand ihres Todes ans Tageslicht. Erst 31 Jahre nach ihrem qualvollen Ende wurde sie endlich in einer kirchlichen Zeremonie in Goldenbeck beigesetzt.

Zar Alexander I. von Russland (1777–1825)

Der verschwundene Zar

Der russische Zar Alexander I. geht vermutlich als einziger Herrscher in die Geschichte der Menschheit ein, der eines schönen Tages einfach verschwand.

Offiziell starb er am 19. November 1825 an einem schweren

Fieber in Taganrog am Asowschen Meer, wohin man sich begeben hatte, um der ebenfalls kranken Zarin Gesundung zu verschaffen. Dieser Ort, den er erstmals 1818 auf einer Fahrt nach Südrussland kennen gelernt hatte, gefiel dem Kaiser sehr gut.

Am Donnerstag, dem 5. November 1825, erzählte er seiner Frau zum ersten Mal, dass er an dem schweren Krimfieber erkrankt sei und dringend Ruhe benötige. Die Kaiserin ihrerseits berichtete bis zum 11. November von den Fieberanfällen ihres Gemahls – dann nicht mehr. Am 18. November fiel er erstmals in tiefe Ohnmachten und am 19. erfüllte sich sein Schicksal. Man bestattete ihn am 13. März 1826 in St. Petersburg. So weit die offizielle Version.

Es spricht jedoch vieles dafür, dass sich der amtsmüde Zar dort in Taganrog, das ihm so gefallen hatte, abgesetzt hatte und in Folge als Mönch – seinem oft offen geäußerten Traum folgend – in einem Kloster auf dem Berg Athos Ruhe und Frieden fand. Manche Historiker vermuten auch, er wäre als Einsiedler in Sibirien glücklich geworden.

Angeblich hatte er sein Verschwinden jahrelang vorbereitet. Die Familie Romanow vernichtete alle diesbezüglichen geheimen Schriften und schweigt bis heute über den tatsächlichen Verbleib des Zaren. In Petersburg wurde Gerüchten zufolge ein anderer Toter beerdigt, wie der französische Botschafter in Russland, Maurice Paléologue, immer behauptete.

Der Legende nach tauchte im Herbst 1836 in Krasnoufimsk ein Reiter in Bauernkleidung auf, ein asketisch lebender Mönch, der an Wissen und Bildung alle Einheimischen übertraf. Dieser wortkarge, groß gewachsene Geistliche mit blauen Augen und silbergrauem Haar half den Menschen und unterstützte die dortige Bevölkerung, wo er konnte. Er starb letztlich am 20. Januar 1864. Dieser Mönch soll nun der ehemalige Zar Alexander I. gewesen sein. Die Vermutung liegt nahe, weil er oft vom Leben der Adeligen in St. Petersburg erzählt hatte, weil er über viele internationale Fürsten und Politiker hatte berichten können und weil er über Napoleons Feldzug von 1812 genauestens Bescheid gewusst hatte. Die These wird außerdem dadurch untermauert, dass noch Zar Nikolaus II. im Jahre 1891 das Grab des legendären Mönches besuchte. Warum wohl?

Erzherzogin Mathilde von Österreich (1849–1867)
Verbrannte elendiglich

Erzherzogin Mathilde, eine Tochter Erzherzog Albrechts, starb, als sie eine brennende Zigarette unter ihrem Rock versteckte, weil sie nicht beim Rauchen erwischt werden wollte. Dies war ihr nämlich strengstens untersagt worden. Doch ihr Kleid ging in Sekundenschnelle in Flammen auf und die Unglückliche verbrannte hilflos bei lebendigem Leib.

Prinz Friedrich von Hessen (1870–1873)
Stürzte aus dem Fenster

Der zweite Sohn von Großherzog Ludwig IV. von Hessen und seiner Frau Alice von England wurde am 7. Oktober 1870 geboren und kam als Bluter auf die Welt.

Nach einer längeren Krankheit im Jahr 1871 begann der Prinz häufiger an den Folgen der Bluterkrankheit zu leiden. So konnte etwa 1873, nach einer harmlosen Ohrverletzung, das Blut drei Tage lang nicht gestoppt werden. Seine Familie glaubte schon, er müsse jetzt sterben. Wie durch ein Wunder hörte die Wunde schließlich doch noch auf zu bluten. Am 29. Mai desselben Jahres stürzte der kleine Prinz jedoch aus dem Fenster des ersten Stockes und verletzte sich erneut. Er blieb bewusstlos liegen und starb einige Stunden nach dem tragischen Unfall, der im damaligen Europa mit großer Bestürzung zur Kenntnis genommen wurde.

Mord und Totschlag

Macht ist verführerisch. Besonders in adeligen Kreisen liegt sie oft so nahe, nur durch einen unliebsamen Neffen oder Vater ist einem die höchste Stelle im Reich verwehrt. Dass so mancher kaltblütige Verwandte dafür dann über die Leichen seiner Familienmitglieder ging, verwundert wohl wenig. Doch es wurde nicht nur aus Machtgier gemordet – auch aus Panik oder Rache wurde der eine oder andere Adelige gemeuchelt. Andere wiederum fielen völlig unerwartet einem Geisteskranken zum Opfer. Und mancher Herrscher schaufelte sich durch seine despotische Willkür wohl selbst das Grab.

Emir Imad ad-Din Sengi (1082–1145)

Wurde von seinem Diener ermordet

Imad ad-Din Sengi war Herrscher über eines der Teilreiche der Seldschuken. In dieser Funktion schaltete er sich erfolgreich in den Krieg gegen die fränkischen Kreuzfahrer ein. 1137 eroberte er die Burg Montferrand, 1144 nahm er die Grafschaft Edessa ein und wurde so zum unumstrittenen militärischen Führer der seldschukischen Kämpfer. Der Kalif von Bagdad verlieh ihm den Ehrentitel „al-Malik al Mansur", was bedeutet: „Herrscher mit Gottes Hilfe".

Im Sommer 1145 aber, als er Damaskus erobern wollte, war es plötzlich mit seinem Leben vorbei – und zwar auf eine für einen Feldherrn recht unehrenhafte Weise. Als er einen seiner Diener – einen fränkischen Eunuchen – dabei erwischte, wie dieser aus seinem eigenen Glas Wein trank, bekam der Diener solche Angst vor der Bestrafung seines Herrn, dass dieser Imad an Ort und Stelle in Panik umbrachte. Sein Sohn Nur ad-Din führte den Kampf gegen die Kreuzfahrer weiter. Arabische Chronisten schrieben über Sengi: „Er war der mutigste unter den Geschöpfen Gottes."[108]

König Konrad I. von Jerusalem (1146–1192)

Wurde von den Assassinen gemeuchelt

Ein arabischer Chronist bezeichnete den aus altem norditalienischen Adel stammenden Konrad von Montferrat als einen „der gottlosesten der Ungläubigen, ein Unglückssatan, böser als ein Wolf, gemeiner als ein Hund. Ein Mann wie ein

Dämon, voll Schlauheit und Wachsamkeit, von großer Bravour.“[109]

1190 heiratete er Isabella, die Erbin des Königreiches Jerusalem, und schaltete seinen Konkurrenten Guido von Lusignan als Mitbewerber aus. Im April 1192 sollte er in Akkon gekrönt werden. Doch dazu kam es nicht mehr. Als er mehrere arabische Schiffe gekapert hatte, wurde er in Tyrus nach einem Besuch bei Freunden auf dem Heimweg von zwei Assassinen ermordet. Assassinen waren professionelle Killer, die unter Drogen gesetzt wurden und in diesem Zustand ihre Mordaufträge ausführten.

König Ottokar II. von Böhmen (1230–1278)

Wurde er aus Rache ermordet?

Die genauen Umstände des Todes von Ottokar II. Přemysl werden wohl ewig im Dunkeln bleiben. Es gibt mehrere Theorien, wie er ums Leben gekommen sein könnte. Keine davon ist endgültig bestätigt. Die eine besagt, dass er am 26. August 1278 in der Schlacht bei Dürnkrut fiel. Eine andere vertritt wiederum die Meinung, er sei aus Rache ermordet worden. Ottokar ließ nämlich den Steirer Seifried von Mahrenberg beseitigen, weshalb vermutet wird, dass dessen Verwandte – insbesondere Berthold von Emmerberg – diesen Mord blutig rächten.

Herzog Albrecht I. von Österreich (1248–1308)

Der eigene Neffe brachte ihn ins Grab

Albrecht I. wurde von seinem Neffen Johann wegen der Vorenthaltung des väterlichen Erbes (Wittum seiner Mutter Agnes und die 1283 festgesetzten Entschädigungsansprüche) bei der Überquerung des Flusses Reuß am 1. Mai 1308 ermordet. Johann bekam wegen dieser Tat den Beinamen „Parricida“ (lat. = Verwandtenmörder). Er endete als Mönch in Pisa.

König Jakob I. von Schottland (1394–1437)

Der Adel zahlte es ihm heim

Im Jahre 1428 kehrte der schottische König Jakob I. nach 18-jähriger englischer Gefangenschaft nach Schottland zurück und machte sich sofort daran, den schottischen Adel durch übertriebene Härte zu unterdrücken. Er lud mächtige schottische Clanhäuptlinge zu Verhandlungen ein und ließ sie dann gefangen nehmen, einkerkern oder sogar hinrichten. Dies führte schließlich 1437 dazu, dass Jakob in der Stadt Perth vom Adel kurzerhand ermordet wurde. Die Täter waren ein gewisser Sir Robert Stewart und ein Sir Robert Graham.

König Richard III. von England (1452–1485)

Ließ kaltblütig seine Neffen ermorden

Eduard IV. trat im Jahre 1461 die Regierung für den geisteskranken Heinrich VI. an. Der ruhigste aller Plantagenets war das genaue Gegenteil von Heinrich, er war ein hoch gewachsener, stattlicher Prinz mit Charme und Geschmack. Darüber hinaus war Eduard ein hartnäckiger Geschäftsmann, guter Soldat, scharfsinniger Administrator und verfügte über ein ungewöhnlich gutes Gedächtnis. Noch dazu war er mit einer überdurchschnittlichen Schönheit gesegnet. Mit 43 Jahren starb dieser große König allerdings an einer Blinddarmentzündung. Er hinterließ zwei Söhne: den dreizehnjährigen Eduard, der als Eduard V. neuer König wurde, und Richard, den neunjährigen Herzog von York.

Nun aber trat Richard, der Herzog von Gloucester und Bruder Eduards IV., auf den Plan, erklärte, seine beiden Neffen seien uneheliche und damit nicht erbberechtigte Nachkommen, und ließ sie einfach in den Tower werfen. Kurze Zeit später wurden sie auf seine Anordnung hin ermordet und er bestieg selbst als Richard III. den englischen Thron. Um die Sache perfekt zu machen, verbreitete er auch noch zusätzlich das Gerücht, sein älterer Bruder Eduard IV. wäre ebenfalls ein unehelicher Sohn gewesen. Durch diese Unterstellungen rechtfertigte er seine Handlungsweise. Richard III. selbst fiel in der Schlacht bei Bosworth gegen Heinrich Tudor, der als Heinrich VII. seine Nachfolge antrat.

König Heinrich III. von Frankreich (1551–1589)

Von geisteskrankem Mönch erdolcht

Heinrich III. wurde wegen seiner endlosen Eskapaden und seiner haltlosen Exzesse, die ihm sogar den Spitznamen „Prinz von Sodom“ einbrachten, für den französischen Adel mit der Zeit immer inakzeptabler. Als er jedoch den Führer der „katholischen Liga“, den Herzog von Guise, ermorden ließ, besiegelte er sein Schicksal. Die Liga entsandte im Gegenzug den geisteskranken Dominikanermönch Jacques Clément mit einer vorher erteilten Absolution, um Heinrich zu ermorden. Als Clément dann – unter dem Vorwand, eine Botschaft überbringen zu müssen – vor dem König stand, stieß der Mönch diesem ein Messer in den Leib. In dem folgenden Tumult wurde Clément aus dem Fenster geworfen und starb noch am Unfallsort. Doch auch Heinrich III. überlebte nicht. Er sollte der letzte Valois auf französischem Thron gewesen sein. Die Nachfolge traten die Bourbonen mit Heinrich von Navarra an.

König Heinrich IV. von Frankreich (1553–1610)

Wurde in seiner Kutsche erstochen

Heinrich IV., der erste Bourbone auf dem französischen Königsthron, zählt trotz seiner vielen Eigenheiten bis heute zu den beliebtesten französischen Königen. Er war ein großer Herrscher. Die Hugenottenkriege wurden durch ihn beendet, er reorganisierte das Heer und garantierte jedem Bauern seines Königreiches sonntags ein Huhn im Topf.

Am 16. Mai 1610 wollte er dem Herzog von Sully einen Besuch abstatten. Plötzlich, in der Rue de la Ferronnerie, gerade als Heinrich der jubelnden Menge zuwinken wollte, stürmte ein Mann an seine Kutsche, sprang auf das Trittbrett und versetzte dem König mehrere Messerstiche in den Hals. Heinrich IV. starb noch am Ort des Attentates. Ein Zeitgenosse berichtete, dass der König nach dem ersten Messerstoß gesagt haben soll: „Ich bin verwundet“[110], und nach dem zweiten: „Es ist nicht schlimm.“[111] Anschließend soll er zurückgesunken sein, wobei ihm Blut aus dem Mund quoll.

Der Mörder war ein Geisteskranker mit Namen Ravaillac, der behauptete, er habe den Auftrag für diesen Mord direkt von Gott erhalten. Sein Ende war grausam: Bevor man ihm den Kopf abschlug, wurde er gerädert und bei lebendigem Leibe gehäutet.

Zar Peter III. von Russland (1728–1762)

Wurde auf Befehl seiner Frau entmachtet und ermordet

Peter III., der als Kind aus Holstein an den russischen Hof geholt worden war, um die Nachfolge seiner Tante – der Zarin Elisabeth – anzutreten, hatte viele ungewöhnliche Eigenheiten. Er spielte gerne mit Spielzeugsoldaten, drillte täglich seine holsteinischen Truppen, betrachtete Friedrich II. von Preußen als sein großes Vorbild und wäre am liebsten ein Oberst in dessen Armee geworden. Er wird als pockennarbig beschrieben und seine ganze Liebe galt einer überdurchschnittlich hässlichen Mätresse. Mit Leidenschaft spielte er Geige sowie Pauke und mit größter Freude schnitt er während der Gottesdienste Grimassen. Seine ganzen Wunderlichkeiten aufzuzählen würde wohl ewig dauern.

1745 wurde er mit der aus Anhalt-Zerbst stammenden Prinzessin Sophie Auguste verheiratet, die sich nach ihrem Übertritt zum orthodoxen Glauben Katharina nannte. Sie war es nun, die alles versuchte, um ihn nach seiner Thronbesteigung im Jahre 1762 möglichst schell zu entmachten. Katharina hatte den gesamten mächtigen Klerus, die Minister, große Teile des Adels und die Armee hinter sich. Peter war untragbar geworden, und dies nicht nur, weil er wegen seiner Verehrung für den großen Preußenkönig einen glänzenden Sieg Russlands und seiner Verbündeten über Preußen verhindert hatte. Gleich nach seiner Thronbesteigung hatte nämlich Peter mit seinem Idol Friedrich II. zum großen Entsetzen aller Frieden geschlossen. Nach nur sechs Monaten war deswegen seine Herrschaft vorbei.

Am 28. Juni 1762 rissen Soldaten ihm den Säbel von der Seite und zwangen ihn, seine Uniform auszuziehen. Dann brachte man ihn nach Ropscha, in ein kleines Jagdschloss. Friedrich II. von Preußen schrieb später darüber: „Der Zar ließ sich entthronen, wie ein kleines Kind, das man zu Bett schickt.“[112] Man sperrte ihn in Ropscha in ein kleines Zimmer und gab ihm lediglich seinen Lieblingshund, seine Mätresse, sein Lieblingsbett und seine Violine mit. Bald darauf, am 6. Juli desselben Jahres, wurde er auf Befehl Katharinas von deren Liebhaber Alexej Orlow ermordet.

König Gustav III. von Schweden (1746–1792)

Fiel einer Verschwörung zum Opfer

Der schwedische König Gustav III. aus dem Hause Holstein-Gottorp war während seiner gesamten Regierungszeit eine umstrittene Person. Auf der einen Seite tat er viel Gutes und besaß zahlreiche Begabungen. Er war sehr kommunikativ, ehrgeizig und konnte von herzerwärmender Freundlichkeit sein.

So förderte er Wirtschaft und Handel, ordnete das Finanzwesen, ließ Kranken-, Waisenhäuser und Kanäle bauen. Doch auf der anderen Seite – vor allem was die Politik betrifft, beging er einen Fauxpas nach dem nächsten. Im Jahre 1771, nach dem Tod seines Vaters Adolf Friedrich bestieg er den schwedischen Thron und beging gleich seinen ersten großen Fehler. Als man ihm die Verfassung nach den Interessen der Adelsoligarchie vorlegte, unterschrieb er sie sofort, schloss aber gleichzeitig mit Frankreich einen Geheimvertrag, in dem er sich verpflichtete, diese Verfassung zu stürzen.

Sein größter Schwachpunkt aber war seine Prunk- und Verschwendungssucht. Allein für seine Krönung gab er drei Millionen Taler aus. Zur Geldbeschaffung war ihm jedes Mittel recht. Als er 1789 den Reichsrat entmachtete, um ganz allein über die Staatskasse verfügen zu können, handelte der Adel Schwedens. Die vier Haupträdelsführer General Pechlin, Graf Horn, der Gardehauptmann Ankarström und Graf Ridding losten darum, wer den Mord ausführen würde. Das Los fiel auf Ankarström. Die Verschwörer bestimmten als Tag des Mordes die Nacht vom 15. auf den 16. März 1792, in der Gustav III. einen Ball in der Stockholmer Oper besuchen wollte.

Der König betrat die Oper in seiner Lieblingsverkleidung – als Apoll. Graf Horn trat auf ihn zu und klopfte ihm mit den Worten „Gute Nacht, Maske!" auf die Schulter. Dies war das vereinbarte Zeichen der Verschwörer und im selben Moment schoss Ankarström mit seiner Pistole dem König in den Rücken. Gustav III. brach zusammen. Doch er war nicht gleich tot, sondern lebte noch 13 Tage. Am 29. März hauchte er sein Leben aus, nicht ohne vorher Rache an seinen Mördern genommen zu haben. Ankarström wurde einen Monat nach der Tat enthauptet, die anderen verwies man des Landes.

Zar Paul I. von Russland (1754–1801)

Wurde mit einer goldenen Tabaksdose erschlagen

Zu den vielen Eigenheiten des Zaren Paul I. zählte unter anderem seine Exerzierleidenschaft. Täglich wurden Wachparaden vor seinem jeweiligen Palais abgehalten, bei denen alle hohen Generäle und seine beiden Söhne anwesend sein mussten. Zar Paul selbst spielte den Feldwebel und keiner war vor seiner Willkür sicher. Wehe, wenn ein Soldat einen falschen

Schritt tat oder ein Knopf nicht blitzte. Der Zar zögerte nicht und verprügelte den Delinquenten an Ort und Stelle mit seinem Stock. Selbst hohe Offiziere wurden – wenn sie etwa eine falsche Bewegung mit dem Säbel machten – degradiert oder, noch schlimmer, ohne Prozess und Angabe von Gründen augenblicklich nach Sibirien verfrachtet. Sie durften nicht einmal Geld oder Gepäck von zu Hause holen, denn es ging sofort in den kalten Norden. Aus diesem Grund führten die meisten Offiziere immer viel Bares bei diesen Wachparaden mit sich, was Pauls Selbstwertgefühl enorm steigerte.

Zusammengefasst kann man sagen, dass der Zar ein grausamer Tyrann war, der wahllos Menschen deportierte, der willkürlich Hinrichtungen befahl, der unsinnige Dekrete erließ und zudem auch noch an Wahnvorstellungen litt. Paul I. wurde von Volk und Adel gehasst und gefürchtet. Keiner schien mehr vor ihm sicher, jeder hatte ständig Angst, in Sibirien zu landen. Der Adel sah ein, dass Paul I. völlig unzurechnungsfähig geworden war, und beschloss daher, ihn zu beseitigen oder zumindest zur Abdankung zu zwingen. Zu diesem Zweck versuchte man seinen Sohn Alexander, den Thronerben, für den Umsturz zu gewinnen, was nach langem Zureden auch gelang.

In der Nacht des 11. März 1801 setzte man den Plan, den Zar zu entmachten, in die Tat um. Paul I. schlief wie immer in seinen Unterhosen und mit einer Leinenjacke bekleidet auf seinem Feldbett in seinen Appartements im Michael-Schloss, seiner Residenz. Zwei Kammerhusaren wachten im Vorzimmer über die Ruhe des Zaren und ein Kammerherr schlief in seinem Verschlag. Die Verschwörer, von einem Saufgelage kommend, baten vorgelassen zu werden. Die Husaren witterten aber Böses und versperrten den Weg. Sie leisteten erbittert Widerstand und schrien um Hilfe, doch sie wurden überwältigt. Der Weg zum Zaren war frei.

Paul wachte jedoch von dem Lärm auf, erkannte die Gefahr und versteckte sich hinter einer spanischen Wand. Die Verschwörer durchsuchten mit ihren Kerzenständern das gesamte Schlafgemach und konnten schließlich nur durch einen Zufall die nackten Füße des Zaren hinter dem Paravent entdecken. Sie zogen ihn hervor und informierten ihn mit gezogenen Säbeln von ihrem Vorhaben. Auf die Frage Pauls, was das zu bedeuten habe, antwortete man ihm: „Sire, Sie sind arretiert!“[113] Als er dann einen der Verschwörer, Platon Alexandrowitsch Zubow, fragte, was er hier wolle, sagte dieser ihm etwas freundlicher, dass man ihn bitten wolle abzudanken, weil er manchmal „Geistesabwesenheiten“ habe. Dann legten sie ihm die Abdankungsurkunde vor, die sich Paul aber strikt zu unterzeichnen weigerte. Nach langem Hin und Her brachte schließlich einer der betrunkenen Verschwörer, Graf Nikolaj Zubow, den Mut auf zu handeln und erschlug den Zaren Paul mit einer goldenen Tabaksdose. Er ging zu Boden und die Verschwörer begannen daraufhin, ihn mit Fußtritten und Schlägen zu traktieren. Letztlich wurde er sogar noch mit einer Offiziersschärpe erwürgt. Die Mörder verließen daraufhin das Schlafgemach des Zaren und setzten ihre Sauforgie fort. Nur einer, Benningsen, blieb, holte die Dienerschaft und erklärte ihnen, dass der Zar einen Schlaganfall gehabt hätte und sie ihn auf sein Feldbett legen sollten.

Der Großfürst und Thronerbe Alexander bestieg nach diesem Ereignis als Erster seines Namens den Thron. Die Liste der Verschwörer ist lang und umfasst nicht weniger als 70 Namen.

Zar Alexander II., der Befreier, von Russland (1818–1881)

Fiel einem Bombenattentat zum Opfer

Alexander II. ging in die Geschichte ein, weil er 1854 eine entscheidende Schlacht im Krimkrieg verlor und 1861 die Leibeigenschaft abschaffte, was ihm den Beinamen „Der Befreier“ eintrug. Er fiel 1881 einem Bombenattentat zum Opfer. Ein jüdischer Student mit Namen Grinewitskij warf eine Bombe gegen den Schlitten des Zaren und tötete ihn.

Kaiserin Elisabeth, Sisi, von Österreich (1837–1898)

Ermordet am Genfer See

Kaiserin Elisabeth stieg am Morgen des 10. September 1898 im Hotel „Beau Rivage“ in Genf ab. Um 13 Uhr 40 wollte die Kaiserin mit einem Linienschiff von Genf nach Montreux fahren. Der Mörder Luigi Lucheni, ein italienischer Anarchist, lauerte ihr den ganzen Tag in der Umgebung des Hotels auf. Lucheni war damals 25 Jahre alt, von mittlerer Größe, kräftigem Körperbau und dunklem Haar. Er war arbeitslos in die Schweiz gekommen und hatte dort bald Kontakte zur Anarchistenszene geknüpft.

Als er die Kaiserin mit ihrer Hofdame Gräfin Sztáray aus dem Hotel und über den Quai du Mont-Blanc zur Schiffsanlegestelle gehen sah, schlug er eiskalt zu. Blitzschnell sprang er hinter einem Baum hervor, rammte der verblüfften Kaiserin eine Feile mit einer dreieckigen Klinge mitten ins Herz und flüchtete. Der ganze Überfall war so schnell wieder vorbei, dass Elisabeth zunächst gar nichts von der Verletzung bemerkte, dann aber brach sie plötzlich zusammen. Schon kurz darauf starb sie an Bord des Linienschiffes, auf das man sie noch getragen hatte.

Lucheni wurde verhaftet und, da die Todesstrafe im Kanton Genf abgeschafft war, zu lebenslangem Kerker verurteilt. Am 16. Oktober 1910 erhängte er sich in seiner Zelle.

Den letzten Wunsch der Kaiserin, auf der Insel Korfu bestattet zu werden, ließ das strenge Protokoll der Habsburger nicht zu. Wie alle Mitglieder des Hauses setzte man sie in der Kapuzinergruft bei.

Ab den königlichen Kopf

Auch königliche Köpfe konnten rollen. Wenn der Volkszorn durch jahrelange Unterdrückung und Not nicht mehr zu halten war, dann ging es so manchen Monarchen an den Kragen, wie etwa durch die Französische Revolution eindrücklich bewiesen worden ist. Doch auch durch Intrigen und Verrat war so manches adelige Leben gefährdet und endete nicht selten auf dem Schafott.

Die Frauen König Heinrichs VIII. von England (1491–1547)

Ein Thronfolger muss her

Heinrich VIII. von England war insgesamt sechs Mal verheiratet. Eine der Frauen starb an Krebs, eine überlebte ihn, von zweien ließ er sich scheiden und zwei ließ er köpfen.

Der Grund für seine oftmaligen Heiratsunternehmungen war der unbeugsame Wunsch nach einem männlichen Thronerben. Da er von seinen Frauen entweder Mädchen oder dem Tode geweihte Jungen geschenkt bekam, ging er immer wieder neue Ehen ein.

Um sich von seiner Frau Katharina scheiden lassen zu können, spaltete sich Heinrich sogar von der Kirche und dem Papst in Rom ab und gründete die anglikanische Kirche. Bei Anne Boleyn und Katharina Howard machte er sich nicht so viele Umstände – er ließ sie einfach köpfen. Anne Boleyn verlor nach dreijähriger Favoritenstellung die Gunst des Königs, weil sie ihm keinen Thronfolger schenken konnte, und Katharina Howard warf er vor, sie verkehre weiterhin sexuell mit ihren früheren Liebhabern. Natürlich machte Heinrich VIII. diese Anschuldigungen immer erst dann, wenn er sich neu verliebt hatte.

Eine andere Ehefrau, Jane Seymour, gebar ihm einen Sohn, der nach ihm auch als Eduard VI. König wurde. Er starb jedoch bald, weil er von sehr schwächlicher Gesundheit war. Im Endeffekt traten seine Nachfolge zwei seiner Töchter an, weil kein einziger Sohn überlebt hatte. Maria I., aus der Ehe mit seiner ersten Frau Katharina von Aragon, und die berühmte Elisabeth I., Tochter von Anne Boleyn, wurden die neuen Königinnen.

Maria I. Stuart, Königin von Schottland (1542–1587)
Von Liebschaften zum Schafott

Maria Stuart, die Tochter einer französischen Prinzessin und des schottischen Königs Jakob V., wuchs in Frankreich auf. Dort wurde sie mit dem jungen französischen König Franz II. verheiratet, der jedoch schon mit 16 einem Abszess erlag. Maria wurde so bereits mit 18 Jahren Witwe. 1560 starb auch ihre Mutter, die seit dem Tod ihres Mannes für ihre Tochter in Schottland regiert hatte. Da sich Maria mit ihrer Schwiegermutter Katharina von Medici am französischen Hof nie gut verstanden hatte, trat sie 1561 ihr schottisches Erbe an.

Von ihr als neuer Königin wurde eine baldige Heirat erwartet, damit der Fortbestand der Stuart-Dynastie gesichert wäre. Adelige Verehrer fanden sich genug in Schottland, da sich die meisten durch eine Heirat mit Maria Macht und Geld versprachen. Sie spielte sie jedoch alle geschickt gegeneinander aus – ein Zeichen für ihren starken Charakter. 1565 fiel ihre Wahl aber völlig unerwartet auf Lord Darnley und die Intrigen fanden ihr Ende. Sie bekam einen Sohn, den späteren König Jakob VI., doch die Ehe hielt nicht lange. 1567 starb Lord Darnley unter nie geklärten Umständen. Da sie anschließend mit dem Earl of Bothwell, einem widerwärtigen Abenteurer und Lebemann, flüchtete, fiel der Verdacht des Mordes an Darnley natürlich sofort auf sie.

Maria wurde bald erwischt und interniert. Man setzte sie ab und ihr einjähriger Sohn Jakob wurde neuer schottischer König. 1568 gelang ihr abermals die Flucht und diesmal schaffte sie es bis nach England. Die dortige Königin Elisabeth I. ließ sie jedoch auch einsperren, weil sie unter dem Verdachtdes Mordes an ihrem Ehemann stand und weil die überzeugte Katholikin Maria angeblich von Schottland aus Aufstände gegen die anglikanische Kirche in England organisiert hatte. Doch Elisabeth traute sich anfangs nicht, sie hinrichten zu lassen. Maria war schließlich von königlichem Blut und ihre Cousine. 1587 beugte sich Elisabeth schließlich doch – obgleich bis zuletzt unsicher – dem ständigen Druck ihrer Minister und des Parlaments. Sie ließ Maria enthaupten. Vorher wurde ihr noch, rein formell, der Prozess gemacht und im Dezember 1586 fällte man wenig überraschend das Todesurteil. Ein Rechtsbeistand wurde Maria nicht gewährt. Die

Anklage lautete auf Verschwörung gegen Land und Königin, da sie mit ausländischen Vertrauten einen Sturz Elisabeths mehrfach geplant haben soll. Bis heute ist umstritten, ob sie wirklich an diesen Verschwörungen, die es tatsächlich gegeben hatte, beteiligt gewesen war.

Am 8. Februar 1587 wurde sie aus ihrem Kerker geführt und in der Halle von Fotheringhay Castle enthauptet. Der Legende nach trug sie Rot – als Symbol ihrer christlichen Märtyrerschaft. Der Henker war angeblich so betrunken, dass er mehr als nur einen Schlag brauchte, um das Urteil zu vollstrecken.

König Karl I. von England (1600–1649)

Wegen Hochverrats enthauptet

Karl I. von England und Schottland war – wie alle Stuarts – ein höchst eigenwilliger Herrscher. Er begann spät zu laufen, spät zu sprechen und stotterte sein Leben lang leicht. Sonst aber war er geistig sehr rege, ausgesprochen freundlich und höflich. Er beteiligte sich mit großem Mut an ritterlichen Spielen, schätzte die Jagd und war nebenbei noch ein treu sorgender Familienvater.

Alles in allem war er ein guter König, dem es allerdings an wirklicher Größe fehlte. Als er sich mit zunehmendem Alter nur noch seiner Kunstsammlung und der Jagd widmete und die Regierungsgeschäfte korrupten Ministern überließ, die sich ständig bereicherten, brodelte es im ganzen Land. Der Adel und das Volk wollten der Günstlingswirtschaft des Königs einen Riegel vorschieben. Zudem kam es in Schottland und Irland zu Aufständen, die sich gegen Karl und dessen Kirchenpolitik richteten. Zunächst schloss er mit den aufständischen Schotten Frieden, berief aber 1640 das Parlament ein, da er auf einmal Geld für einen Krieg gegen die Schotten brauchte. Die folgenden Ereignisse führten zum „Ersten Bischofskrieg“.

Schottland in kirchenpolitischer Hinsicht an England angleichen zu wollen, war der erste Fehler Karls. Einen zweiten beging er durch die Einberufung des Parlaments, das er bald nach der Bewilligung der Gelder wieder auflöste. Auf den Unmut der Abgeordneten reagierte er arrogant und erklärte, er hätte nur Geld für den Krieg gebraucht, sonst wünsche er aber keinerlei Einmischung in seine Regierung.

Im anschließenden „Zweiten Bischofskrieg" erlitt er eine schwere Niederlage gegen die Schotten bei Newburn. Sein Abstieg begann. Durch diese Niederlage gewann der Adel, der das Parlament bildete, an Stärke und zwang Karl, seine Macht zu teilen, was dieser widerwillig auch tat.

Als das Parlament jedoch die Absetzung und Hinrichtung seines Lieblingsgünstlings, Lord Strafford, forderte und diesen in den Tower werfen ließ, beging Karl einen weiteren großen Fehler. Mit den Resten seiner bei Newburn geschlagenen Armee wollte er seinen Freund aus dem Tower befreien. Als die Bevölkerung Londons davon erfuhr, marschierten aufgebrachte Demonstranten am 8. und 9. Mai 1641 zu Karls Palast von Whitehall, was ihn offensichtlich sehr einschüchterte. Er unterschrieb augenblicklich den Hinrichtungsbefehl für seinen Freund Strafford, auch wenn er sich das bis an sein Lebensende nicht mehr verzeihen konnte.

Karl versuchte noch ein Mal, die Macht an sich zu reißen, nachdem er dem Parlament noch weitere Zugeständnisse hatte machen müssen. Doch der Versuch, seinen Hauptgegner John Prym auszuschalten, schlug fehl. John Prym schloss ein militärisches Bündnis mit den Schotten ab, die daraufhin wieder gegen den Erzfeind England marschierten und Karl schwere Niederlagen zufügten. Der Bürgerkrieg brach unaufhaltsam los und Karl musste in der Folge mit seiner Familie aus London fliehen. Zwei Niederlagen, 1644 bei Manstor Moor und 1645 bei Naseby, besiegelten schließlich sein Schicksal. Der Rebellenführer Oliver Cromwell übernahm die Regierung.

Karl konnte zunächst verkleidet entkommen. Er floh zu den Schotten, auf deren Treue er hoffte – weil er als Stuart ein König aus altem schottischen Adel war. Diese aber nahmen ihn gefangen und verkauften ihn für 400 000 Pfund an Cromwell. Man internierte ihn auf Schloss Hampton-Court, wo er Tennis und Schach spielen durfte. Doch er floh ein weiteres Mal, konnte aber auf der Isle of Wight wieder eingefangen werden. Karl nahm erneut Kontakte zum schottischen Adel auf und diesmal marschierte dieser sogar mit 40 000 Mann in Richtung London. Bei Preston wurden die Schotten aber geschlagen und Cromwell reichte es endgültig. Er machte Karl den Prozess wegen Hochverrats, das Urteil lautete schuldig.

Am 30. Januar 1649 wurde er gegen 14 Uhr vor dem Palast von Whitehall geköpft. Sein ältester Sohn, dem die Flucht gelungen war, konnte erst 1660 von seinem französischen Exil aus wieder nach England zurückkehren und als Karl II. den Thron besteigen.

Kaiser Maximilian I. von Mexiko (1832–1867)
In Mexiko erschossen

Erzherzog Ferdinand Maximilian von Österreich, der jüngere Bruder Kaiser Franz Josephs I., war in vielerlei Hinsicht ein ungewöhnlicher Habsburger. Er war intelligent, überdurchschnittlich hübsch, er war geistvoll und er interessierte sich für Literatur. Außerdem verspürte er eine schwärmerische Ader in sich, die ihn zu Abenteuern hinzog, wie zu jenem, das ihm letztlich sein Leben kostete. Zudem war er sehr ehrgeizig und konnte sich nur schwer mit der Tatsache abfinden, als nachgeborener Sohn nie eine Krone tragen zu dürfen.

Nicht ohne Grund fühlte er sich in jeder Hinsicht seinem älteren Bruder Franz Joseph überlegen und kam immer mehr zu der Überzeugung, dass eigentlich er der fähigere Herrscher wäre. Franz Joseph erkannte das sehr wohl und hielt ihn von jeder Verantwortung fern. Dem Kaiser ist nicht zu Unrecht Neid auf Ferdinand Maximilian vorgeworfen worden. Das Verhältnis der beiden erkaltete zunehmend. Erst 1859 kam es zu einer Aussöhnung zwischen den ungleichen Brüdern.

Als Maximilian auch noch die ehrgeizige Charlotte von Belgien heiratete, war sein Schicksal besiegelt. Sie, die Tochter eines Königs, konnte sich nur sehr schwer damit abfinden, dass sie nur die Ehefrau eines „kleinen" – wenn auch bildhübschen – österreichischen Erzherzogs war, der zudem wegen der Eifersucht seines Bruders kaum Einfluss hatte. Als vom französischen Kaiser Napoleon III. das Angebot an Maximilian kam, die Krone Mexikos anzunehmen, konnte der ehrgeizige Erzherzog – auch wegen seiner Frau – nicht Nein sagen. Dass er allerdings nur ein Spielball der Politik des Franzosenkaisers war, übersah er dabei leider völlig.

Mexiko war zu jener Zeit eine Republik unter dem Präsidenten Juárez, deren Bevölkerung vorwiegend aus indianischen Einwohnern bestand. Napoleon III. setzte Juárez einfach ab und wurde dadurch der militärische Herr des Landes, der nun in dem Habsburger ein williges Opfer für die Krone fand. 1864 bestieg der Erzherzog als Maximilan I. den mexikanischen Thron und machte sich mit dem österreichischen Schlachtschiff „Novara“ in Richtung seiner neuen Heimat auf.

Es passt zu seinem Charakter, dass er auf der Überfahrt erst einmal ein 300 Seiten umfassendes Hofzeremoniell niederschrieb. Auch in Mexiko war er mehr damit beschäftigt, kostspielig Hof zu halten und zu repräsentieren, als sich für das Land zu interessieren. Er arbeitete zwar anfänglich hart, erließ Gesetze, baute seinen Palast in Mexiko-City aus und inspizierte das Land auf einigen Reisen, doch dieser Ehrgeiz hielt nicht lange an. Seine Ehe blieb kinderlos, weshalb er zunehmend damit beschäftigt war, einen Nachfolger für sich zu finden. Zunächst setzte er seinen jüngeren Bruder Ludwig Viktor als Erben ein, doch dieser weigerte sich zu heiraten, weil er homosexuell war. Deswegen adoptierte Maximilian den gleichnamigen Enkel des ersten mexikanischen Kaisers Augustin I., womit er allerdings seine Frau brüskierte. Als Kaiser Maximilian zusätzlich noch starke Alkoholprobleme bekam – er trank selbst während der Audienzen unaufhörlich Champagner – und wieder zum alten Schürzenjäger wurde, brach alles zusammen. 1866 verließ Charlotte Mexiko und wurde geisteskrank. Am 15. Mai 1867 besiegten die Truppen des Präsidenten Juárez Maximilian und nahmen ihn gefangen. Maximilian wurde nach geltendem Kriegsrecht am 19. Juni des gleichen Jahres erschossen. Napoleon III. rührte keinen Finger, um ihm militärisch zu helfen.

Seinen Leichnam brachte man zurück in die Heimat nach Österreich, wo er zu seinen Ahnen in die Kapuzinergruft gelegt wurde. Ein makabres Detail am Rande: Die roten Stoffe, die Maximilian für die Uniformierung seiner Leibgarde angekauft hatte, wurden nun für die österreichische Kavallerie verwendet, die man daraufhin sofort an ihren einheitlichen roten Hosen erkennen konnte.

Anmerkungen

1 Hermann Schreiber, Geschichte der Päpste. S. 78 f.
2 Ebd. S. 79.
3 Ebd. S. 79.
4 Ebd. S. 225.
5 Oliver Bernier, Ludwig XIV. S. 185.
6 Bernd-Rüdiger Schwesig, Ludwig XIV. S. 126.
7 Karl Czok, August der Starke und seine Zeit. S. 27.
8 Charlotte Pangels, Friedrich der Große. S. 36.
9 Wilhelmine von Bayreuth, Eine preußische Königstochter. Glanz und Elend am Hofe des Soldatenkönigs. S. 96 f.
10 Ohne Autorenangabe. Ludwig und die Frauen. Die Schönheitsgalerie des Bayernkönigs. S. 54.
11 Hans-Joachim Netzer, Ein deutscher Prinz in England. S. 317.
12 Vocelka/Heller, Die private Welt der Habsburger. S. 154.
13 Ebd. S. 156.
14 Charlotte Pangels, Friedrich der Große. S. 93 f.
15 Wilhelmine von Bayreuth, Eine preußische Königstochter. Glanz und Elend. S. 310.
16 Charlotte Pangels, Friedrich der Große. S. 120.
17 Helga Thoma, Ungeliebte Königin. S. 111.
18 Ebd. S. 117.
19 Karlheinz Wagner, Herzog Karl Eugen von Württemberg. S. 19.
20 Thea Leitner, Skandal bei Hof. S. 304.
21 Ebd. S. 251.
22 Sigrid-Maria Größing, Schatten über Habsburg. S. 100.
23 Ragnhild Hatton, Georg I. S. 34.
24 Thea Leitner, Die Männer im Schatten. S. 192.
25 Régine Pernoud, Der Abenteurer auf dem Thron. S. 114.
26 Helga Thoma, Vom Thron zum Schafott. S. 66.
27 Ebd. S. 66.
28 Thea Leitner, Skandal bei Hof. S. 82.
29 Arlette Lebirge, Liselotte von der Pfalz. S. 9.
30 Gottfried Mraz, Prinz Eugen. S. 42.
31 Helga Thoma, Ungeliebte Königin. S. 139 f.
32 Vocelka/Heller, Die private Welt der Habsburger. S. 163.
33 Henry Valloton, Peter der Große. S. 333 f.
34 Die Fürsten Eszterházy. Magnaten, Diplomaten & Mäzene. S. 226 f.
35 Ute Christine Berger, Die Feste des Herzogs Carl Eugen von Württemberg. S. 70–77.
36 Ebd. S. 70–77.
37 Georg Holmsten, Friedrich II. S. 85.
38 Ebd. S. 85.
39 Deutsche Schlösser, Burgen, Residenzen. S. 54.
40 Die Fürsten Eszterházy. Magnaten, Diplomaten & Mäzene. S. 223.
41 Ebd. S. 224.

42 Jürgen Walter, Carl Eugen von Württemberg. S. 208.
43 Die großen Dynastien. S. 61.
44 Wien Chronik. Hg. Jost Perfahl. S. 93 f.
45 Frank Huss, Die Oper am Wiener Kaiserhof. S. 55.
46 Die großen Dynastien. S. 345.
47 Will und Ariel Durant, Vom Aberglauben zur Wissenschaft. S. 247.
48 Wienerisches Diarium vom 26. Juni 1734, Nr. 51.
49 Peter Claus Hartmann, Karl Albrecht – Karl VII. S. 81.
50 Ebd. S. 82.
51 Ebd. S. 82.
52 Ebd. S. 82.
53 Ebd. S. 83.
54 Ebd. S. 83.
55 Georg Bönisch, Clemens August. S. 129.
56 Paul Sauer, Der schwäbische Zar. S. 387.
57 Vocelka/Heller, Die private Welt der Habsburger. S. 48.
58 Lehr/Neumann, Bad Ischl und die Habsburger. S. 45.
59 Georg Markus, Kriminalfall Mayerling. S. 138.
60 Charlotte Pangels, Friedrich der Große. S. 192.
61 Eckhart Kleßmann, Prinz Louis Ferdinand von Preußen. S. 137.
62 Ebd. S. 146.
63 Will und Ariel Durant, Vom Aberglauben zur Wissenschaft. S. 449.
64 Ebd. S. 24.
65 Georg Holmsten, Friedrich II. S. 32 f.
66 Ebd. S. 80.
67 Georg Holmsten, Friedrich II. S. 90.
68 Walter Fellmann, Sachsens Könige. S. 129.
69 Ingrid Haslinger, Tafeln wie ein Kaiser. S. 14.
70 Robert Bollschweiler, Im Schatten der Weltgeschichte – Kronprinzenschicksale. S. 31.
71 Ebd. S. 35.
72 Henry Vallotton, Peter der Große. S. 283.
73 Mijndert Bertram, Georg II. König und Kurfürst. S. 154.
74 Charlotte Pangels, Friedrich der Große. S. 51.
75 Wilhelmine von Bayreuth, Eine preußische Königstochter. Glanz und Elend. S. 131.
76 Robert Bollschweiler, Im Schatten der Weltgeschichte – Kronprinzenschicksale. S. 48.
77 Wilhelmine von Bayreuth, Eine preußische Königstochter. Glanz und Elend. S. 252 f.
78 Thea Leitner, Skandal bei Hof. S. 255.
79 Ebd. S. 255.
80 Georg Markus, Kriminalfall Mayerling. S. 78 f.
81 Vocelka/Heller, Die private Welt der Habsburger. S. 144.
82 Wilhelmine von Bayreuth, Eine preußische Königstochter. Glanz und Elend. S. 94 f.
83 Oskar von Wertheimer, Christine von Schweden. S. 232.
84 Reginald Beerbohm, Moritz von Sachsen – Bastard und Marschall. S. 76.
85 Annette Borchardt-Wenzel, Die Frauen am badischen Hof. S. 99.
86 Gerd Holler, Napoleons Sohn. S. 232.

87 Ebd. S. 238.
88 Olivier Bernier, Ludwig XIV. S. 202.
89 Ebd. S. 202 f.
90 Jörg-Peter Findeisen, Karl XII. S. 235.
91 Ebd. S. 235.
92 Ebd. S. 256.
93 Georg Holmsten, Friedrich II. S. 55.
94 Katharina die Große. Memoiren. S. 263.
95 Monika Weiner, Der König ist tot! Hoch lebe unser Prinzregent. S. 55.
96 Barbara Tuchmann, August 1914. S. 18.
97 Wilhelmine von Bayreuth, Eine preußische Königstochter. Glanz und Elend. S. 92 f.
98 Henry Vallotton, Peter der Große. S. 328 f.
99 Ebd. S. 330.
100 Richard Friedenthal, Goethe. Sein Leben und seine Zeit. S. 208 f.
101 Thea Leitner, Skandal bei Hof. S. 255.
102 Ebd. S. 255.
103 Ebd. S. 255.
104 Reinhard Barth, Taschenlexikon der Kreuzzüge. S. 42.
105 Bernd-Rüdiger Schwesig, Ludwig XIV. S. 98.
106 Ebd. S. 98 f.
107 Vincent Cronin, Ludwig XVI. und Marie-Antoinette. S. 204.
108 Reinhard Barth, Taschenlexikon Kreuzzüge. S. 244.
109 Ebd. S. 132.
110 Madeleine Saint-René Taillandier. Heinrich IV. S. 487.
111 Ebd. S. 487.
112 Thea Leitner, Die Männer im Schatten. S. 147.
113 Valentin Graf Zubow, Zar Paul I. S. 167.

Quellen- und Literaturverzeichnis

Albert Herzog zu Sachsen, Die Wettiner in Lebensbildern. Graz: Styria 1995.

Bad Ischl und die Habsburger. Hg. Rudolf Lehr und Dieter Neumann. Bad Ischl: Kurverband Bad Ischl 1995.

Hans Bankl, Die kranken Habsburger. Befunde und Befindlichkeiten einer Herrscherdynastie. München: Piper 2001.

Reinhard Barth, Taschenlexikon Kreuzzüge. München: Piper 1999.

Reginald Beerbohm, Moritz von Sachsen – Bastard und Marschall. Oschersleben: Dr. Ziethen 1996.

Ute Christine Berger, Die Feste des Herzogs Carl Eugen von Württemberg. Tübingen: Silberburg 1997.

Oliver Bernier, Ludwig XIV. Die Biographie. Düsseldorf: Patmos 2003.

Mijndert Bertram, Georg II. König und Kurfürst. Göttingen: MatrixMedia 2003.

Robert Bollschweiler, Im Schatten der Weltgeschichte – Kronprinzenschicksale. Zürich: Orell Füssli 1997.

Georg Bönisch, Clemens August. Der schillerndste Erzbischof seiner Zeit. Bergisch Gladbach: Lübbe 2000.

Annette Borchardt-Wenzel, Die Frauen am badischen Hof. Gefährtinnen der Großherzöge zwischen Liebe, Pflicht und Intrigen. Piper: München 2003.

Vincent Cronin, Ludwig XVI. und Marie-Antoinette. Hildesheim: Claassen 1993.

Karl Czok, August der Starke und seine Zeit. Kurfürst von Sachsen, König von Polen. Leipzig: Edition Leipzig 1989.

Das Haus Württemberg. Ein biographisches Lexikon. Hg. Sönke Lorenz, Dieter Mertens und Volker Press. Stuttgart: Kohlhammer 1997.

Deutsche Schlösser, Burgen, Residenzen. Eine Bilderreise in reizvolle Orte und malerische Landschaften. Niederhausen: Orbis 2001.

Die Fürsten Esterházy. Magnaten, Diplomaten & Mäzene. Katalog der Ausstellung der Republik Österreich des Landes Burgenland und der Freistadt Eisenstadt. (= Burgenländische Forschung Sonderband XVI) Eisenstadt: 1995.

Die großen Dynastien. Mit Beiträgen von: Régine Pernoud, Carl Ernst Köhne, Timothy Baker, Janko von Musulin, René de la Croix Herzog von Castries, John Philipp Kenyon, Alsdair Hakyard, Daria Olivier, Luiz Bivar Guerra, Manuel Espados Burgos, Walter Görlitz, Ugoberto Alfassio Grimaldi, Theo Aronson, Ruggero Moscati, Jean Thiry, Hans F. Nöhbauer und Giorgio Taborelli. Erlangen: Nebel 1996.

Die Habsburger. Ein biographisches Lexikon. Hg. Brigitte Hamann. Wien: Amalthea 2001.

David C. Douglas, Wilhelm der Eroberer Herzog der Normandie. München: Diederichs 1994.

Will und Ariel Durant, Kulturgeschichte der Menschheit. Band 13. Vom Aberglauben zur Wissenschaft. Köln: Naumann & Göbel 1985.

Erik Durchschmied, Der Untergang großer Dynastien. Wien: Böhlau 2000.

Wilhelmine von Bayreuth, Eine preußische Königstochter. Glanz und Elend am Hofe des Soldatenkönigs in den Memoiren der Markgräfin Wilhelmine von Bayreuth. Frankfurt am Main: Insel Verlag 1988.

Walter Fellmann, Sachsens Könige. 1806 bis 1918. München: Kohler & Amelang 2000.

Jörg-Peter Findeisen, Karl XII. von Schweden. Ein König, der zum Mythos wurde. Berlin: Duncker & Humboldt 1992.

L. u. M. Frey, Friedrich I. Preußens erster König. Graz: Styria 1984.

Richard Friedenthal, Goethe Sein Leben und seine Zeit. München: R. Piper 1963.

Alexander Gauland, Das Haus Windsor. Berlin: Siedler Verlag 1996.

Sigrid-Maria Größing, Schatten über Habsburg. Wien: Kremayr & Scheriau 1991.

Brigitte Hamann, Rudolf. Kronprinz und Rebell. München: Piper Verlag 1989.

Peter Claus Hartmann, Karl Albrecht – Karl VII. Glücklicher Kurfürst und unglücklicher Kaiser. Regensburg: Pustet 1985.

Ingrid Haslinger, Tafeln wie ein Kaiser. Franz Joseph und die kulinarische Welt des Wiener Hofes. Wien: Pichler 1999.

Dietrich Helms, Heinrich VIII. und die Musik. Überlieferung, musikalische Bildung des Adels und Kompositionstechniken eines Königs. Eisenach: Wagner 1998.

Franz Herre, Napoleon Bonaparte. Wegbereiter des Jahrhunderts. München: Goldmann 1988.

Franz Herre, Wilhelm II. Monarch zwischen den Zeiten. Köln: Kiepenheuer & Wirtsch 1993.

Gerd Holler, Napoleons Sohn. Der unglückliche Herzog von Reichstadt. Wien: Amalthea Verlag 1987.

Georg Holmsten, Friedrich II. Hamburg: Rowohlt 1969.

Frank Huss, Die Oper am Wiener Kaiserhof unter den Kaisern Josef I. und Karl VI. mit einem Spielplan von 1706 bis 1740. Phil. Diss. Universität Wien 2003.

Charles W. Ingrao, Josef I. Der vergessene Kaiser. Graz: Styria 1982.

Katharina die Große. Memoiren. Frankfurt am Main: Insel Verlag 1996.

Eckhart Kleßmann, Prinz Louis Ferdinand von Preußen. Soldat-Musiker-Idol. München: Diederichs 1995.

Editha Kross, Am Hofe Heinrichs VIII. Leipzig: Edition Leipzig 1992.

Arlette Lebirge, Liselotte von der Pfalz. Eine Biographie. Hildesheim: Claassen 1992.

Thea Leitner, Die Männer im Schatten. Wien: Ueberreuter 1995.

Thea Leitner, Habsburgs vergessene Kinder. Wien: Ueberreuter 1989.

Thea Leitner, Skandal bei Hof. München: Piper 1995.

Jacques Levron, Ludwig XV. Der verkannte König Frankreichs. München: Heyne 1987.

Ohne Autorenangabe. Ludwig und die Frauen. Die Schönheitsgalerie des Bayernkönigs. In: Geschichte, 5/Mai-2002. S. 52–54.

Irene Mahoney, Katharina von Medici. Königin von Frankreich. München: Diederichs 1999.

Georg Markus, Kriminalfall Mayerling. Leben und Sterben der Mary Vetsera. Wien: Amalthea 1993.

Peter Mast, Die Hohenzollern in Lebensbildern. Graz: Styria 1988.

Gottfried Mraz, Prinz Eugen. Ein Leben in Bildern und Dokumenten. München: Süddeutscher Verlag 1985.

Hans-Joachim Neumann, Erbkrankheiten in europäischen Fürstenhäusern Berlin: edition q 1993.

Hans-Joachim Nezter, Ein deutscher Prinz in England. Albert von Sachsen-Coburg und Gotha, Gemahl der Königin Victoria. München: dtv 1997.

Heinz Ohff, Preußens Könige. München: Piper 2001.

Uwe A. Oster, Markgraf Ludwig Wilhelm von Baden. Der Türkenlouis. Feldherr im Schatten von Prinz Eugen. Bergisch Gladbach: Lübbe 2001.

Charlotte Pangels, Friedrich der Große. Bruder, Freund und König. München: Diederichs 1995.

Régine Pernoud, Der Abenteurer auf dem Thron. Richard Löwenherz König von England. München: dtv 1997.

Werner Richter, Ludwig II. König von Bayern. München: Bruckmann 1985.

Madeleine Saint-René Taillandier, Heinrich IV. Der Hugenotte auf Frankreichs Thron. München: Diederichs 1996.

Paul Sauer, Der schwäbische Zar. Friedrich – Württembergs erster König. Stuttgart: DVA 1984.

Hermann Schreiber, Geschichte der Päpste. München: Drei Ulmen Verlag 1995.

Bernd-Rüdiger Schwesig, Ludwig XIV. Hamburg: Rowohlt 1986.

Brigitte Sokop, Stammtafeln europäischer Herrscherhäuser. Wien: Böhlau Verlag 1993.

Merete van Taack, Zar Alexander I. Napoleons genialer Antipode. Tübingen: Rainer Wunderlich Verlag Hermann Leins 1983.

Helga Thoma, Ungeliebte Königin. Ehetragödien an Europas Fürstenhöfen. Wien: Ueberreuter 2000.

Helga Thoma, Vom Thron zum Schafott. Das blutige Ende gekrönter Häupter. München: Piper 2000.

Barbara Tuchmann, August 1914. Frankfurt am Main: Fischer 2001.

Henry Vallotton, Peter der Große. Rußlands Aufstieg zur Großmacht. München: Diederichs 1996.

Karl Vocelka/Lynne Heller, Die private Welt der Habsburger. Leben und Alltag einer Familie. Graz: Styria 1998.

Karl Vocelka/Lynne Heller, Die Lebenswelt der Habsburger. Kultur- und Mentalitätsgeschichte einer Familie. Graz: Styria 1997.

Hartwig A. Vogelsberger, Kaiser von Mexico. Ein Habsburger auf Montezumas Thron. Wien: Amalthea 1992.

Karlheinz Wagner, Herzog Karl Eugen von Württemberg. Stuttgart: Deutsche Verlags-Anstalt 2001.

Jürgen Walter, Carl Eugen von Württemberg. Ein Herzog und seine Untertanen. Mühlacker: Stieglitz 1987.

Monika Weiner, Der König ist tot! Hoch lebe unser Prinzregent. In: P.M. History, Nr. 90624 01/002, Februar 2001, S. 48–55.

Friedrich Weissensteiner, Franz Ferdinand. Der verhinderte Herrscher. München: Piper 1994.

Friedrich Weissensteiner, Liebeshimmel und Ehehöllen. Heiraten zwischen Habsburgern und Wittelsbachern. München: Heyne 2001.

Oskar von Wertheimer, Christine von Schweden. Wien: Amalthea 1948.

Paul Wiegler, Glanz und Niedergang der Bourbonen. Berlin: Hobbing 1938.

Wien Chronik. Hg. Jost Perfahl. Salzburg: Verlag „Das Bergland Buch“ 1961.

Wienerisches Diarium. 26. Juni 1734, Nr, 51

Ingo Zimmermann, Sachsens Markgrafen, Kurfürsten und Könige. Die Wettiner in der meißnisch-sächsischen Geschichte. Berlin: Berliner Verlags-Anstalt Union 1990.

Valentin Graf Zubow, Zar Paul I. Mensch und Schicksal. Stuttgart: K. F. Koehler 1963.

Personenregister